関東足利氏の歴史……第4巻

足利持氏とその時代

黒田基樹……[編著]

戎光祥出版

はしがき

本書は「関東足利氏の歴史」シリーズの第四冊目として、鎌倉公方足利氏四代・足利持氏についてまとめたものである。関東中世史を通観しようとした場合、もっとも解明が遅れているのが室町時代、すなわち鎌倉府の時代であろう。この「関東足利氏の歴史」シリーズでは、鎌倉府の首長であった鎌倉公方足利氏の歴代ごとに一巻をあてて、基本的な動向や情報をまとめていこうとするものである。

内容は、各公方についての基本動向、主要な事件、さらには関東管領・守護の補任状況、上杉氏の動向なども取り上げて、各公方の時代についての把握も図っている。そしてそこでは、これまでの研究成果を集約しつつ、さらに新たな成果を盛り込むことで、今後の研究進展のための土台としたいと考えている。それらの内容は、基本的には新稿とし、執筆にはこれからの関東中世史研究を担っていくであろう若手研究者にあたってもらった。

本巻に関しては、持氏期の政治動向をまとめたもの四本、持氏に関する基礎的な情報を集約したもの五本によって構成した。持氏の治世は、歴代の鎌倉公方のなかでは最長の三〇年にわたるものであった。しかもその治世は内乱続きであったうえ、さらに室町幕府との対決があり、政治史的に極めて濃厚な時代であった。そのため各論考の分量は、前巻よりもさらに膨らむことになり、結果として本シリーズで最大の頁数をほこるものとなった。

それゆえに読者には、最新の持氏研究の成果を堪能していただけるものと思う。また本シリーズも、いよいよ残すところ一巻となった。本シリーズの刊行を通じて鎌倉府研究に、一層の進展がみられることを願っている。

二〇一六年七月

黒田基樹

目次

足利持氏とその時代

I

犬懸上杉氏と上杉禅秀の乱

駒見敬祐

はじめに

応永二十三年（一四一六）、四月頃から続いた伊豆大嶋の震動という不吉な予感（『生田本鎌倉大日記』）は、十月になって現実のものとなる。十月二日夜、足利満隆とその養子持仲、そして前関東管領上杉禅秀が、鎌倉において挙兵。鎌倉公方足利持氏の御所を襲った。いわゆる「上杉禅秀の乱」（以下、「禅秀の乱」と称す）の勃発である。青年鎌倉公方足利持氏をはじめ、室町幕府までもを震撼させたこの事件は、まがりなりにも続いていた「応永の平和」(1)を崩壊させ、永享の乱・結城合戦・享徳の乱と、動乱の時代の始まりを告げることになる。

本稿で与えられた課題は、禅秀の乱を鎌倉公方足利持氏期における関東の政治状況のなかに位置付けていくことにある。乱の状況に関しては、いままでにも多くの研究者によって言及されてきた。まずはその研究史を整理することから始めたい。

一、禅秀の乱に関する研究史

禅秀の乱に限らず、当該期の鎌倉府の政治的状況を、いち早く実証的に究明されたのは渡邊世祐氏である。[2] 渡邊氏は、禅秀の乱の原因を山内上杉氏と犬懸上杉氏との競合関係に置き、禅秀方に与したものたちの動向や、幕府の対応、乱のもたらした影響など、乱の全体的な状況について明らかにされた。渡邊氏の研究は、それ以降の研究への指針となり、現在にいたるまで、参照すべきものとして大きな存在感を示している。

戦後になると、永原慶二氏が発展段階論の枠組みのなかで、東国における惣領制の解体過程や農民層の成長といった社会構造の変化のなかに、十四世紀から十五世紀にかけての内乱の前提を論じている。[3] なかでも禅秀の乱は、農村における在家の分解や国人層の突き上げに現れる「東国の社会的矛盾の代一次的爆発」と位置付けられるとする。永原氏は、一連の戦乱の原動力はもとより農民にあり、直接的な戦いの主体は国人であったととらえている。禅秀の乱において、禅秀に加担して蜂起したのは、直接的には乱の原因とは関係の無い群小国人層であり、それが戦闘の主力となっていたとして、伝統的豪族層を圧迫していこうとする鎌倉府と、国人層を組織化しようとする豪族層からの圧迫、さらに当該期に活発化した農民から突き上げられる圧力をうけ、「あらゆる矛盾をもっとも深刻に体験していた国人層」が、矛盾打開の好機として蜂起したことを乱の根底にもとめる。そして乱が脆くも崩れたことも、その内部構造の複雑さと弱さがあったのだとしている。乱の根底に社会的変化と矛盾を見出した永原氏の視点は、論文発表当時の研究動向をふまえたうえのもので、実に明快である。論の前提となった惣領制の解体過程や「農民闘争」などの論点に関しては、その後の東国政治史研究の深化や、東国を「遅れた惣領制社会」とみる視点の克服により再検討を迫られつつあるが、乱の背景に社会的構造の変化を見出した点は、その後の東国史研究に大きな影響を与えている。

七十年代以降は、鎌倉府内部の実態に迫る研究があらわれ、鎌倉府研究の深化がなされると、禅秀の乱に関しても鎌倉府の支配や政策のあり方という視点からアプローチする研究がなされていく。なかでも、市村高男氏の研究は、禅秀の乱までの過程に鎌倉府の政策路線の違いを見出された点で大きな存在感をもっている。(4) 市村氏は、永原氏の研究を再検討するかたちで、旧族領主層の視点から、鎌倉府体制の位置づけを考察している。そのなかで禅秀の乱を、両上杉氏の権力抗争の総括と位置付けたうえで、その根本は鎌倉府体制の強化をめざして東国領主層に圧力を加えていた鎌倉公方・山内上杉氏方と、東国領主との協調路線を重視する犬懸上杉氏方との政策路線の対立であったと見出している。市村氏の言及は、結城氏を中心とした親鎌倉府方に立った領主層の存在から、永原氏が鎌倉府を「足利―上杉氏の独裁権力」とすることへの批判を通して、禅秀の乱後になされた鎌倉府の領域権力の形成過程を論じたものであり、禅秀の乱を鎌倉府側と旧族領主側との対立ととらえた点で、政治史的なアプローチだといえる。

以後、鎌倉府の政治動向をめぐる視点として、市村氏の示した政権構想という枠組みは、地域史の観点から深められていく。なかでも江田郁夫氏は、禅秀の乱と地域情勢との関わりに関して特に下野国を重視して論じている。(5) 江田氏は、宇都宮持綱が幕府方に立って活動した結果として、乱後の親幕府派と親鎌倉府派との対立関係を醸成したとし、また足利持氏の叔父である満隆の政治的位置を重視し、北関東や奥州を支配していこうとする満隆・禅秀政権の動向に注目する。江田氏が明らかにされた満隆の立場に関する視点は、鎌倉府体制を考える上でも重要な論点である。

さらに近年では、植田真平氏が乱の経過、両軍の構成などに関して、軍記物のような二次史料ではなく、一次史料に基づいて詳細に検討され、乱の深層にある鎌倉府内での複雑化した利害関係を論じている。[6]植田氏は、持氏・禅秀の両勢力の内情について検討されたうえで、この分裂には「特定の階層性やグルーピングは見出せない」ことを明らかにされ、乱が鎌倉府のみならず東国社会を二分する戦いであったことを強調されている。植田氏の視点は、政治動向にも注目しつつ、永原氏が検討した、社会構造の面を重視したものであった。

また、禅秀の乱に関わる幕府・鎌倉府との関係性についても、渡邊世祐氏以降、特に将軍義持の連枝義嗣と禅秀との共闘という観点で注目されているし、このほかにも乱に関して言及したものは多く、禅秀の乱に関しては、実証的な面からも、構造的な面からも、十五世紀における関東情勢の重要な論点として論じられ、理解が深められてきたといえよう。

こうした研究成果をうけて、次章以下では乱の具体的な状況を押さえたうえ、筆者なりの視点を加えて検討していきたい。特にここでは犬懸上杉氏の視点から、乱の構造をみていきたい。というのも、これまでの研究では、渡邊世祐氏以降、禅秀の乱の政治的要因として、関東管領として幕府と繋がりを持ちつつ中心的な位置にいた山内上杉氏に対して、それと対立するかたちで存在していた犬懸上杉氏が、立場の逆転をねらっておきた反乱として理解されてきた部分が大きいようにおもわれる。しかし近年では、犬懸上杉氏の政治的立場は、従来考えられていたよりも高かったのではないかと考えられるようになってきている。[7]それではなぜ、政治的に落ちぶれていたわけではない犬懸上杉氏が「乱」をおこしたのか。以下、犬懸上杉氏の立場に沿って禅秀の乱を検討していきたい。

二、乱の前提

禅秀の系譜

犬懸上杉氏は、貞治年間に上杉能憲と並んで関東管領に就任した上杉朝房[8]の台頭と、その流れを継いだ弟の上杉朝宗がその基盤を築いた一族である。「犬懸」の名称は、朝宗が鎌倉の犬懸ヶ谷に居をかまえたことにある。犬懸上杉氏の勢力圏は、朝房が上総国の守護となって以降、朝宗・禅秀と守護を継いだ上総国が中心であり、朝宗の代に至って、常陸国から奥州にかけて勢力を拡大していった。特に鎌倉公方足利満兼は朝宗の「養君」だったともされている（「上杉系図」[9]）。満兼の子、足利持氏も、初期に用いた花押は朝宗の花押を真似たものであったことが指摘されており[10]、朝宗と鎌倉公方との繋がりの強さをうかがうことが出来る。朝宗は応永十六年（一四〇九）、足利満兼の死に伴って上総国長柄山へ遁世し、政治の表舞台から去っている（『喜連川判鑑』）。

上杉氏憲、号して禅秀（以下、すべて「禅秀」と表記する）は、この朝宗の子である。朝宗の遁世によって犬懸上杉氏を継いだとみられる。禅秀の生年は不明であるが、父朝宗は遁世時七十であったとされる（「上杉系図」）から、禅秀が関東管領となった応永十七年（一四一〇）には、禅秀も既に壮年だったとおもわれる[11]。また、その時には沙彌と称しているから[12]、既に出家の身であったことがわかる。

禅秀は、関東管領就任以前にも活動がみられる。まず応永九年（一四〇二）、奥州でおこった伊達政宗の乱において、禅秀は鎌倉府軍の大将として発向している。

【史料1】鎌倉公方足利満兼御教書（「大庭文書」『神』五三一一）

奥州凶徒対治事、今月廿日所差遣右衛門佐氏憲也、殊可被致祈祷之精誠之状如件、

応永九年五月三日　（花押）

若宮小別当御房

この時の関東管領は、上杉朝宗であった。犬懸上杉氏と奥州との関係は、朝宗の代からみられていて、満兼期以降の南奥州地域には、犬懸上杉氏の政治的影響力が強まっていたことが指摘されている[13]。と同時に注目したいのは、父朝宗もいくつかの鎌倉府の軍事行動に際して、鎌倉府軍の大将を勤めていたことである。禅秀の乱以前、鎌倉府の軍事行動において「大将」としてみられるのは、小山義政の乱では一次で上杉憲方・上杉朝宗・木戸法季が、二次・三次では上杉朝宗・木戸法季が[14]、続く小田孝朝の乱においては上杉朝宗が大将を勤めている[15]。これをみると、上杉朝宗が鎌倉府の軍事行動において、中心的な役割を果たしていたことがわかる。なお、禅秀の乱後、足利持氏の軍事行動に際して大将を勤めたのは、持氏の近臣である一色持家や、一色直兼であり、公方の近臣が派遣されることが多かったことが指摘されている[16]。すなわち、朝宗や禅秀の軍事行動は、公方の近臣としての立場だったことに起因するとも考えられる。

続いて禅秀は、応永十五年（一四〇八）七月十二日、前年に焼失した御所の新造奉行を務めている（『喜連川判鑑』）。さらに「上杉系図」には、鶴岡総奉行を勤めていたとの注記もある。これに関しても、父朝宗も鶴岡八幡宮の総奉行だったことがわかるから[17]、禅秀もその立場を継いでいたものと考えられる。

このように犬懸上杉氏が、朝宗・禅秀と、二代にわたって軍事行動の大将であったり、都市鎌倉における諸奉行職であったりを勤めたことは、当該期において犬懸上杉氏が鎌倉公方近臣として重要な地位にあったことを想

定させる。

さらに当時の犬懸上杉氏一族は、婚姻や養子関係を通して、東国諸氏・社会のなかに広がっていた。「上杉系図」によると、上杉憲藤の娘で、朝宗の兄妹にあたる女子は「三浦安芸守某」の妻で、後に松岡長老となったとされている。松岡長老とは鎌倉東慶寺の住持のことで、『鎌倉年中行事』によれば、松岡長老は正月十一日に公方に謁するとされていて、鎌倉寺院の中でも格が高かったことがわかる。また、同じく「上杉系図」によると、朝宗の子息禅瑾は、「建長寺蔵主同契庵」であるとする。同系図には、実は禅秀の子ともされ、絵・書を得意とし、禅秀の乱で自害したとされる。

禅秀も、三人の娘を東国の有力豪族である那須資之・岩松満純・千葉兼胤に嫁がせ、子教朝を大掾満幹の養子にいれていた(「上杉系図」)。那須資之は那須氏のうち、仮名は五郎、官途は越後守を名乗る一流である。惣領系は仮名太郎、官途肥前守を名乗る一流であったが、嘉慶二年(一三八八)、那須越後守が鎌倉公方氏満から反乱者であった小田孝朝の嫡子太郎を預かりうけている(『頼印僧正行状絵詞』)から、越後守系も公方の信頼を得て、力をもっていたことがうかがえる。[18] 岩松満純は上野国新田庄を根拠地とした、新田岩松氏の当主にあたる。[19] 大掾氏は、常陸平氏の嫡流を名乗る有力豪族であった。那須・岩松・大掾氏は、いずれも北関東の有力豪族であり、犬懸上杉氏が常陸国や南奥へ勢力を拡大した際に関係を結んでいったと考えられる。また千葉兼胤は、南北朝・室町期を通して下総国守護だった千葉氏の当主で、犬懸上杉氏と千葉氏とは、犬懸氏守護国である上総国の隣国下総国の守護であった関係から接近したものと考えられる。

また、「上杉系図」には、禅秀の子息教朝・憲方や、同じく禅秀子息で、禅秀の叔父氏朝の養子となった持房の母を、

「武田氏女」としている。この武田氏は、甲斐国守護として存在した武田信満である。[21] 武田信満は、禅秀の乱において禅秀方に味方した結果、鎌倉府軍に甲斐国に攻め込まれ、自害に追い込まれることになる。

さらに宗教界への進出として特筆されるのが、禅秀子息の快尊が、応永二十三年（一四一六）八月に、鶴岡八幡宮の若宮別当である雪下殿となっていることである。[22] 周知の通り鶴岡八幡宮は、鎌倉宗教界の中心であり、雪下殿の影響力は大きかった。快尊の雪下殿就任は、禅秀の乱勃発の直前であり、当時の状況を考慮する必要もあるが、犬懸上杉氏と鶴岡八幡宮との繋がりの深さをうかがうことが出来る。

以上のように、犬懸上杉氏は、朝宗の代以降、急速に東国に勢力を広げていた。特に朝宗・禅秀は、鎌倉公方の近臣として存在し、東国諸氏へも姻戚関係を広げ、ひいては鎌倉宗教界でも重きをなしていたのであった。

関東管領に就任

応永十六年（一四〇九）に公方満兼が没し、上杉朝宗は遁世する。この時の関東管領は、山内上杉氏の憲定だった。だが憲定は、応永十八年（一四〇一）正月十六日には関東管領を辞し、禅秀が関東管領に就任することになる（『生田本鎌倉大日記』）。この関東管領の交代に関して、江田郁夫氏は足利持氏の叔父である足利満隆の謀叛との関わりを論じている。[22] 満隆の謀反とは、『生田本鎌倉大日記』などにみえるもので、応永十七年の八月十五日、持氏が「満隆御陰謀雑説」のため、上杉憲定の山内邸に出御したというものである。この事件は、『鎌倉大草紙』などの記述から、関東管領山内憲定の執り成しによって満隆が持氏に陳謝するかたちで事なきをえたとされていた。しかし、江田氏は、満隆謀反の直後に関東管領が憲定から禅秀へ代わっていること、満隆はこれ以降むしろいっそう立場を強化していること、満隆はのち禅秀の乱で氏憲と連携していることなどから、この一件は年少の公方のもとでの政局の主導権をめぐる対立と理解するべきだとしている。そして、上杉憲定が「失脚」した応永十七年の秋以降、持氏が評定に出席するようになる応永二十二年（一四一五）の春までの鎌倉府は、満隆・禅秀政権とでも称するべき性格をもっていたとされている。江田氏の論は、満隆の政治的位置を明確にした点で重要である。

応永十七年十月十一日に禅秀は、鶴岡八幡宮社領における沽却地の知行を保障する奉書を発給している。

【史料2】上杉氏憲奉書（「神田孝平氏旧蔵文書」『神』五四三〇）

鶴岡八幡宮社領沽却所々事、任被申請之旨、知行不可有相違之状、依仰執達如件

応永十七年十月十一日　　沙彌（花押）

若宮別當大僧正御房

右の史料は、鎌倉公方足利持氏の代始め徳政のひとつとして考えられるが、諸記録によればこの時に禅秀は関東管領ではないが、憲定の関東管領としての発給文書の終見は、応永十七年七月二十八日のものであるから、(23)この間に関東管領としての実権が禅秀のもとに移ったと考えるのが妥当である。なお、憲定は翌年の末に三十八歳で「頓死」している（『喜連川判鑑』）。この背景に事件性を見出すことは容易だが、憲定は前年から既に体調を崩したゆえに関東管領を辞任したともとらえられる。だが、満隆陰謀事件の日付と、憲定が関東管領としてみられなくなり、禅秀が関東管領としてみられるようになる史料の日付が、ほぼ符合することは示唆的である。憲定の子憲基は若干二十歳であったから、壮年で関東管領になった禅秀と比べ、山内上杉氏は当主の若年性ゆえ、一時

政治的に逼塞することになったと考えられる。

　このころの鎌倉府の状況を示したものとして、つぎの史料は示唆に富んでいる（傍線部筆者注）。

【史料3】佐々木灆誉書状（「塙不二丸氏所蔵文書」六五『茨城Ⅰ』[24]）

去十九日御札、同廿四日到来、委細令拝見候了、抑御神領内小牧事、昨日廿五日於御評定無為ニ令落居候、近日之間可御判出候之間、目出候、自元御理訴御事候間、衆中・間（管）領・上方御一同御落居之間、殊ニ目出候、於身大慶此事候、兼又鴈二送給候、令悦喜、連々御煩不知所謝候、恐々謹言、

十一月廿六日　沙弥灆誉（花押）

謹上　鹿嶋大祢宜殿御報

これは、応永十九年（一四一二）におこった鹿嶋社領常陸国行方郡内小牧村をめぐる相論の史料であるが、ここで裁判を審理しているのが「衆中・間（管）領・上方」であることが注目される。この管領は上杉禅秀であり、上方が満隆であることは江田氏によって明らかにされている[25]。すなわちこの頃の鎌倉府は、幼主であった足利持氏にかわって、実質的な権限を持った足利満隆と、それを補佐する関東管領上杉禅秀によって運営されていたと考えられる。

　関東管領就任から禅秀の乱まで、禅秀の発給文書は年不詳の書状[26]を除いてほとんどみることは出来ない。ただし、禅秀の受給文書は、すべて幕府管領からの奉書であり[27]、通常の幕府─関東管領間のやりとりである。これらの史料をみると、関東管領としては幕府からも正式に認識され、特に問題なく務めていたことがわかる。

　応永二十一年（一四一四）八月二十五日、隠遁してもなお影響力をもっていたであろう上杉朝宗が死去する（『喜

連川判鑑』)。翌年の三月五日に、鎌倉公方持氏がようやく評定の場に出席し、「御意見始」をおこなう(『同』)。するとすると直後の四月、常陸国の禅秀家人越幡六郎が所領没収・追放されるという事件がおこる(『同』)。

実は、常陸国の所領めぐっては、前年度から両上杉氏の間で確執があったと考えられている。

【史料4】足利持氏寄進状(「鶴岡八幡宮文書」『神』五四七七)

寄進

鶴岡八幡宮

常陸国那珂東(郡脱カ)国井郷内佐竹左馬助跡事、

右、去十六日於社頭依下人狼藉、収公之、為武蔵国津田郷内放生会料所不足分、所寄附之状如件、

応永廿一年八月廿日

左兵衛督源朝臣(足利持氏)(花押)

右は、常陸国守護佐竹義憲の所領だった常陸国那珂東郡国井郷が、鶴岡社頭における下人の狼藉の結果収公され、鶴岡八幡宮へ寄進されたものである。この狼藉の具体的内容はわかっていないが、佐竹義憲は山内上杉憲基の弟で、佐竹氏へ養子に入っていた人物であり、山内上杉氏も、常陸国においては信太庄などの所領をもっていたことが知られている(28)。先述したように犬懸上杉氏は、朝宗以降常陸国へ勢力をのばしていたから、常陸国は両上杉氏の勢力が入り乱れるかたちだった。一方、応永二十二年四月に所領没収・追放された禅秀家人越幡氏は、同じく常陸国の豪族小田氏の支族であった小幡氏のことと考えられている(29)。これらの出来事は、両上杉氏の対立が、常陸国において表面化したものと考えられよう。小幡氏の所領没収・追放という行為は、全く禅秀の意図す

るところではなかった。そしてこれは、持氏が評定に参加して直後の出来事であったことは象徴的であろう。すなわち越幡氏の所領収公は、持氏を取り込んだ山内上杉氏の、犬懸上杉氏に対する政治的な「反撃」であった可能性が高い。

同年の五月二日、禅秀は結局関東管領を辞任し、同月十八日には山内上杉憲基が関東管領に就任する（『喜連川判鑑』）。つまりは山内上杉氏が政治的勝利をおさめたといえる。そして十月二日、足利満隆と禅秀は、持氏御所を急襲。「禅秀の乱」が勃発する。

二、乱の過程

最初にも述べたように、乱は応永二十三年（一四一六）十月二日に、足利満隆・禅秀が持氏の御所を襲撃したことに始まる（『鎌倉大日記』・『喜連川判鑑』など）。乱の過程を見る上で重要な一次史料として、諸氏の軍忠状がいくつか残されている。以下、それら軍忠状に即し、乱の過程をみていきたい。

【史料5】烟田幹胤軍忠状案（「烟田文書」『神』五五〇六）

着到　常州鹿嶋一族

　烟田遠江守幹胤申軍忠事

右、自去年十月二日依鎌倉大乱、世上違々（ママ）忩劇上者、同三日上方佐介江御移之間、為外門之手、致尽（昼カ）夜宿

直警固以降、飯田民部丞御不審之刻、被切乗馬、同六日於前浜御合戦致太刀打、若党松山左近将監被疵云々、
其後同十二月河村城江馳参、同懐嶋御陣・同藤沢・同飯田原・同瀬谷原之御合戦仁先懸仕、武者一騎切テ落、
欲取頸処、御敵堕重間、被押隔不分捕間、為証拠腰刀於取訖、既大将一色宮内大輔殿御検知上者、至于鎌倉
雪下御合戦、励無二之戦功、令供奉段他于異、所詮速下給御証判、備後代亀鏡、弥為奉叶大事、恐々言上如件、

応永廿四年正月　日

「承了、在判」

右は乱の経過を勃発当初から伝えている常陸国の武士、烟田幹胤の軍忠状である。応永二十三年十月二日に「大乱」が発生したとするのは、『喜連川判鑑』などの諸編さん史料の記述を裏付ける。十月は三日に「上方」（ここでは足利持氏）が佐介（山内上杉憲基の邸宅）へ移り、六日には前浜において合戦がおこなわれている。(30)「生田本鎌倉大日記」も、この日由比ヶ浜において合戦があったことを記しており、持氏方は難儀に及んで駿河へ向かったとしている。その後烟田幹胤は、十二月に相模河村城に集結し、相模国を懐島御陣、藤沢、飯田原、瀬谷原と合戦し、鎌倉雪下の合戦に至るまで戦功に励んだとする。

【史料6】豊嶋範泰軍忠状（「豊島宮城文書」『神』五五〇四）

著到

豊嶋三郎左衛門尉範泰申軍忠事

右、去年十二月廿五日夜、於武州入間河、二階堂下総入道仁令同心、御敵伊与守追落畢、其以後今年応永廿四正月五日、於瀬谷原合戦仁散々太刀打仕、被乗馬切、家人数輩被疵畢、同八日、為大将御迎、馳参久米河御陣

江、令供奉、至于鎌倉御入之期、致宿直警固上者、下給御証判於、為備向後亀鏡、恐々言上如件、

応永廿四年正月　日

「承候訖、（花押《上杉憲基》）」

右は、武蔵国の武士豊嶋範泰の軍忠状である。これによれば、応永二十三年十二月二十五日の夜、武蔵国入間川において合戦し、禅秀方の伊予守（犬懸上杉憲方。禅秀の子息）を追い落としたとする。[31] 応永二十四年正月五日に、【史料5】でも記されていた瀬谷原で合戦をし、同八日には久米川陣で「大将」（ここでは署判者の上杉憲基か）と合流し、鎌倉へ討ち入ったとする。

【史料7】石川幹国軍忠状写（「石川氏文書」『神』五五〇五）

著到

石川五郎基《ママ》国軍忠事

右、依右衛門佐入道禅秀陰謀、去九日、於武州瀬谷原、属完戸備前守手、至于同十日雪下御合戦、致涯分忠節上者、賜御証判、為備向後亀鏡、恐々言上如件、

応永廿四年正月　日

承了、（花押影）

右は、奥州の武士石川基国の軍忠状である。応永二十四年の正月九日にも瀬谷原において合戦があり、[32] 同十日には鎌倉雪下で合戦があったことがわかる。

【史料8】別符幸直代内村勝久軍忠状（「別符文書」『神』五五〇三）

著到　武州北白旗一揆
別苻尾張入道代内村四郎左衛門尉勝久申
右、去二日馳参庁鼻和御陣、同四日村岡御陣、同五日高坂御陣、同六日入間河御陣、同八日久米河御陣、同九日関戸御陣、同十日飯田御陣、同十一日鎌倉江令供奉、就中至于上方還御之期、於在々所々御陣、致宿直警固上者、下給御証判、為備向後亀鏡、粗言上如件、
応永廿四日正月　日
「承了、（花押）」(上杉憲基)

右は、武州北白旗一揆の一員である別府尾張入道代の軍忠状である。これによれば、正月二日に北武蔵の庁鼻和の陣に馳せ参じ、四日村岡、五日高坂、六日入間川、八日久米川（【史料6】によれば、ここで豊島氏が属す軍勢と合流しているとみられる）、同九日関戸、同十日飯田と、いわゆる鎌倉街道上道をたどって、十一日に鎌倉へ入ったとしている。

さらに、禅秀の乱の余波が地方に飛び火していたことを示すのが、次の軍忠状である。

【史料9】古宇田幹秀着到状案（「長岡古宇田文書」三二『真壁町史料　中世編Ⅱ』）

着到
真壁古宇田大炊助幹秀申軍忠事
右、去年十二月以来、於常州在々所々、属于惣領掃部助手、為御方致忠節訖、今年正月廿二日、鎌倉江馳参者也、然早給御証判、為備末代亀鏡、仍着到如件、

応永廿四年正月　日

承了（花押影）

右は、常陸国の武士真壁幹秀が、応永二十三年十二月の常陸国所々での戦功について申請した軍忠状である。常陸国は前節で述べたように犬懸上杉氏の勢力と、山内上杉氏の勢力が拮抗しており、そのため乱の勃発以降、両勢力による戦闘が各地でおこっていたのであろう。

さて、以上の軍忠状により、乱の過程をみた。そこで二点のことが疑問として残される。一つは、【史料5】からわかるように、乱勃発の十月の戦闘から十二月までの間、何事も起こっていないのはなぜかということである。二つ目は、【史料6】以下の軍忠状が、いずれも十二月以降のものであるということはなぜかということである。これら、二つの疑問の理由について、乱の構造と東国武士諸氏の反応という視点から次章でみていきたい。

四、諸氏の反応

禅秀の乱と東国諸氏の動向

禅秀の乱における諸氏の動向に関しては、既に渡邊世祐氏や植田真平氏の詳細な検討がある。これら先行研究も参考にしつつ、諸氏の動向に関して確認しておきたい。

〈公方連枝〉

稲村公方足利満貞は、乱後、長沼義秀に対して持氏方としての忠節を賞しているから、[33]持氏方だったことは間違いない。一方、篠川公方足利満直は、乱当初と最後で立場を変えているようにみられる。垣内和孝氏は、当初禅秀方だったものの、幕府の対応の変化によって持氏方となったとされている。[34]また近年、杉山一弥氏は満直の活動所見から、篠川公方は鎌倉府が犬懸上杉氏の主導権のもとにおかれていた応永二十年前後に、奥州支配の政策転換がおこなわれる中で下向したと論じていて、持氏との関係性は当初から希薄だったのではないかとする。[35]『鎌倉大草紙』では、乱勃発時の禅秀与党として「陸奥には篠河殿へ頼申間、葦名盛久・白川結城・石川・南部・葛西・海東四郡の者どももみな同心す」とあり、篠川公方が禅秀方として、奥州の諸氏までをも同心させたとしている。こうしたことからすると、満直が当初は禅秀方に加担していた可能性は高い。ただ、篠川公方が乱後も積極的な活動をしていることをみると、垣内氏が指摘するように、幕府が持氏支持を決定した時点かどこかで旗替えをしたと考えられる。

〈上杉一族〉

山内上杉氏や犬懸上杉氏に関しては言うまでもないので除き、その他の上杉氏についてみる。扇谷上杉氏の氏定は、乱序盤から持氏方として『鎌倉大草紙』に描かれ、十月の戦いで敗れ、相模藤沢で自害する。同じく『鎌倉大草紙』には、庁鼻和上杉氏の憲長が、乱前半から持氏方に立ち、鎌倉無量寺口で禅秀方との戦いに敗れたとされる。また「上杉家系譜―深谷嫡流」[36]には、憲長とその父憲光が持氏方として佐介谷で討死したとされている。[37]一方、憲光の弟只懸上杉憲国は、応永二十六年の武蔵国多西郡における恩田氏の反乱に際し、「兵庫助憲国并禅秀同意」と記され、持氏の討伐対象になっている。[38]ただしこれは、「禅秀同意」が討伐の口実となっているとも考えられる。また『鎌倉大草紙』には、八条上杉氏の満朝が乱の発生に際して山内上杉憲基に禅秀の蜂起を伝えている。一方で「長尾」を称する一族は、犬懸上杉朝宗のもとで武蔵国守護代を勤めた「兵庫助入道」がおり[39]、その子氏春は、禅秀に従って応永二十四年正月に禅秀らとともに自害したとされている（「上杉系図大概」）。このように、上杉一族のなかでも、持氏方と禅秀方とで分裂がおきていたことがわかる。

〈鎌倉府奉公衆・奉行人〉

【史料5】に、一色宮内大輔が「大将」として持氏方にたっているほか、多くの奉行人・奉公衆が持氏方に味方していたことは諸記録にもみられるが、禅秀方にたった奉公衆・奉行人も少なくはなかった。

乱勃発後の応永二十三年十二月十三日の、常陸国多賀荘手綱郷朝香神社社殿の棟札銘に、「東殿源左兵衛守義持、鎌倉新御堂殿、当君里見源基宗、当郡地頭寺岡平義之」とある[40]。寺岡氏は、足利氏の根本被官として、『殿中以下年中行事』にも御所奉行の一人として名前があがる鎌倉府奉公衆の一人である[41]。里見氏も、足利氏の一門で鎌倉公方の近習として仕えていた[42]。この棟札の記述は、「東殿源左衛門守義持」の記載に関しては多様な解釈が可能であるが[43]、ここに「鎌倉新御堂殿」と満隆の名を記していることが注目される。すなわち、彼らはこの時点で、満隆を頭目におく鎌倉府体制のもとで朝香神社の造営をおこなっており、彼らは禅秀方にあったとみられる。

乱後には木戸駿河守[44]・二階堂右京亮[45]・明石左近将監[46]・皆吉伯耆守[47]らの所領が乱後闕所地とされており、彼らが禅秀方にたっていたことがわかる。また、『鎌倉大草紙』には、乱勃発時に禅秀方へ与同したものとして「鎌倉在国衆には木戸内匠助伯父甥・二階堂・佐々木一類を初として百余人」としている。

〈宇都宮氏〉

『鎌倉大草紙』には「宇都宮左衛門佐」という人物が禅秀方としてみえている。しかし、左衛門佐については正確な名前もわからず、これ以上のことは不詳と言わざるをえない。一方、乱勃発からおよそ一月後の十一月三日に、幕府から「宇都宮方」が御内書を請けている（『満済准后日記』）。ここにみえる「宇都宮方」は、物領家の持綱であろう。幕府はその直前の十月二十九日に持氏の支持を決定しているから（後述）、乱の正確な状況を探るための御内書だったのではないか。持綱の返事は十二月十五日に将軍義持に披露されている（『満済准后日記』）。このような幕府とのやりとりのなかで、持綱は幕府の支持する持氏方として対応していったと考えられる。持綱は、こののちに上総国守護を幕府の推挙によって務めるなど「京都扶持衆」として活躍するが、小栗満重の乱にまきこまれ、持氏の討伐を受けることになる。[48]

〈小田氏〉

『鎌倉大草紙』には、「小田治朝」が禅秀方として描かれているが、治朝は応永十年に死去しているので、治朝子息持家のことか、当時持家は幼少だったため持家の輔佐か代理をしていた人物が、禅秀方へ加わっていたものかと考えられる。[49]また、禅秀の関東管領辞任の契機になった家人越幡（小幡）氏が小田氏一族だったと考えれば、小田氏が禅秀方についていた可能性は高い。しかし、他には乱への関わりをみることは出来ず、乱後の小田氏の動きも明瞭にはあらわれない。なお『鎌倉大草紙』に、乱勃発当初に持氏に供奉したとみえる「小田宮内大輔」は、公方奉公衆として持氏に従っていたとみられる。

〈小山氏〉

『鎌倉大草紙』には、応永二十三年十二月二十八日の駿河国入江荘の戦いにおいて、禅秀方の一人として「小山」

の名を挙げる。江田氏はこれを惣領の満泰とみている[50]。その後満泰は、乱後の応永二十七年（一四二〇）七月廿日、小山満泰は禅秀子供以下残党の討伐を命じられているから[51]、最終的には持氏方へ旗替えしたのだろう。

〈佐竹氏〉

佐竹氏は当時家督をめぐって、山内上杉憲基の弟で入嗣した義憲と、有力庶子家であった山入氏の与義とで一族内対立が存在していた[52]。義憲は当然のことながら憲基とともに持氏方として転戦し、戦後は軍功の賞として「評定ノ頭人」になっている（『喜連川判鑑』）。一方の与義は、禅秀方としてみられる（『鎌倉大草紙』）。義憲との対立関係がその根底にあったとも考えられる。乱後、持氏に降伏するが、のちに持氏の追討をうけることになる。

〈千葉氏〉

先述したように、千葉氏の当主兼胤は、禅秀娘と婚姻関係を結んでいた。その関係からか『鎌倉大草紙』に、兼胤とその父満胤などが禅秀方として、十月四日の鎌倉佐介亭周辺での戦いで、千葉氏の一門「千葉大介満胤嫡子修理大夫兼胤・同陸奥守康胤・相馬・大須賀・原・圓城寺下野守を始八千余騎[53]」がこぞって禅秀方へ参じている。ただし、禅秀らが自害した後の応永二十四年二月に軍勢を差し向けられるとすぐに降伏したという（『鎌倉大草紙』）。以後も下総国守護として振る舞っているから、戦後の責任追及は甘かったのだろうか。

〈長沼氏〉

長沼義秀はいちはやく持氏方に参じ、その結果、禅秀の乱の発生直後には、禅秀跡の本貫地長沼庄以下の所領を得ている[54]。長沼氏は、一四世紀半ばに本領の維持が困難となり、陸奥国奥山を拠点としていた[55]。ただし、同族とされる混布嶋氏は「禅秀ひくわんの仁」とされていて、長沼庄内の混布嶋郷打ち渡しに抵抗している[56]。

〈那須氏〉

越前守・五郎系の資之は、先述したように禅秀とは姻戚関係にあり、『鎌倉大草紙』に禅秀方としてみられている。ただし、乱後に宇都宮持綱とともに幕府の吹挙をうけた那須氏もみうけられる。[57] こちらは惣領である肥前守・太郎系であろうか。応永三十年ごろには、逆に太郎を名乗る惣領家が鎌倉府の追討を受けて「京都扶持衆」となり、五郎資之は親公方として惣領に推されている。[58]

〈結城氏〉

『鎌倉大草紙』によれば、乱勃発直後の十月四日の合戦で、「結城弾正」が持氏方として薬師堂を守っている。応永二十四年閏五月九日の感状[59]で、下野国西御庄で基光が禅秀家人を捕縛していたことがわかり、乱においても持氏方として戦っていたとみられる。また、応永二十三年十二月十七日に、幕府から宇都宮・結城両人に対して御教書が下されていた（『満済准后日記』）。このように結城氏は、乱当初から一貫して持氏方だったとみられる。

〈その他〉

禅秀と姻戚関係にあった上野国の岩松満純や甲斐国守護武田信満は、禅秀に加担し、禅秀滅亡後に持氏から執拗な討伐をうけることになる。

常陸武士では、『鎌倉大草紙』に、大掾・行方・小栗が乱前半に禅秀方へ参じたとある。大掾氏は、惣領満幹が禅秀の子教朝を猶子としていた関係上、禅秀方へ参じたとみられる。一方、烟田氏の幹胤は、乱勃発直後から在鎌倉により持氏方へ参じていたことが【史料5】でわかる。また真壁氏は、【史料9】から幹秀が十二月以降に持氏方へ参じていたことがわかる。ただ、常陸国では【史料9】に「在在所々」で戦闘がおこなわれており、禅秀方に属すものも多かったとみられる。

武蔵武士では、『鎌倉大草紙』は、児玉党や丹党の面々が禅秀方に参じたとする一方、【史料6】では、豊島氏が十二月二十五日の戦いから持氏方へ参じていることが知られる。また、『鎌倉大草紙』に江戸遠江守が乱当初から持氏方として書かれ、十二月以後の戦いで豊島氏と南一揆が持氏方としてみえている。

以上、多くを二次史料である『鎌倉大草紙』に頼るかたちとなったが、禅秀の乱に対する諸氏の反応をみた。植田氏も考察されたように、諸氏がどちらについたかということに明確なグルーピングは見出せず、関東の諸氏が二分されていたことがわかる。ただし、ここでも注目されるのは、乱の中途において、特に十二月以降の戦いから、持氏方へ参じた諸氏が多かったことである。前節で疑問とした第二の点である。これに関しては、乱に対する幕府の対応をみておかなければならない。

禅秀の乱に対する幕府の反応

幕府が禅秀の乱の情報を知ったのは、乱勃発から十日程経った十月の十三日頃であった（『看聞日記』・『満済准后日記』など）。また、十月十六日には、持氏と憲基が既に自害したという情報を得て、将軍義持が「以外御仰天周章云々」（『看聞日記』）、「御仰天無申計」（『満済准后日記』）としている。『満済准后日記』は、十八日に持氏の自害が「荒説」だったことを記すが、憲基は「大略自害」との情報を記している。その後、幕府は禅秀の乱への対応にあたり、十月二十九日に評定をおこない、持氏を支持することを決定した（『看聞日記』）。十一月三日には宇都宮へ対して御内書を遣わし、十二月十七日には同じく宇都宮と結城両人へ御教書を遣わしている（『満済准后日記』）、こうして幕府は直接的な対応に乗り出していくことになる。そして、十二月以降になって態勢を立て直した持氏方は、満隆・禅秀のいる鎌倉へ攻め入り、翌年正月十一日に鎌倉を制圧するのである。

すなわち、幕府の対応が乱の過程を劇的に変化させていることがわかる。なかには宇都宮や結城など、幕府から直接的に御教書を下されている諸氏も存在していた。『鎌倉大草紙』には、幕府が持氏を支持したことが十二月二十五日の今川範政書状によって関東の諸氏に触れ回され、正月一日の戦いでは禅秀方が優勢だったものの、同九日には「味方大形心替りして敵に加わ」ったとするように、やはり幕府の持氏支持が、諸氏に大きく影響したように描いている。この動きこそが、十二月以降、関東の諸氏が持氏方に参じた、大きな理由だったといえる。すなわち、先に疑問とした第一の点は、幕府の持氏方支持が、十一月以降に決定され、十二月以降になってそれが関東諸氏に伝わった結果だったのである。

では、幕府が対応する以前に何の動きもみえなかったのはなぜだろうか。前節で疑問とした第一の点である。もちろん、持氏が駿河国へ、上杉憲基も越後国へ没落したのち、態勢を立て直す期間だったと、まずは考えられるだろう。ただし、果たしてそれだけの理由だったのであろうか。

先にみたように、公方連枝から諸大名に至るまで、東国の諸氏には禅秀方に参じたものが少なくはなかった。また、持氏方についたものでも、いくつかの場合、持氏に味方したとはいえ、幕府との関係のなかから十二月以降に動いたものも多かった。ここで考慮すべきなのが、第二節で検討してきたように、犬懸上杉氏が公方近臣として公方を支え、さらには東国諸氏との婚姻関係を通じて、諸氏との連携を作り上げてきた歴史的過程であり、それが、当初禅秀方が優勢にたてた背景になっていたのではないかということである。すなわち、禅秀の蜂起による満隆・禅秀政権は、『鎌倉大草紙』が「新御堂殿并持仲鎌倉に御座まし関東の公方と仰られたまふ」とするように、一時ではあるが関東諸氏に受け入れられていたのではなかったか。おそらくはそのために、多くの東国諸氏のなかで満隆・禅秀政権そのこと自体に、大した違和感を抱かれることがなかったのではないか。しかしそれが、幕府というより大きな権力によって持氏支持が決定されたことで、諸氏の対応を変化させることになった。禅秀の乱による「クーデター政権」が、鎌倉を制圧し得た一つの理由として、このような犬懸上杉氏の歴史的背景があったことを指摘したい。

おわりに

本稿では、犬懸上杉氏の動向を追うことで、禅秀の乱を従来の視点とは違って、犬懸上杉氏の政治的位置の高さゆえに起こった内乱であると位置付けてきた。さらに、この犬懸上杉氏の政治的位置は、禅秀の乱をもって消滅したわけではなく、禅秀の子息が京都へ逃れることによって温存されたのである。後に幕府が東国平定の大将として禅秀子息上杉教朝を下したのは、幕府が犬懸上杉氏の東国における影響力を利用しようとしたからに他ならない。

さて、上杉禅秀の乱が関東に残した爪痕は、「応永の平和」を打ち砕いた以上におおきかった。周知のとおり、このののち持氏は、執拗な禅秀与党の討伐に動いていく。

【史料10】足利持氏願文案写（「後鑑所収相州文書」『神』五五一三）

敬白祈願之事

奉寄進

医王像前燈光料永七拾五貫

右、聖君之施政化也、所以安民理国、賢者之著徳行也、所以討邪挙正也、爰在上杉氏憲入道禅秀、恣憑狼狽不次之行、剰振君臣向背之威、猥追従貴族於異郷、争平呑国郡于東海、苟持氏指麾同志之輩、欲誅無道之臣、伏乞、善逝哀納懇祈、不忘曩祖草創之結縁、早施逆徒滅亡之戦功、恵光鎮照、関東純煕、敬白、

応永廿四（ママ）二月　日　　持氏

右は、乱の終結直後の二月に作成された持氏の願文である。史料の性格上、内容が難解であるが、これによって持氏の「逆徒」へ対する憎悪と討伐への熱意は、十分に伝わってくる。のちにはじまる持氏の禅秀与党への執拗な討伐活動を予見させよう。

一方、関東管領である山内上杉憲基は、三月三日には今回の乱における敵味方の菩提を弔うためとして、円覚寺に所領を寄進している(60)。憲基は、今回の戦闘の全面的終結を願っていたのであり、討伐をすすめようとする持氏とは、次第に意見の相違がみられていったのではないか。また、幕府もその後の持氏の討伐活動を予見できていなかった。さらに、幕府の頼みとする山内上杉憲基も、応永二十五年の正月に二十七歳という若さで没し、関東管領には越後上杉氏から幼少の憲実が迎えられる。持氏の独走を止めるには憲実は若すぎた。こうして関東は

戦乱の時代へと舵をきっていくのである。

註

（1）山田邦明『室町の平和』（吉川弘文館、二〇〇九年）。
（2）渡邊世祐『関東中心足利時代之研究』（雄山閣、一九二六年）。以下、渡邊氏の説はすべてこれによる。
（3）永原慶二「東国における惣領制の解体過程」（『永原慶二著作選集　二』吉川弘文館、二〇〇七年、初出一九五二年）。
（4）市村高男「鎌倉府体制の展開と結城・小山一族」（荒川善夫編著『下総結城氏』戎光祥出版、二〇一二年、初出一九八四年）。
（5）江田郁夫「上杉禅秀の乱と下野」（同著『室町幕府東国支配の研究』高志書院、二〇〇八年、初出一九九八年）。江田郁夫「鎌倉公方連枝足利満隆の立場」（同著『室町幕府東国支配の研究』高志書院、二〇〇八年、初出二〇〇五年）。
（6）植田真平「上杉禅秀の乱考」（池亨編『室町戦国期の社会構造』吉川弘文館、二〇一〇年）。以下、植田氏の説はすべてこれによる。
（7）山田邦明「犬懸上杉氏の政治的位置」（黒田基樹編著『関東管領上杉氏』戎光祥出版、二〇一三年。初出二〇〇三年）。拙稿「南北朝期鎌倉府体制下の犬懸上杉氏―上杉朝房の動向を中心に―」（『文学研究論集』三九、二〇一三年）など。
（8）詳細は拙稿前掲註（7）を参照。
（9）「浅羽本上杉系図」（『群書系図部集　第五』所収）。
（10）佐藤博信「足利持氏の花押について」（同著『中世東国の支配構造』思文閣出版、一九八九年、初出一九八三年）。
（11）なお、『空華日用工夫略集』の応安六年（文中二、一三七三）三月十九日条に、「上杉金吾」の名前が見える。蔭木英雄氏はこれを禅秀に比定されている（『訓注空華日用工夫略集』）。そうであれば、生年はすくなくとも文和年間（一三五二～一三五五）くらいとなるが、比定には検討の余地がある。
（12）応永十七年十月十一日「関東管領上杉禅秀奉書」（「神田孝平氏旧蔵文書」『神奈川県史　資料編3　古代・中世（3上）』〈以下『神』と略称〉五四三〇）。

(13) 杉山一弥「伊達政宗の乱の展開と稲村公方・篠川公方」(黒田基樹編著『足利満兼とその時代』戎光祥出版、二〇一五年)。
(14) 石橋一展「小山氏の乱」(黒田基樹編著『足利氏満とその時代』戎光祥出版、二〇一四年)。
(15) 市村高男「小田孝朝の乱と鎌倉府体制」(『牛久市史研究』八、一九九九年)。
(16) 風間洋「足利持氏専制の周辺―関東奉公衆一色氏を通して―」(植田真平編著『足利持氏』戎光祥出版、二〇一六年、初出一九九七年)。
(17) 『社務職次第』『供僧次第』『鶴岡諸記録』『鶴岡事書日記』『鎌倉大草紙』など。
(18) 江田郁夫「持氏政権期の那須氏」(同著『室町幕府東国支配の研究』高志書院、二〇〇八年、初出一九九四年)。
(19) 峰岸純夫『新田岩松氏』(戎光祥出版、二〇一一年)参照。
(20) 磯貝正義『武田信重』(戎光祥出版、二〇一〇年。初出一九七四年)参照。
(21) 「鶴岡八幡宮寺社務職次第」(『群書類従』第五十三所収)
(22) 前掲江田氏註(5)論文
(23) 応永十七年七月二十八日「関東管領上杉憲定奉書写」(「鶴岡神主家伝文書」『神』五四二八)。本文書は書止文言を「恐惶謹言」とする書状形式であるが、内容は公方の仰せを取り次ぐというものであるので(持氏はいまだ政治的に自立していない)、当時まで憲定が関東管領であったことは確かだと考えられる。
(24) 『茨城県史料 中世編Ⅰ』の略称。以下同じ。
(25) 江田氏前掲(5)論文。
(26) 年未詳九月二十一日「上杉禅秀書状」(「塙不二丸氏所蔵文書」六九『茨城Ⅰ』)
(27) 応永十八年四月十五日「管領畠山満家奉書」(「久我家文書」『神』五四三四)。応永十九年六月二日「管領細川満元施行状案」(「醍醐寺三宝院文書」『神』五四四六)。応永二十年四月二十一日「管領細川満元奉書」(「鶴岡八幡宮文書」『神』五四五三)。応永二十一年十二月十五日「管領細川満元奉書」(「円覚寺文書」『神』五四七九)。
(28) 応永三年七月二十三日「管領斯波義将奉書」(「上杉文書」『神』五一六六)。
(29) 渡邊氏前掲註(2)著書。

(30)「生田本鎌倉大日記」によると、ここで不利になった持氏らは、六日夜に駿河国に落ちている。同日には鎌倉六本松でも合戦がおこなわれている（応永二十四年三月「宍戸朝国軍忠状写」『常陸誌料所収真家氏文書』〈小森正明「『常陸志料』所収「真家氏文書」について」『日本史学集録』四、一九八七年より〉）。

(31)なお、「生田本鎌倉大日記」は、このことを「南一揆江戸豊嶋人々も二階堂下総入道等令同心、致持氏御方間、十二月廿五夜、殿御方、伊予守、自入間川鎌倉へ没落了」としている。これは「生田本鎌倉大日記」の記事自体が、【史料6】をみて記された可能性を示唆させる。「生田本鎌倉大日記」の編さん事情を知るうえで興味深い点である。またそう考えると、これに続く「於上野国、十二・十八日、同廿二日合戦者、満隆御方打負畢」という記事も、軍忠状自体は現存しないものの、なんらかの史料が参考にされた可能性が残り、満隆の戦時中の動向もうかがえる。

(32)応永二十四年三月二十日「足利持氏御教書写」（「石川氏文書」『神』五五一九）。

(33)（応永二十四年）正月二十五日「稲村御所足利満貞書状」（「皆川文書」九六『栃木県史　史料編中世一』）。なお、『栃木県史』の比定は氏満となっているが誤りである。

(34)垣内和孝「篠川・稲村両公方と南奥中世史」（同著『室町期南奥の政治秩序と抗争』岩田書院、二〇〇六年、初出一九九六年）。

(35)杉山氏前掲註（13）論文。

(36)『深谷市史　（全）』（深谷市役所、一九六九年）二九八頁。

(37)ただし「上杉系図」の諸本によると、憲長は年代未詳ながら「九月廿四日逝去」とするから、乱の過程で没したとは考えられない。

(38)応永二十六年八月十五日「足利持氏御教書写」（「武州文書十所収多摩郡宮本氏所蔵文書」『神』五五九四）。

(39)黒田基樹「満兼期の上杉氏」（同編著『足利満兼とその時代』戎光祥出版、二〇一五年）。

(40)『高荻市史　上』（高荻市、一九六九年）一九四頁。

(41)山田邦明「鎌倉府の奉公衆」（同著『鎌倉府と関東』校倉書房、一九九五年、初出一九八七年）。

(42)谷口雄太「関東足利氏の御一家（二）」（黒田基樹編著『足利満兼とその時代』戎光祥出版、二〇一五年）。

(43)将軍義持のことを指すとも考えられるが、義持が左兵衛督に叙任された経歴はない。当時の左兵衛督は持氏であり、「東殿」

を「鎌倉公方」の意味でとらえるならば、「東殿左兵衛守義持」は持氏を指した可能性も否定は出来ない。しかし、ここでは持氏が鎌倉を追い出されてのち、「鎌倉新御堂殿」の名があがっていることを重視して、寺岡義之・里見基宗を禅秀方としてとらえた。
(45) 応永二十三年十月五日「足利持氏所領充行状」(「皆川文書」『神』五四九三)。
(46) 応永二十四年閏五月二十四日「足利持氏料所所進状」(「上杉文書」『神』五五二八)。
(47) 応永二十四年十月十四日「足利持氏寄進状」(「三嶋神社文書」『神』五五四二)。
(48) 応永二十四年十月十七日「足利持氏料所所進状」(「上杉文書」『神』五五四四)。
(49) 江田郁夫「持氏政権期の宇都宮氏」(同著『室町幕府東国支配の研究』高志書院、二〇〇八年、初出一九八九年)。
(50) 『牛久市史　原始古代中世』(牛久市、二〇〇一年。長塚孝氏執筆部分)。
(51) 江田氏前掲註(5)論文。
(52) 応永二十七年七月二十日「足利持氏御教書」(「松平基則氏所蔵資料」『神』五六一九)。
(53) 佐々木倫朗「佐竹義舜の太田城復帰と「佐竹の乱」」(同著『戦国期権力佐竹氏の研究』思文閣出版、二〇一一年、初出一九九八年)。
(54) 同系統の軍記である『湘山星移集』は「八十」とする。
(55) 応永二十三年十月五日「足利持氏所領充行状」(「皆川文書」『神』五四九三)。
(56) 長沼氏の動向に関しては江田郁夫『下野長沼氏』(戎光祥出版、二〇一二年)を参照。
(57) (年未詳)六月十五日「まの書状」(「皆川文書」七八『栃木県史　史料編中世一』)。
(58) 『満済准后日記』応永二十四年五月二十八日条。
(59) 江田郁夫「室町時代の那須一族」(同著『中世東国の街道と武士団』岩田書院、二〇一〇年。初出二〇〇八年)。
(60) 応永二十四年閏五月九日「足利持氏感状」(「松平基則氏所蔵文書」一三『栃木県史　史料編中世二』)。
応永二十四年三月三日「上杉憲基寄進状」(「円覚寺文書」『神』五五一四)。

Ⅱ　禅秀与党の討伐と都鄙和睦

石橋一展

はじめに

本稿では、応永二十四年（一四一七）一月に終結した上杉禅秀の乱後に起こった鎌倉府と所謂禅秀与党および京都扶持衆との合戦と、その一応の帰結である都鄙和睦について基礎事実を明らかにしつつ、考察を加えることを目的とする(1)。

足利持氏は、自らの体制を瓦解寸前まで追い詰めた禅秀の与党に対する攻撃を、執拗に行ったことで知られる。また、その行為が都鄙の政治的な関係を悪化させる大きな要因ともなった。持氏の禅秀与党への反撃は、早くも禅秀蜂起の三日後、応永二十三年十月五日に行われた（「皆川文書」(2)）。同日付で禅秀・木戸駿河守・武田下条八郎の所領を没収する持氏の御教書が発給されたという。もちろん、合戦の行方がいまだ定まらない時期であり、関東管領上杉憲基の施行状（「皆川文書」神五五一二）が出たのは翌二十四年二月二十七日であったが、持氏の苛烈な方針を垣間見ることができる。他の与党にも同様な姿勢で臨んだことがうかがえる。

以下、一章と二章では、討伐の時期と対象とされた家ごとに【大将と参加武士】と【概要と過程】の二つの項目に分けて考察していく（煩雑さを防ぐため、基本的に既出の文書史料は刊本の略称と文書番号のみ記す）。そして三章では、この時期の都鄙関係の変遷を整理し特徴を考察する。

一、戦後処理と初期内乱

ここでは、禅秀の乱の有力与党で乱後すぐに討伐対象になったり、内乱の継続として合戦が続いていたりした地域・武家を考察する。

なお、ここで考察する他に、禅秀与党であり、下野長沼氏の一族混布嶋氏が、使節遵行を受け入れず、下野守護結城氏や周辺地頭との抗争が応永二十五年七月〜十月にかけて展開されている（「皆川文書」五五六九、五五七二、五五八一）。ここでは詳しく検討しないが[3]、このように、鎌倉府から大規模に軍勢催促されないまでも、禅秀与党が関連した、在地を巡っての小規模な争いが各所で起こっていた可能性があろう。

岩松満純とその与党

【大将と参加武士】　応永二十五年四月に岩松討伐の大将として扇谷上杉持定が任命された（「武州文書」神五五六二）。実際に参加がうかがえる武家は安保氏のみであり（「安保文書」神五五二五）、軍勢催促を受けている武士は、長沼氏・小峰氏・武州南一揆がいる（「皆川文書」神五五一五・栃Ⅰ—八七、「有造館本結城古文書写」福島四七‐一二〇、神五五六三）。また、『大日記』や『判鑑』には、満純を打ち取った人物として舞木宮内丞が挙げられている。

【概要と過程】　禅秀の婿であった岩松満純は乱に協力したため、岩松氏は早い段階で処罰が想定され、そして実行された。まず、応永二十四年一月一日付の持氏寄進状(4)にて上総国周東郡の岩松満国跡が寄進されている（「鶴岡八幡宮文書」神五四九九）。満国は満純の父であり、すでに家督を満純に譲っていたが、乱の咎で所領を没収されたのであろう。その後、応永二十四年三月から翌二十五年四月末にかけて、断続的にその討伐が企画されたと思われる。その背景には、岩松残党が南奥から関東へと在所を転々とし、鎌倉府側もその殲滅に至らなかったという事態がある。岩松系の勢力は、実際に主要人物である岩松満純が応永二十四年閏五月に処刑された（『判鑑』）後も、その残党が「新田并岩松余類」（「武州文書」神五五六二・五五六三）として活動をつづけたのである。これに対し、鎌倉府は上杉持定を大将として差し向ける。岩松の反鎌倉府活動は、応永二十五年四月末で動向が辿れなくなるので、これを最後に没落したと思われる。応永二十九年に常陸小栗氏が蜂起した際、「岩松治部大輔残党」が参加したとする二次史料（『判鑑』）もあるが、定かではない。

応永二十四年　三月　岩松勢、白河辺りを徘徊。鎌倉府は長沼氏や小峰氏に軍勢催促を行う（神五五一五・栃Ⅰ—八七、福島四七‐一二〇）。

五月二十九日　岩松勢、武蔵入間川付近へ出張。舞木宮内丞が満純を捕縛する（『判鑑』）。

安保氏も合戦に参加（神五五二五）。

閏五月十三日　鎌倉府、満純を龍ノ口で処刑（『判鑑』）。

応永二十五年　四月　新田・岩松残党、武蔵近辺に出没。鎌倉府、上杉持定を大将として軍勢発向（神五五六三、「阿伎留神社文書」『新八王子市史』一二一二）。

四月　二十日〜

四月二十九日　武州南一揆に軍勢催促（神五五六一・五五六三、「阿伎留神社文書」『新八王子市史』一二一一・一二一二）。

山入佐竹系諸族

【大将と参加武士】　大将については不明である（軍忠状にある証判は人物比定できず）。参加武士は、長倉氏討伐は南奥の岩城、岩崎、飯野光隆・光清、常陸の小野崎安芸守が認められる（「飯野文書」福六―一七四）。また、稲木氏討伐には常陸の石河（川）左近将監が参加している（「石川氏文書」神五五三八）。

【概要と過程】　常陸佐竹氏内部は、上杉憲基の弟龍保丸が佐竹義盛の養子となった応永十四年から、山入氏を中心とした有力諸家の反発が起こっている。禅秀の乱においては、龍保＝義憲が山内上杉方であったのに対し、山入氏系は禅秀方であったと思われる。持氏は常陸石川氏に稲木城の稲木義信を、岩城氏系の武士に長倉氏と山県氏をそれぞれ攻撃させている。同日に稲木城と山県氏の城が攻撃されており、二か所の合戦は連動していた可能性も高い。また、近辺の佐竹氏本家の勢力も発向していた可能性も高く、被官の小野崎氏が長倉氏との合戦に参加している。

なお、『佐竹諸家譜』『佐竹系譜事蹟略』などに拠れば、長倉城に関しては、応永十五年（六月カ）に長倉氏が山入与義を迎え、鎌倉府軍に抵抗したと言われるので、事実であれば、長倉氏自身もそこに加わっていたと考えるのが自然である。鎌倉から大将「岩松右馬頭持国」が派遣され、小田氏や宇都宮氏も参加し、補給路を断たれた山入氏は降伏したとされる。しかし、持国は禅秀の乱を契機として岩松氏家督となり、その時点でまだ幼名を名乗っていたため、この時点で持国を名乗り、大将であったとは考えられない。永享七年にも長倉城攻めは行われているので（『長倉状』[5]）、あるいはその時の記事と混同された可能性もあろうが、その際も大将は岩松氏ではなく、真偽は不明である。

応永二十四年　二月　七日　石川氏ら、稲木城を攻撃する（神五五三八）。

四月　十日　岩城・岩崎・飯野氏ら軍勢を発向させる（福六―一七四）。

四月　十五日　岩城氏ら、常陸瓜連に参陣、長倉常陸介降伏する（福六―一七四）。

四月二十四日　岩城氏ら、山県三河入道の籠もる城を攻撃する（福六―一七四）。石川氏ら、再度稲木城を攻撃する（神五五三八）。

武田信満・信長

【大将と参加武士】　本稿が対象とする武田氏討伐戦は、ほとんど二次史料による記録しか残らず、その実否および内容は定かではない。大将は、第一回目が上杉淡路守憲家なる人物（『大草紙』）、第二回目は吉見伊予守、第三回は上杉淡路守房実がそれぞれ発遣されたという（『大日記』『判鑑』）。なお、検討する範囲ではないが、第四回目は一色持家が大将となった（『大日記』・「江戸文書」神五七六四）。吉見氏については足利一門の武蔵の武士であるが、この時期の一次史料にその名を認めることはできない。上杉憲家と房実は官途名が淡路守であるため、同一人物である可能性もある。両名は一次史料に登場しない。しかし、淡路守を名乗る人物として、持氏の側近として活躍する榎下上杉憲直が挙げられるので、ひとまずその人物に充てるのが適当であろう。(6)その他の参加武士は不明である。

【概要と過程】　武田信満は禅秀の舅であり、乱に加担した。『大草紙』には「二年に及て合戦」し、「応永廿四年二月六日」都留郡木賊山で自害とあるので、この時点まで甲斐においては禅秀の乱に端を発する内乱が継続していたと考える方が妥当であろう。その後、信満弟信元と信満嫡男信重は高野山へと隠居した。次男信長は甲斐に残り、鎌倉府の後援を得て、勢力伸長を図る逸見氏と合戦をしていた。(7)なお、持氏は禅秀の乱勃発直後の応永二十三年十月五日に、下野の禅秀跡と共に同国「武田下条八郎跡」を長沼氏に沙汰付ける下文を発給している（「皆川文書」神五五一一）。武田下条は甲斐武田氏の庶流であり、当主信満に従い、禅秀の乱に加担したものととれる。

その後、応永二十八、三十二年と鎌倉府軍が甲斐に発向するが、滅亡には至っていない。

応永二十四年　二月　六日　鎌倉府、大将を上杉淡路守とする討伐軍を差し向け、武田信満はこの日に自害する（「大草紙」）。

応永二十八年　九月　鎌倉府、武田信長の謀反のうわさがあるため吉見伊予守を発向させたが、信長にその意思がないことが確認された（『判鑑』『大日記』）。

応永三十二年　八月　十六日　鎌倉府、武田信長に再び謀反の兆しを認め、上杉淡路守に御旗を下賜し、発向させる。武田氏は退散する（『判鑑』『大日記』）。

下野禅秀被官

下野に逃亡したと思われる禅秀の被官の討伐戦である。明確な組織戦ではなく、当該期の下野守護が対応していた。応永二十四年五月二十七日には、西御庄で秋山・曽我・池田・池森・土橋らの禅秀被官が守護結城基光によって捕らえられ（「松平基則氏所蔵文書」神五五二四）、同二十七年にも持氏は「禅秀子共以下残党」の没落の可能性を指摘し、守護小山持政に対して、討ちとるよう命じている（「松平基則氏所蔵文書」神五六一九）。

上総本一揆

【大将と参加武士】　上総本一揆は二回にわたり蜂起した[8]。ただ、杉山一弥氏が指摘している通り、一回目（上総国狼籍張本人）と二回目（「上総本一揆」）では呼称が異なり、集団の構成員が変化している可能性がある。第一回目の大将は一色左近将監[9]（「楓軒文書纂六十五」神五五六一）であり、御旗を受けている（『大日記』『判鑑』）。確実に参加していることがわかる武家は、常陸の鹿嶋憲幹と烟田幹胤である（「烟田文書」鉾一〇三、一〇四など）。南奥の白石氏にも軍勢催促が行われているが、実際に参陣したかは不明である（「楓軒文書纂六十五」神五五六一）。

二回目の蜂起では、木戸内匠助範懐が大将として発遣された（「烟田文書」神五五八六）。今回も、鹿嶋、烟田両氏の参加が認められる（「烟田文書」鉾一〇六、神五五八六）。また、上杉持定が軍勢催促を行い、被官に国境の警備等を命じているので、これも参加したと言える（「常陸誌料雑記五一」扇五）。

【概要と過程】　上総は犬懸上杉朝宗・禅秀が守護であった国で、その被官も多い[10]。これらの被官が結集して蜂起がおこったのであろう。その中心人物は、埴谷重氏[11]である。その直接的背景は不明であるものの、『判鑑』には、禅秀への加担を持氏に謝罪したが、許容されなかったことが挙げられている。

応永二十五年四月下旬の段階でその蜂起を知った鎌倉府は一色氏を大将とする討伐軍を、五月九日に発向することを決め、それに合わせて軍勢催促が行われた（「楓軒文書纂六十五」神五五六一）。しかし、実際の出立はそれから二十日ほど遅れた二十八日であった。この原因としては、予想以上に軍勢が結集できなかったか、五月十日段階で取り沙汰されている桃井左馬権頭入道・小栗満重の「陰謀露顕」と「没落」の対応も行ったためかのいずれかであろう（「皆川文書」神五五六六）。烟田氏の軍忠状（「烟田文書」鉾一〇三、一〇四）によると、上総八幡に参陣し、その後東進して平三城に至ったという。ただ、この一回目の蜂起自体は平三城が落城した時点でその勢力は「退散」（『判鑑』）し、終結した。

翌年一月に二回目の蜂起がおこった。この時は木戸氏が大将となるものの、御旗の下賜があったかは不明である。この合戦に際し、扇谷上杉持定は「府中」で着到を付ける事や「国之境」の防備を命じている。黒田基樹氏は、持定が大将か上総守護であった可能性を指摘した。軍勢の結集ということのみを考えた場合、その可能性が最も高いのは武蔵であり、その場合、持定は大将ということになろう。ただ、どこかの守護であった可能性も捨てきれない。その場合は、確かに上総守護としての命令とするのが自然であるが、「国之境」「府中」という文言から、安房という可能性も考えられる。二月二十一日には、前回同様鹿嶋・烟田氏が参陣し、矢戦が展開された。三月三日には一揆勢が籠もる坂本城[12]への攻撃が加えられた（「烟田文書」神五五八六、鉾一〇六）。坂本城は、前回の平三城から北東にいった長生郡に位置している。この合戦では落城しなかったようだが（『大日記』）、五月になって重氏が降伏、鎌倉に移送されて由比ヶ浜で処刑された（『判鑑』）。

応永二十五年　四月二十六日　鎌倉府、白石氏に「上総国狼藉張本人」討伐の軍勢催促を行う。五月九日に一色左近大夫将監の派遣する旨を告げる（神五五六一）。

五月二十八日　一色氏、御旗を賜り鎌倉を出立する（『大日記』『判鑑』）。

六月以前　鹿嶋氏、烟田氏らが八幡を経由して平三城を攻落する（鉾一〇三、一〇四）。

応永二十六年　一月　十九日　これ以前に上総本一揆が再度蜂起したため、木戸範懐が大将として、鎌倉を発向する（『大日記』。『判鑑』は十八日とする）。

一月　三十日　上杉持定、国中に軍勢を催促し、恒岡氏に対して府中で着到を付けること、国境を固める事を命じる（「常陸誌料雑記」五一）。

二月二十一日　鹿嶋氏・烟田氏参陣する。数日矢戦を行う（鉾一〇六、神五五八六）。

三月　　三日　　鎌倉府軍、上総坂本城を攻撃する（鉾一〇六、神五五八六）。
五月　　六日　　榛谷重氏、降参する（その後由比ヶ浜で処刑される、『判鑑』）。

対象不明（家中合戦）

応永二十七年一月二十六日に下野家中郷で行われた合戦であり、佐野帯刀左衛門（「喜連川家御書案留書」神五六〇六）と、佐野越前守（「常陸遺文二」神五六〇七）[13]が参加したことがわかっている。しかし、その合戦対象は不明である。ただ、本稿で挙げたいずれかの合戦と連動して行われた可能性が高い。杉山一弥氏は、地理的に見て応永二十八年十月九日に行われた上野佐貫庄での合戦に連動したとの可能性を指摘している（佐野帯刀左衛門が参加している）。なお、同じく地理的な観点で考えた場合、すでに考察した下野西御庄付近での禅秀与党の討伐戦との関係が想起される。禅秀与党は先述の通り一度攻撃を受けたものの、応永二十七年七月には、持氏が「禅秀子共以下残党」の討伐を小山氏に命じる事態となっている（「松平基則氏所蔵文書」神五六一九）。家中郷は西御庄とも近く、仮に応永二十七年段階の禅秀残党の拠点も西御庄であった場合、家中郷が戦いの舞台となった可能性も十分にある。なお、同郷は享徳元年の段階ではすでに小山氏の所領が存在していたことがわかっている（「熱海白川文書」[14]）。

一、内乱の広がり

乱の与党であるが、すぐには対処されず、時間が置かれてから討伐された武家を取り上げる。乱との関係が不明確な武家も存在し、すでに「禅秀与党」という性格のみでは論じ得ず、在地に乱以前から家内で矛盾を抱えたり、京都扶持衆として幕府から把握されたりしたものもいる。京都扶持衆とは、幕府と緊密な連絡と政治的に近い関係を有し、京都の意を受けて行動する東国武士を指す。実際に「扶持」＝所領を安堵されているわけではないが、幕府が彼らの政治的後ろ盾として動くこともあった。有名な史料であるが、「市河文書」所収応永三十年七月十日付「畠山満家奉書」（茨Ⅴ―二）には、「佐竹刑部大輔・常陸大掾・小栗常陸介・真壁安芸守等事、有京都御扶持」とあり、そのほかにも宇都宮氏や那須氏などが扶持衆であると評価される

恩田氏(15)

【大将と参加武士】　大将は上杉持定とあるが、同年五月一日には死亡している。持定の大将起用が記されるものは、中浦氏の軍勢催促状（「網野家文書」八王子二二九〈ただし検討の余地あり〉）のみであるが、これが正しいとすると、当初は持定を大将に想定していたが、死亡したので別の対応を行ったと思われる。よって、八月に出された軍勢催促状（「阿伎留神社文書」二三〇・二三一・二三二）にはこの記載はない。参加した武士は、武州南一揆の構成員しかわからない。

【概要と過程】　武蔵国内での、比較的小規模の戦いであった（または実際の合戦はほぼなかった）可能性がある。しかし、禅秀および只懸上杉憲国[16]の与党であることで、鎌倉からの討伐軍が差し向けられたのであろう。また、恩田氏がその後どのようになったかは不明である。

応永二十六年　七月二十四日　鎌倉府、恩田氏に不穏な動きがあるため、武州南一揆に武蔵国内を警備させたか（「三島明神社文書」八王子二二八）。

八月九日　この日までに鎌倉府は恩田氏討伐に上杉持定の発遣を決め、中浦顕宗はこれを受けて麾下の岩崎・網野両氏に武蔵府中・関戸までの出陣を命じる（八王子二二九）。

八月十五日～九月十日　この間、鎌倉府は恩田美作守と同肥前守が禅秀及び只懸上杉憲国の与党であったとし、武州南一揆に軍勢催促を行う（八王子二三〇～二三二）。

山入佐竹与義・祐義

【大将と参加武士】　参加武士については、烟田幹胤（庶子舎、「烟田文書」、鉾一一二・一一三）、鳥名木国義（「鳥名木文書」茨Ｉ―八）が確認できる。

ここで取り上げる時期は、常陸額田城の合戦と鎌倉での佐竹与義（常元）討伐戦に分けられ、額田攻めの大将については佐竹義憲である。これは「鳥名木文書」（茨Ｉ―八）にその証判が認められる。「烟田文書」は写であるため判断できないが、同じく佐竹義憲の可能性がある一方、応永三十二年には山入祐義討伐の大将として里見刑部少輔（家基）が任命されている（「真壁文書」、真Ⅰ―一一七）ので、同人の可能性も指摘できようか。山入与義討伐の大将については、『判鑑』によれば上杉淡路守である。前述の武田氏項にも出てきた人物と同人の可能性があり、上杉憲直の可能性が高い。

【概要と過程】　山入佐竹氏の鎌倉府への反抗は満兼期まで遡る。常陸守護佐竹義盛に嫡男がいないため、山内上杉憲定の子龍保丸をその養子としたのである（『佐竹系譜事蹟略』など）。これに対して、有力庶家の山入氏ら反対勢力が抵抗する。この佐竹本家と山入氏の抗争は、休戦期間を含めて約一世紀に及び、「山入の乱」「佐竹の乱」などと呼ばれる。本稿では、紙幅の関係で禅秀の乱から都鄙和睦までの流れを取り上げたい。

まず、確認しておかなくてはいけない点は、鎌倉府（上杉氏）は佐竹氏への養子を実現したものの、その時点で他の佐竹庶子との抗争を望んでいたわけではないということである。実際に禅秀の乱に乗じた形で合戦が行われた稲木城主（稲木氏か）、長倉氏などの庶家や山縣氏らへの討伐はあったものの、その後は応永二十八年に持氏が二階堂盛秀、宍戸氏に佐竹氏と「庶家」との関係修復の斡旋を求めており（「喜連川家御書案留書」神五六二九）、必要以上の合戦を避けようとする意図が明白である。

しかし、調停は不調に終わったらしく、応永二十九年閏十月には、上杉淡路守を大将とした部隊が鎌倉の与義を攻撃し、討ち取っている（『判鑑』）。ここで鎌倉府は、武力で佐竹氏の内乱を収めるという方向に方針を転換したといえる。応永三十年三月付の烟田氏の軍忠状写（「烟田文書」鉾一一二）を見ると、額田城での合戦は「去々年応永廿八同二十九年十一月以来、至于当年三月廿一日」とある。ほぼ同内容の写（「烟田文書」鉾一一三）には「去年十一月以来、至于当年三月廿一日」とあり、二十八年の記述は削除されているものの、一一二号の方を信じれば、「二十八年」と「二十九年十一月から当年三月二十一日」の二つの期間に合戦があったことになる。鎌倉府が軍事介入を行う以前にも額田城で紛争があり、烟田氏は佐竹方として出陣した可能性も想起されよう。軍忠状の証判が佐竹義憲であることも、その証左であるかもしれない（同人が証判した軍忠状は、管見の限りこの一点のみである）。いずれにせよ、二十九年十一月には本格的に山入残党を討つため、常陸武士を中心に討伐軍が編成され、与義の子祐義や庶子が籠もる額田城に攻撃が加えられた。同合戦は三十年の三月二十一日まで続いた（鉾一一二・茨Ⅰ―八）。与義の後継者である祐義はこの後も生存しているので、額田城方の降伏による終戦と見られる。都鄙和睦に際して、山入祐義は佐竹義憲と共に半国守護に任命されている（『満済』）。しかし、再び鎌倉府との関係が悪化したらしく、応永三十二年には再び攻められ（真Ⅰ―一一七）、続く三十四年には山入氏庶流の依上氏が攻撃されている（「白河古事考下」神五七九七）。

応永二十八年　六月二十五日　持氏、二階堂盛秀に対し、宍戸氏と共に佐竹―山入氏の関係を修復するように命じる（神五六二九）。

応永二十九年　閏十月　三日　上杉淡路守（憲直か）を大将とした軍勢が在倉中の山入与義を攻撃し、与義は法華堂で自害する（『判鑑』）。

十一月　山入与義の一族や子息が額田城に籠もり、佐竹義憲に抵抗する。烟田氏・鳥名木氏が討伐軍に参加する（鉾一一二・茨Ⅰ―八）。

応永三十年　　三月二十一日　額田城への攻撃が終了したか（鉾一一二・茨Ⅰ―八）。
応永三十二年　閏六月　十一日　鎌倉府、佐竹・山入両氏の常陸半国守護を提案する（『満済』）。
応永三十二年　　七月ごろ　　持氏、里見氏を大将として佐竹祐義を攻撃する（真Ⅰ―一一七・満32・7・5）。
応永三十四年　　三月ころ　　持氏、里見氏らに依上城を攻撃させる（神五七九七）。

小栗満重（桃井宣義・宇都宮持綱・佐々木隠岐守）

【大将と参加武士】　応永二十五年から断続的に乱が勃発した[17]。小栗氏は当初から桃井氏[18]と行動を共にしていると見做されていた。この時参加がわかっているのは常陸の宍戸氏である（「諸家所蔵文書所収中河西村一木氏所蔵文書」神五五六八）。また、長沼氏が軍勢催促を受けている（「皆川文書」神五五六六）。

応永二十八年には、佐野帯刀左衛門尉が佐貫庄での戦功を賞されている（「喜連川家御書案留書」神五六二六）。

応永二十九年には、大将として上杉定頼が（「山川光国氏所蔵文書」茨Ⅲ―四）、続く三十年には同じく大将として上杉憲実が見える（「鳥名木文書」神五六八四、「烟田文書」神五六八五）。三十年五月には、持氏も鎌倉を発向して結城まで出陣したので（『大日記』、「市河文書」茨Ⅴ―二）、管領であった憲実も同行したものと思われる。また、『大草紙』には、小栗城攻撃の参加武士として、土岐原氏・鳥名木氏（神五六八四）、鹿嶋氏・烟田氏・行方氏・東条氏（神五六八五）、長沼氏（「皆川文書」神五七〇一）、結城氏、小山氏（『満済』、茨Ⅲ―四など）が挙げられる。同時に行われた真壁氏との合戦では、鹿嶋・烟田・行方・東条（神五六八五）、宍戸氏（「水府志料所収文書」茨Ⅱ―九）が挙げられる。

【概要と過程】　禅秀与党として、応永二十五年段階（「皆川文書」五五六六、「諸家所蔵文書所収中河西村一木氏所蔵文書」神五五六八）から断続的に攻撃をされる。小栗氏の単独ではなく、桃井、佐々木[19]、そして宇都宮氏の名前も見える。杉山氏は、結城・小山を主力とする軍が当初の攻撃の主体であったと見る。また、対外的には謀反人の中では桃井氏が足利一門として代表的な勢力と見做されていたという[20]。しかし、応永二十九年の段階で攻落することができず、持氏の出陣に繋がる。

三十年一月からの合戦では、鎌倉府軍は部隊を定頼軍・憲実軍・持氏本隊に分散した軍事行動をとる。これは、小山氏の乱・禅秀の乱以来の大きな規模の軍事作戦である。具体的には、東面への攻撃と南への攻撃に部隊を分けた（北西は小貝川となる）。

杉山氏は、この合戦における常陸平氏の分裂—参加しない大掾・真壁攻めをする鹿嶋・行方・東条（・烟田）を見出している。ただ、鳥名木のみは小栗攻城へ向かった。これは土岐原氏を介した、山内上杉氏との距離の近さを物語っている。応永三十年八月二日に小栗城が落城し（神五六八四、「別符文書」群一四〇四）、それに伴い、宇都宮、桃井、佐々木の各氏も没落し、これをもって山入佐竹氏を除いては、京都扶持衆と鎌倉府の合戦は終結する。

幕府はこの持氏出陣を重大事案と認識し、東国への対応を軍事作戦に転換することになる。

禅秀遺児の侵攻と上野での合戦

【大将と参加武士】　京都扶持衆への攻撃に対する反撃・牽制のための幕府からの軍勢発向である。大将は桃井左馬権頭入道（宣義）・犬懸上杉五郎（憲秋）であり、幕府からの御旗を受領している（『大館記』所収御内書案『ビブリア』八〇号　五八頁）。『看聞』には、大将として桃井氏と今川範政の名前が挙がっているので、大将はそもそも二人いたか、途中で今川範政と上杉五郎が交代したかのいずれかであろう。なお、官途から見て桃井左馬権頭入道は、小栗氏と共に東国で鎌倉府相手に交戦中の桃井宣義である。よって、京都にてこの時に直接御旗を授与してはいないはずであるが、京方として合戦の名分を付与するために、このような決定がなされたものと思われる。軍勢催促を受けた武士は、上野の岩松能登守（満春か）と世良田兵部少輔（『大館記』所収御内書案）、また、信州勢＝小笠原政康と「刑部」＝信濃守護細川持有・惣一揆中である（「足利将軍御内書并奉書留」群一四〇一、「勝山小笠原文書」群一四〇二）。鎌倉府方の軍勢の動向は明確にはわからないが、伊豆国の守護所等の兵や上野の軍勢が迎撃したと思われる。

【概要と過程】　応永三十年に、禅秀の乱の敗北後京都で生活していた、犬懸上杉憲秋と教朝が関東に下り、駿河沼津や伊豆三島において代官を殺害するなどした（『判鑑』）と伝えられる。また、『看聞』には上杉五郎なる人物が登場し、これが憲秋とされる。和氣俊行氏は、憲秋ではなくその子息憲久としている。この説は、憲秋（顕）を禅秀嫡男とする前提にあるが、黒田氏が指摘するように、嫡男は伊予守憲方である可能性が高く、やはり当時の記録の通り憲秋でよいものと思われる。また、同じく黒田氏も指摘するところであるが、教朝はこの時期には元服前であり、合戦には参加していないと考えた方が自然であろう。幕府は信濃小笠原氏に対してしきりに上野出兵を命じているので、上杉氏が東海道を進軍し、信濃軍が上野に進撃する想定であったと思われる（「勝山小笠原文書」群一四〇三、一四〇五）。実際にどこまで合戦が行われたかは不明であるが、先の伊豆などは合戦の舞台となった可能性が高く、臼井近辺での合戦があったこともわかっている（「勝山小笠原文書」群一四一四）。これは、永享の乱以前に都鄙が一時戦争状態に入ったことを意味している。

応永三十年　八月　九日　足利義持、岩松能登守・世良田兵部少輔に対し、桃井左馬権頭入道・上杉五郎に旗を下したことを伝え、軍勢を催促する（『大館記』）。

十日　義持、小笠原氏にも軍勢催促を行う（群一四〇三）。

十八日　義持、山入祐義に対して、上杉五郎が伊豆まで進軍してくること、信濃の軍勢は上野に進軍することを伝える（群一四〇一）。

十九日　管領畠山満家、小笠原政康に対し、上杉五郎が伊豆に進軍するので、臼井を通り上野へ進撃するよう促す。また、細川持有、惣一揆にも同様の命令があったことを知らせる（群一四〇三）。

十月　十日　満家、政康に対し、（信州勢が）臼井に到着すれば、上州一揆は味方になること、武州一揆も同様に述べていることを伝える（群一四〇五）。

十二月　十九日　上野臼井付近で合戦が行われる（群一四一四）。

三、都鄙関係の悪化と和睦

ここでは、主に本稿で見てきた合戦の時期と平行して、応永三十一年の都鄙和睦までの都鄙関係の変遷を追いたい。なお、【過程】の部分では京都の記録を中心に記載して、それ以外のものは煩雑になるのを防ぐ意味で、最低限のもののみ載せた。なお、出典に期日があるものはその項目の記載日であり、実際に出来事があった日と異なっているものである。

【過程】

応永二十四年　五月　九日　宇都宮持綱、使者を満済に遣わす（『満済』[24]）。

二十八日　宇都宮氏・那須氏共に書状を幕府に送る。「御吹挙」（上総守護カ）のことについての内容である（『満済』）。

八月　三日　宇都宮より、戒浄が上洛する。

七日　足利義持、満済に対して、宇都宮からの書状にあった上総守護の吹挙を決定した旨を伝える（『満済』）。

十月　四日　宇都宮氏、義持や義量に御馬等を贈る（『満済』）。

十七日　宇都宮氏、幕府宛てに、鎌倉府が未だ異議を述べ、上総守護に就任できていない旨を注進する。幕府方は重ねて下知する方針を返事する。同じころ、何らかの理由で頌西堂が上洛（『満済』）。

応永二十五年　二月　十五日　甲斐から「地下一族」が蜂起したとの注進あり。「両国」の合力が進発する（『満済』）。

二十一日　関東御使□西□《堂カ》、が上洛する旨が伝わる。上総守護のこと、甲斐の御料所のことなどが議題として上がる。

三月　十日　関東使節日峯和尚が上洛し、上総・甲斐のことについて協議する（『満済』）。

十一日　満済、宇都宮からの書状を義持に見せる（『満済』）。

五月二十五日　満済、宇都宮からの書状を義持に見せる（『満済』）。

六月　十三日　関東使節宍戸が上洛し、足利義量の元服を祝す（『満済』）。

八月二十八日　関東御使長老花宗和尚が満済を訪問する（『満済』）。

九月　十五日　鎌倉府が宇都宮氏を上総守護に補任したとの知らせが届く。

十月　十日　幕府、鎌倉府との懸案事項について、①宇都宮氏の上総守護については了解の旨を、②房州（上杉憲基）跡の件と、③山入与義のことには難を示し、鎌倉府の譲歩を求める旨をそれぞれ通達した。関東使節僧花宗和尚は十一日に満済を訪問し、十三日に下向（満25・10・12）。

応永二十六年　五月二十六日　宇都宮氏、使節浄我（山伏か）をもって、幕府に馬を献上する（『満済』）。

応永三十年　六月　五日　昨年より在京していた関東使者正続院主学海和尚、将軍への対面が叶わず、鎌倉へ帰る。義持、その理由を持氏の武蔵進軍など、関東が物騒であることが原因と述べる。さらに宇都宮氏へ関東成敗に従わないように御内書を送る（満済の副状を付す）。畠山修理太夫が「持氏が五月二十五日から小栗氏討伐のために武蔵まで発向した」との足利庄代官神保氏の注進（長尾尾張守が神保方へ書状を送る）を知らせる。佐竹祐義に常陸守護職に、武田信重に甲斐守護職にそれぞれ補任する。「関東進止」の国であるが、昨年持氏が佐竹上総入道を「京都異他御扶持」を理由に切腹させるなど、関東の不義の振る舞いが続いたためとしている（『満済』）。

七月　一日　六月二十五日に結城氏・小山氏が小栗城を攻撃したが、味方の被害はなかったことについての注進が、常陸大掾氏から幕府に届く（満30・7・12）。

四日　義持、満済に対し、再度宇都宮宛てに御内書を発給するよう命じたところ、同日に宇都宮氏の注進状を帯した白久但馬入道息が北国廻りで参着する。内容は、持氏がいまだ武蔵に在陣中であるとのことなどである（『満済』）。

五日　管領亭に諸大名が招集され、関東の事で衆議を行う。義持の、①昨年の佐竹山入与義誅罰から、今回の扶持衆退治のための武蔵出陣について糾明の使者蘭室和尚を送るつもりであるが、今となっては無益であろうか、②京都扶持衆について、今となってはなおさら捨て置くことはできず、扶持を加えるべきであろうが、これについてどうか、の二点の諮問があった。

これに対して、大名会議は、①上意の通り、今となっては無益である、②扶持衆へ御教書を出し、固く扶持することが特に重要である、と答申した（①については義持が不審を表明し再度下問したが、結果は同じ）。宇都宮・結城上野介等への御教書は本日発行され、使者僧（白久か）に渡された（『満済』）。

十日　義持、結城上野介光秀を下野守護に任命する意思を表明する（『満済』）。

七月　十一日　このころ、義持、斯波義淳や一色義貫ら「大名七頭」に、関東への進発命令を出すことを決意する（『看聞』）。

七月　十三日　義持、評定にて諸大名に関東討伐のことを諮るが、一同は難儀を示し、決定せず（『看聞』）。また、満済と下野国についての話をする（『満済』）。

十八日　義持、関東のことについて、この日から六字護摩の祈祷を行うよう満済に命じる（『満済』）。

二十二日　関東調伏の祈祷が各社で始められる（『満済』）。

七月二十三日　このころ、関東での合戦の様子が京まで伝わる（『看聞』）。

八月　八日　関東討伐の大将が決定し、御旗の銘についても世尊寺（堂上）行豊が書くことが決まる（行豊はそのため翌日出京、『看聞』）。

十一日　陰陽師に対して、①御旗の銘書、②加持祈祷、③大将の任命にについて勧進があり、本日吉日とのことで、各種執り行われる。大将には今川範政と桃井氏が任命された（『看聞』）。

八月　十七日　「京都扶持の輩」がほぼ滅亡したとの知らせが入る（『兼宣』）。

十八日　義持、各社寺に関東の事について特に祈祷するよう命令する。持氏に対する調伏も命令される（『兼宣』）。

十九日　後小松上皇、関東の状況に驚き、勅書に表す（『兼宣』）。

二十日　二日に関東において夜討合戦があり、不確定ながら小栗・桃井が討死し、佐竹は切腹したと伝わる。また、京方の軍勢も若干討たれたようだとの注進も到来する。斯波氏は守護国の遠江に被官を派遣す（『看聞』）。

二十四日　院の行幸が、九州、関東、伊勢の蜂起によって延引される（『看聞』）。

十月　一日　東西に客星が出現、東星が落ちたことで京都では関東討伐に関する吉事とされる（『看聞』）。

十一月　十六日　再び関東討伐の話が出る。上杉氏の笠印（符）銘も行豊に書いてもらうことになる（『看聞』）。

二十八日　建長寺長老及び足利庄代官神保慶久が上洛し、「反逆之企」について謝罪する（『看聞』）。

二十九日　関東から謝罪のための使節、照西堂が上洛したことが義持に伝わる（『満済』）。

応永三十一年

十二月　二日　神保氏ら幕府に宥免を乞い、都鄙間の「無為」が図られる（『看聞』）。

一月二十四日　篠河公方満直から、関東に侵攻することについて、以下の連絡が幕府にもたらされる。①将軍の御内書を求めたいが、まず合戦を行い、（軍勢催促の）請文は陣中で出したい。②武蔵上野の白旗一揆はほぼ味方として参加する見通しである（『満済』）。

二月　三日　関東から「誓文」が届く（『満済』）。

五日　関東と京都の和睦が宮中にも伝わる（『兼宣』）。幕府、甲斐・信濃・駿河の軍勢を召し返すとともに、各方面へ御内書を発給する（『花営』）。

六日　和睦を賀すため、公家衆が室町殿に来臨する（『兼宣』）。

七日　和睦を賀すため、南都諸寺が室町殿に来臨する（『兼宣』）。

十三日　「関東静謐」について、外様衆が義持へ参賀に訪れる（『看聞』）。

三月　三日　宇都宮鶴寿丸からの使者が到来する（『満済』）。

五月　三十日　関東使節芳照西堂が上洛し、今回の和睦に伴って「御料」のことを述べる（『満済』）。

六月　三日　照西堂、満済に面会する（『満済』）。

八日　照西堂、満載に紬皮を贈る（『満済』）。

九日　照西堂、満済を訪問する（『満済』）。

七月　十九日　幕府、足利庄の代官を早々に決める必要があるため遊佐氏に内諾を得ようとするが、管領畠山満家の辞意問題もあり、難航が予想される（『満済』）。
　　二十三日　満済、足利庄代官について、神保氏は昨年上意に背き上洛し、咎めをうけたが、他に適任者がいない。義持の命であれば誰であっても下向させるべき、との見解を示す（『満済』）。
　　二十四日　満済、義持に畠山満家は足利庄に代官を派遣することを辞退したいと述べている旨を伝える（『満済』）。
八月　十七日　義持、足利庄代官として神保新衛門を下向させたいとの満家からの披露に対して、別人にすべきことを返答する（『満済』）。
　　二十二日　関東使節芳照西堂が下向する（『満済』）。
九月　八日　照西堂、幕府が上杉憲秋らを召し放つことを鎌倉府に伝える（『判鑑』）。
十月　十四日　義持、持氏が、陣（武蔵か）から鎌倉へ帰ったとの旨を満済に伝える（『満済』）。

【概要】

当該期の都鄙関係には主に①東国守護補任（ア．上総　イ．常陸　ウ．甲斐　エ．下野）、②山内上杉憲基遺跡、③京都扶持衆と鎌倉府の合戦、④東国内京都御料所不知行、⑤在京する犬懸上杉氏の子息などの課題が存在した。これらはすでに述べてきた各合戦の広がりによって深刻化し、実際に、応永三十年には関東に進撃する計画が幕府内に持ちあがった。これは、鎌倉府の歴史の中でも初めてのことであろう。持氏が幕府に対して謝罪したことで、一旦は都鄙和睦が図られたが、これは永享の乱まで続く、不安定な都鄙関係の始まりでもあった。

先に挙げた都鄙関係の課題でも、その発端は禅秀の乱の事後処理からである。応永二十四・五年には、乱後に禅秀の守護任国上総と与党武田信満の任国甲斐の後任の守護が問題となっており、上総の方は早速幕府と緊密に連絡を取り合ってきた下野宇都宮持綱が懇望している。これに対して、応永二十四年八月には幕府もそれを許容しているが、十月までは鎌倉府が了承せず、交渉が続くものの、翌二十五年九月には鎌倉府も持綱を上総守護に補任する。その他の問題としては、甲斐の混乱と御料所問題と死去した関東管領上杉憲基の後継者問題、禅秀の乱以前から続く常陸佐竹氏の問題があったが、緊急に大きな問題に発展することはなかった。

事態が悪化したのは、応永三十年、前年よりの持氏の京都扶持衆討伐が深刻化したことがきっかけである。特に持氏が桃井氏、宇都宮氏、小栗氏らの攻撃のために武蔵まで出陣したことは幕府内でも大きな問題と認識されており、同年六月五日の『満済』には、これが原因で関東からの使者が将軍足利義持に面会できなかったこと、常陸・甲斐の守護に幕府が推薦する人物を任命するなどの対抗策が講じられたことなどが記載される。他の対抗策としては、さらに京都扶持衆や国境の武家たちへ他の扶持衆への協力を要請したり、奥州の篠川公方足利満直と連絡を取ったりした。また、下野でも幕府が推す結城光秀を守護にしようとした。さらにその一か月後の七月五日には、東国対策の重臣会議が開催された。ここには管領と満済の他に、細川、斯波、山名、赤松、一色、今川(大内は欠席)が集結し、会議を行っている。義持も大名会議の意志を細部にわたり確認しながら政策決定をしていく姿が読み取れ、東国問題の重要性・緊急性がうかがえる。その後、実際に東国に対して攻撃する方向性となり、大将の選定や調伏の祈祷、作戦立案などが始まった。また、会議の決定を受け、実際に御教書の発給も始まったのであった（ただ、扶持衆ではなく、周辺の武士に対するもののみ現存する）。特に、八月十七日に小栗城の落城と京都扶持衆の壊滅の情報がもたらされると、緊張はさらに高まり、後小松上皇も憂慮する事態であった。実際に先述の通り、伊豆や上野では合戦が行われた形跡もあり、都鄙は一時的にせよ戦争状態となったと言える。

十一月二十九日になってようやく鎌倉府から謝罪の使者が訪れると、幕府もこれを受け入れ、和睦交渉に入った。翌三十一年一月、京都では諸氏が室町第に参賀に来るが、謝罪後の三十年十二月にも合戦が行われたり、持氏が二十一年十月まで武蔵在陣をつづけたりしていたことを見ると、最終的な合意・和睦に至っていないことがわかる。五月には、鎌倉府からの使者が[25]「御料」について述べているので、京都方の御料所の回復が約束されたと思われる。また、『判鑑』の九月八日の項には幕府が庇護している禅秀子息の事が問題であり、これを召し放ったともある。これら都鄙関係の問題を具体的に調整することに時間がかかったのであろう。最終的に十月十四日に持氏が鎌倉へ帰還したことで戦争状態が解除されたとみていいだろう。その後、甲斐守護についても幕府の意向を尊重する方針で解決が図られる。すなわち、甲斐では幕府の推薦する武田信重を守護とした（ただし信重は入国を拒否）のである。下野守護については、その後も小山氏が守護を継続しているので、幕府の結城光秀補任の方針が転換したか、具体化しなかったかのいずれかであろう。義持の死去、義教の登場などによって都鄙関係は再び悪化していくが、これらは本稿の対象外であるので記さないものとする。

なお、山内上杉憲基の後継者についても、応永二十六年には越後上杉家から養子に入った憲実が、家督や上野・伊豆守護を継承していることがうかがえるから、[26]ここまでの都鄙問題の状況を見ると、冒頭にあげた問題は応永三十一年時点では一応解決されたと見る事ができる。[27]

おわりに

本稿で取り上げた禅秀与党の討伐は、二つの政治的動向を生み出した。ひとつは所謂「京都扶持衆」の出現であり、もうひとつは「はじめに」でも述べた通り、都鄙関係の悪化である。両者は不可分の関係にある。幕府は都鄙関係悪化を受けて重臣会議を開催しながら、鎌倉府牽制に努めていった。もっとも顕著なものは、軍事行動と東国守護の任命、京都扶持衆への影響力行使である。杉山氏は、この守護任命と扶持衆の掌握をもって幕府の政治的意図を東国に反映しようとしていた、と評価する。[28]幕府も当初から、鎌倉府の軍事行動に批判的であったわけではない。実際に岩松残党の討伐に際しては、義持は長沼氏に対して討伐を命じている（「皆川文書」栃一―八七）。田辺久子氏[29]、小国浩寿氏[30]によれば、上杉禅秀与党に対する苛烈な処置が京都扶持衆の誕生につながったとされているが、田辺氏は扶持衆の成り立ちを一様に論じることに疑問を呈しており[32]、また、渡政和氏は、その成立には段があることを述べている。[31]これらは、傾聴すべき指摘であると考える。宇都宮氏は明確に禅秀派と見る事は出来ない上に、乱以前から度々幕府と音信を通じており、必ずしも禅秀の乱への鎌倉府の対応のみが扶持衆成立の原因とすべきではなく、個別具体的な条件（例えば山入氏は、禅秀の乱以降に関東管領職を独占した山内上杉氏と大きな対立要因を有しているなど）も想定すべきである部分に研究の余地を残している。これに対する私案はないが、鎌倉府による北関東周辺の御料所設定の進展に合わせての現象ともとることができる。小国氏によれば、鎌倉府は小山氏・小田氏等北関東の武士を壊滅状態にして、その後に御料所や山内・犬懸上杉氏の所領を設定するなどして勢力を扶植してきたという。[33]その矛盾が顕在化してきたといえる。実際に、応永五年段階で常陸多珂郡上手綱では里見基宗や寺岡氏之の名前が見え、応永二十三年段階では「東殿源左兵衛守義持、鎌倉新御堂殿」の名前も登場する。[34]義持の表記には曖昧さがあるものの、新御堂殿は当時鎌倉で実権を握っていた満隆を指しており、鎌倉での政情を直に反映している。また、里見氏が奉公衆として存在していたことを考えると、[35]この地も鎌倉府の影響が濃くなってきたことがわかる。さらに、小栗氏の本願地である小栗郷も康暦元年および応永十二年段階で扇谷上杉氏の所領が存在し（「常陸誌料雑記五一」扇一・二）、このような鎌倉府系の武士による進出への脅威があったとも言える。なお、杉山氏は京都扶持衆が合戦を維持できた理由を付近の京方所領の援助によるものとした。[36]重要な指摘であるが、これについても一般化できるかどうかは今後の検証如何である。

都鄙関係はこれまでになく悪化したことにより、両者の不信が高まったことは言うまでもないが、祖父氏満、父満兼の時代とは異なる点を指摘しておきたい。持氏は義持の猶子になることを希望するなど、将軍職への期待をにじませたことはあるが、軍事力による京都への介入を企図していない。持氏は、本稿で扱った時期以降も扶持衆の討伐（山入氏への再攻撃や大掾満幹誅殺）や家督継承問題に乗じて軍を動かす。そして最終的には上杉憲実への攻撃へと向かうが、一貫して管国内の問題として処理しようという政治姿勢であり、幕府からの相対的自立は意識するものの、幕府そのものを攻撃対象とすることはなかったのであろう。持氏というと、永享六年に鶴岡八幡宮に納めた「血書願文」が著名（「鶴岡八幡宮文書」神五八九二）であるが、禅秀の乱克服後、応永二十四年二月にも願文を捧げている（「後鑑所収相州文書」神五五一三）。応永のものは「関東純熙」、永享のものは「関東重任於億年」とあり、いずれも関東の安定支配を意識した言葉になる。
逆に幕府には、都鄙問題の解決手段として軍事力を行使するという選択肢が登場し、その極点が永享の乱や結城合戦であったと言えよう。

註

（1）同時期の内容を扱った論文に、杉山一弥「上杉禅秀の乱後の犬懸上杉氏被官と禅秀与党」（『栃木県立文書館紀要』第十九号　二〇一五年）がある。内容も重複する部分が多い。煩雑になるので逐一文中で触れないが、参照願いたい。なお、本文中で取り上げる杉山氏の説は、特に断りのない限りこれを指すものとする。

（2）『神奈川県史』資料編3上（一九七五年）所収。なお、本稿で使用する史料集・記録類は略称（巻号）・文書番号（又は日付や頁数）のように文中に記す。以下の略称と出典を随時参照されたい。
●『神奈川県史』＝神　●『茨城県史料』中世＝茨・巻号　●『群馬県史』＝群　●『新八王子市史』＝八王子　●『鉾田町史　中世史料編　烟田氏史料』＝鉾　●扇谷上杉氏発給文書集（黒田基樹編著）『扇谷上杉氏』戎光祥出版　二〇一二）＝扇　●『鎌倉大草紙』（『埼玉県史』資料編8）＝『大草紙』　●生田本『鎌倉大日記』（『神奈川県史編集資料集』第4集）＝『大日記』　●『喜連川判鑑』（『史籍収覧』十八）＝『判鑑』　●『満済准后日記』（『続群書類従』補遺一）＝『満済』　●『看聞日記』（続群書類従）補遺二）＝『看聞』　●『兼宣公記』（『史料纂集』古記録編）＝『兼宣』　●『花営三代記』（『群書類従』第二十輯）＝『花営』

（3）この問題に関しては、前掲杉山「上杉禅秀の乱後の犬懸上杉氏被官と禅秀与党」に詳しい。

（4）ただし、（すでに『神奈川県史』資料編3上に指摘があるが）花押形からやや時期が下る可能性がある。

（5）『続群書類従』第二十四輯所収。

(6) 本書所収黒田基樹「持氏期の上杉氏」および風間洋「足利持氏専制の周辺―関東奉公衆一色氏を中心として―」(植田真平編著『足利持氏』戎光祥出版　二〇一六年。初出一九九七年)。なお、本文中で取り上げる黒田氏の説は、特に断りのない限りこれを指すものとする。

(7) 当該期の武田氏については、黒田基樹編著『武田信長』(戎光祥出版　二〇一一年)、磯貝正義『武田信重』(戎光祥出版　二〇一〇年)を参照のこと。

(8) 小国浩寿「持氏期鎌倉府の守護政策と分国支配」(『鎌倉府体制と東国』吉川弘文館　二〇〇一年、初出一九九一年)、同「上総本一揆の大将埴谷氏」(『千葉県史のしおり』第十二回〈『千葉県の歴史』通史編中世所収〉二〇〇七年)。

(9) 関東一色氏に関しては、風間氏前掲論文を参照のこと。風間氏は左近将監については実名は不明ながらも、この前後に活躍する一色直兼や持家と近しい親族であろうとしている。

(10) 山田邦明「犬懸上杉氏の政治的位置」(黒田基樹編著『関東管領上杉氏』戎光祥出版　二〇一三年、初出二〇〇三年)。

(11) 埴谷氏については、前掲杉山「上杉禅秀の乱後の犬懸上杉氏被官と禅秀与党」に詳しい。

(12) 「坂水城」とあるが、すでに多くの指摘のある通り坂本城の誤りであろう。

(13) 「鹿島越前守」とあるが、これは黒田基樹氏が戦国期の文書を使用して「佐野」を「鹿島」に書き換えたものであるとの指摘をしている(黒田基樹「桐生佐野氏の展開」『桐生文化史談会編『桐生佐野氏と戦国社会』岩田書院二〇〇七年)ので、この時代の文書も佐野氏のものである可能性が高い。

(14) 『小山市史』史料編中世(一九八〇年)所収三八五号文書。

(15) 呉座勇一「あきる野の武州南一揆関連文書について」(『千葉史学』五〇号　二〇〇七年)。

(16) 上杉憲国については、『康富記』およびその紙背文書で京都での動向が知れる。前掲杉山「上杉禅秀の乱後の犬懸上杉氏被官と禅秀与党」に詳しい。

(17) これについては、杉山一弥「室町幕府と常陸「京都扶持衆」」(『室町幕府の東国政策』吉川弘文館　二〇一四年)を参照。また宇都宮氏関係では、江田郁夫「持氏政権下期の宇都宮氏」(前掲江田『室町幕府東国支配の研究』、初出一九八九年)、杉山一弥「室町幕府と下野「京都扶持衆」」(前掲杉山『室町幕府の東国政策』初出二〇〇五年)

(18) 桃井氏に関しては、湯山学「鎌倉府の足利一門―桃井氏・畠山氏について―」(『鎌倉府の研究』岩田書院　二〇一一年、初出一九九三・九七年)。
(19) この佐々木氏については、小栗氏関係の一次史料には見えず、『判鑑』に佐々木隠岐入道として登場する。この人物は鎌倉府御所奉行の佐々木基清とされることがあるが、彼は近江守であり、官途が異なるので別人であろう。佐々木隠岐守については、応永二十四年段階で上総への両使として登場する人物がおり(「上杉家文書」五五四五・五五四六)、この人物の後身の可能性がある(基清は応永九年段階ですでに出家)。
(20) 前掲杉山「室町幕府と常陸「京都扶持衆」」および「上杉禅秀の乱後の犬懸上杉氏被官と禅秀与党」。
(21) この時期の小笠原氏に関しては、秋山正典「応永～永享期の関東における信濃小笠原氏の動向とその役割」(花岡康隆編著『信濃小笠原氏』戎光祥出版　二〇一五年。初出二〇〇五年)などを参照のこと。
(22) 当該期の信濃の政治的役割については、花岡康隆「鎌倉府と駿河・信濃・越後」(黒田基樹編著『足利満兼とその時代』戎光祥出版　二〇一五年)を参照のこと。
(23) 和氣俊行「応永三一年の都鄙和睦をめぐって―上杉禅秀遺児の動向を中心に―」(植田真平編著『足利持氏』戎光祥出版　二〇一六年。初出二〇〇七年)。
(24) 『満済准后日記』の解釈に関しては、渡辺前掲書、本郷和人「『満済准后日記』と室町幕府」(五味文彦編『日記に中世を読む』(吉川弘文館　一九九九年)、森茂暁『満済』(ミネルヴァ書房　二〇〇四年)を随時参照した。
(25) ここで「御料」のことを述べている芳照西堂(照西堂、勝西堂も同一人物ならん)は、この時期の鎌倉府の使者として圧倒的頻度で登場する。鎌倉府の幕府対策の最重要人物と評することができるが、どのような人物かは未詳である。『円覚寺史』(玉村竹二・井上禅定著　春秋社　一九六四年)では、円覚寺の要脚資金を調達するために上洛した正続院の統勝だとするが、『看聞』では照西堂と「建長寺長老」を同一人物としているような記述もあり、照(勝)西堂＝統勝説には疑問が残る。今後の課題としたい。
(26) 黒田基樹「室町期山内上杉氏論」(『山内上杉氏』戎光祥出版　二〇一四年)、田辺久子『関東公方足利四代』(吉川弘文館　二〇〇二年)。

(27)和睦交渉の過程で、幕府内部では足利庄の代官として誰を派遣するかが問題となったが、直接都鄙間で交渉があった徴証はないので本文中では述べていない。足利庄の支配については松本一夫氏の研究＝「足利庄をめぐる京・鎌倉関係」(『古文書研究』第二十九号　一九八八年)、「南北朝〜室町中期における足利庄支配」(『下野中世史の世界』岩田書院　二〇一〇年、初出二〇〇一年)があるものの、この時期の代官選定をめぐる政治史についてはは十分に解明がされておらず、後考を俟ちたい。なお、杉山一弥氏は佐野氏の守護問題については、未解決であったとしている(「室町幕府と常陸「京都扶持衆」」〈『室町幕府の東国政策』思文閣出版　二〇一四年〉)。

(28)杉山一弥「終章」(前掲『室町幕府の東国政策』)。

(29)田辺久子「京都扶持衆に関する一考察」(『三浦古文化』十六号　一九七四年)。

(30)小国浩寿『鎌倉府と室町幕府』(吉川弘文館　二〇一三年)。

(31)渡政和「「京都様」の「御扶持」について—いわゆる「京都扶持衆」に関する考察—」(植田真平編著『足利持氏』戎光祥出版　二〇一六年。初出一九八六年)。

(32)前掲田辺「京都扶持衆に関する一考察」。

(33)小国浩寿「鎌倉府北関東支配の形成」・「鎌倉府北関東支配の展開」(『鎌倉府体制と東国』吉川弘文館　二〇〇一年)。

(34)江尻光昭「第三章　戦国時代の高萩地方」(『高萩市史』上　一九六九年)。

(35)山田邦明「鎌倉府の奉公衆」(『鎌倉府と関東』校倉書房　一九九五年、初出一九八七年)。須藤聡氏が指摘するように(鎌倉府重臣里見刑部少輔の動向」〈滝川恒昭編著『房総里見氏』戎光祥出版　二〇一四年、初出二〇〇七年〉)、この場合の里見氏は満隆・禅秀政権の下で勢力伸長をはかった一流であるとしたら、その後没落した可能性がある。

(36)前掲杉山「上杉禅秀の乱後の犬懸上杉氏被官と禅秀与党」。

【付記】

本稿脱稿後、植田真平編著『足利持氏』(戎光祥出版　二〇一六年)に接した。時期的な問題でその成果を本稿の内容に十分生かすことはできなかったが、合わせて参照願いたい。

Ⅲ

正長・永享期室町幕府と鎌倉府の紛擾

杉山一弥

はじめに

正長・永享期の室町幕府と鎌倉府の関係論は、おもに通史的書籍[1]や総論的論考[2]の著述によって担われてきた。これは、六代将軍足利義教が鎌倉公方足利持氏との対決姿勢を鮮明にしたため、室町幕府政治史と関連させて東国社会の動向を論述することが可能になるからである。そして永享の乱にいたる室町幕府と鎌倉府の対立の歴史は、旧来から室町時代史をつらぬく重要な研究主題としての位置を占めつづけている。

また正長・永享期は、『満済准后日記』『看聞日記』『薩戒記』など大部の古記録が残存しており、史料的にも恵まれた研究環境にある。そこで本稿では、それら諸史料のなかから東国に関する断片的な記事を精力的に収集し、かつ詳細な検討を加えることによって、新たな論点を提起することを試みたい。とくに東北地域、東海地域、寺社勢力との関連で記された室町幕府と鎌倉府の関係記事を慎重に読み込むことによって、正長・永享期の室町幕府と鎌倉府に対立構造が形成されてゆく実態・推移を詳らかにしてゆくこととする。

一、東北地域

本節では、正長・永享期の東北地域における室町幕府と鎌倉府の関係について、稲村公方・篠川公方の動向を関連させつつ概観する。(3)あわせて正長年間の南奥争乱との連関から、鎌倉府勢の北関東出兵について位置づけてゆく。

正長元年（一四二八）、南奥武家の白川（白河結城）氏と石川氏のあいだで武力抗争が生じた。白川氏朝が、石川義光を攻殺したのである。このとき石川氏は、すでに鎌倉へ帰還していた稲村公方足利満貞をつうじて、(4)鎌倉府に援助をもとめたのであった。これに対して白川氏は、なお南奥州に滞留していた篠川公方足利満直に正当性の確保をもとめ、それを室町幕府が後援したのである。その推移は、鎌倉府側の動きが『角田石川文書』と『板橋文書』、室町幕府側の動きが白河結城文書群と『満済准后日記』（以下、『満済』と略）によって知ることができる。

白川氏朝は、正長元年十二月十七日、篠川公方足利満直に石川義光を攻殺した正当性の追認をもとめた。

石川駿河守（義光）事、以二私了簡一令二退治一之条神妙候、仍彼仁之跡除野沢村・同野吹并随逐（遂）之一族等之所帯、為二恩賞之地一所二充行一也、早任二先例一可レ令二領知一之状如レ件、

正長元年十二月十七日　（足利満直）（花押）

白川弾正少弼（氏朝）殿(5)

篠川公方足利満直は、白川氏朝の行為を「私了簡」、すなわち私戦としながらもその正当性を承認している。足利満直は、みずからの勢力伸長を意図して白川氏朝の行為を是認したのであろう。折しも足利満直は、このと

き『満済』正長元年十月二日条に「篠河殿（足利満直）并伊達・葦名・白河・懸田・河俣・塩松石橋也以上六人被レ遣二御内書一、（中略）、佐々河殿（足利満直）御書計ハ御自筆也」とみえるように、新将軍足利義教との通交をはじめたばかりであった。(6) 偶然にも「白川氏―篠川公方―室町幕府」が連結される諸条件が重なったのである。

一方、攻殺された石川義光の子息石川持光は、鎌倉府に援助をもとめた。石川氏は、稲村公方足利満貞をつうじて鎌倉公方足利持氏の援助を獲得し、白川氏に対抗したのである。

駿河守（石川義光）事、無二是非一候、心中被レ察二思召一候、仍早々一途可レ有二御沙汰一候、親類以下可レ堪二忍一由可レ申二付一候也、謹言、

十二月十八日（正長元年）　（花押）（足利満貞）

石川駿河孫三郎（持光）殿(7)

右の文書は、鎌倉へ帰還していたかつての稲村公方足利満貞が、石川氏との関係を再開させた初見文書である。そして、このとき鎌倉公方足利持氏も石川持光に対して、同十九日に父石川義光死去を悼む書状、同二十九日に遺跡・惣領職の安堵状、および所領の充行状、などを発給している。(8) また足利持氏は、翌正長二年正月二十九日に石川持光からの合力要請の承認、ならびに陸奥国小野保の利権確認をおこない、同晦日には石川一族中にむけて軍勢催促状を発給した。(9) ここに「石川氏―稲村公方―鎌倉府」が連結されたことが明確となる。

正長年間の室町幕府と鎌倉府の関係は、この「白川氏―篠川公方―室町幕府」と「石川氏―稲村公方―鎌倉府」という対抗関係が構築されたことによって、南奥州への政治対応をめぐり対立構造が明確化してゆくこととなった。鎌倉府側、室町幕府側それぞれの具体的様相はつぎのようなものであった。

第一に、鎌倉府・稲村公方側の動向である。正長二年二月五日、稲村公方足利満貞は、石川氏や海道五郡一揆に「仙道辺事」[10]、つまり白川氏との抗争進展をうながす文書を発給した。足利満貞は、あくまでも「仙道辺」における白川氏との武力抗争に重点を置いていたものとみられる。あるいは南奥州での政治的復権を視野に入れていたのであろうか。一方、鎌倉公方足利持氏は、再三にわたって石川持光に懸田氏と談合して陸奥国宇多荘での武力抗争を有利にすすめるよう促している[11]。鎌倉府側では、稲村公方足利満貞と鎌倉公方足利持氏のあいだで南奥州における問題関心の力点が相違していたのであろう。しかし鎌倉府側は、総じて南奥争乱に介入する姿勢をみせ[12]、北関東への鎌倉府勢派兵を計画した。そして「白河口」に里見家基、「那須口」に一色直兼、「佐竹」に小山田上杉定頼を発向させたのであった[13]。しかし、南奥州の国人・一揆層のなかで鎌倉府に与同したのは懸田氏のみであった。南奥州の有力国人や海道五郡一揆らは、『満済』正長二年二月二十一日条に「細川右京兆（持元）来、自二奥佐々河（足利満直）一書状等数通持来也、則備二上覧一了、伊達・葦名・白河・海道五郡者共請文也」とあるように、室町幕府に与同する意志を明確にしたのである。

また正長年間の南奥争乱は、鎌倉府勢が北関東へ出兵したことで常陸国北部の騒乱とも一体化していった[14]。そして常陸国北部では、永享七年（一四三五）の常陸長倉城合戦のように、正長・永享期をつうじて山入佐竹氏ら山入一党が常陸国内各所で反鎌倉公方の武力抗争を繰りひろげたのであった[15]。この常陸国北部における山入佐竹氏ら山入一党の武力抗争の背後には、つぎにみる篠川公方や室町幕府の政治的支援がつよく影響していたものとみられる。

第二に、その室町幕府・篠川公方側の動向である。ただ室町幕府と篠川公方の関係については、その推移が非常に複雑なうえ論点が多岐にわたる。紙幅の関係上、本稿で詳述することが適わない。詳細は、別稿を参照されたい[16]。本稿では、永享三年（一四三一）七月に室町幕府と鎌倉府の間で締結された和平協定にいたる正長元年〜永享三年の経緯を素描するにとどめる。

まず、『満済』正長元年八月十一日条に「佐々河殿（足利満直）へ就二佐竹御扶持一可レ被レ下二御書一歟」とある。将軍足利義教は、陸奥国南部・常陸国北部・下野国北部をひとつの領域として統合し、篠川公方を中心とした政治秩序の構築を企図したことがわかる。これは、足利義教が新将軍に就任してから明確になった構想であった。そしてこの南奥州と北関東の地域的一体性は、戦国期社会をも規定してゆくこととなる。

翌正長二年六月、鎌倉府勢の一色直兼らが下野国那須へ出兵した。上那須氏の居館（黒羽城）を取囲んだのである。上那須氏は、いわゆる京都扶持衆であった[17]。そのとき上那須氏の血縁者であった白川氏朝は、陸奥国白河から下野国那須へみずから出陣し、八月までに黒羽城へ立籠もった。篠川公方は、その経過を五月から頻々と室町幕府へ報じ、七月には室町幕府勢の関東出兵を要請した。室町幕府は、下野国那須での開戦という現実を勘案し、越後国・信濃国・駿河国の国人に対して篠川公方に合力することを命じた。さらに、幕府中枢諸大名に諮問したうえで、篠川公方はみずから一戦まじえたうえで難儀の場合のみ室町幕府に合力要請すべきである等の基本方針を固めた。これに対して篠川公方は、①足利義持の時代と同様、足利義教からも「関東政務御内書」を拝領したいこと、②親鎌倉府勢力の結城・千葉・小山氏、ならびに武蔵・上野一揆に対して篠川公方に従属することを命ずる「御内書」を頂きたいこと、の二ケ条を重ねて要求した。将軍足利義教は、諸大名の一致した総意を得られなかったが、三宝院満済が将軍足利義教の意を汲んで篠川公方の要求を認めるよう取りはからった。すると篠川公方は、ここで獲得した「関東政務御内書」を梃子として南奥州での勢力拡大を試みたのであった。しかしすべてを室町幕府の権威に依存する篠川公方の体質は、すでにその限界を露呈しているともいえる。

このように正長年間の室町幕府と鎌倉府は、陸奥国南部の南奥争乱、下野国那須の黒羽城合戦、などをつうじて政治的対立を深めていた。しかし永享三年七月、室町幕府と鎌倉府のあいだで和平協定が締結されることとなる。『満済』によると、その前兆はすでに永享元年十一月九日にみえる。そして永享二年六月二十九日には、鎌倉府による関東使節の上洛のうごきが具体化する。そして同九月四日、篠川公方からも足利義教と関東使節の御対面を了承するとの音信が届いた。しかし同十日、足利義教は、篠川公方の存念をいま一度確認するよう指示した。足利義教自身は、おそらく関東使節との御対面に消極的だったのである。そこで足利義教は、篠川公方の意志を再確認することを口実に時間稼ぎをはかったのである。室町幕府における篠川公方の位置づけとは、その程度のものだったのであろう。これに対して篠川公方は、永享三年三月二十日、鎌倉公方からの「罰状」提出を条件とすべきとの新たな要求をもち出した。同四月十一日、足利義教は、その篠川公方の言説を利用するかたちで、鎌倉府は①那須・佐竹・白川への軍事行動を停止すること、②宇都宮等綱の政治復帰を認めること、③篠川公方の立場を特別に保障すること、の三ケ条が盛り込まれた罰状を提出すべきだと主張しはじめたのであった。しかし、管領斯波義淳はこれに反対した。そして、①関東使節を通じて鎌倉公方にこの三ケ条の告文を提出させるよう伝達させること、②在京中の関東使節二階堂氏からはこの三ケ条の告文を提出させること、を条件に、足利義教と関東使節の御対面を実現させた。永享三年七月十九日のことであった。背景には、大内盛見の討死など、九州情勢の悪化が想定されている。これ以後、『満済』における篠川公方の記述は激減する。室町幕府における篠川公方の政治的立場の決定的低下を意味していよう。

篠川公方は、室町幕府の権威を利用して南奥州をかためるだけで精一杯であった。しかし、『看聞日記』永享十年十月十日条には「錦御旗ハ篠河殿《足利満直》被レ給」とある。のちの永享の乱において篠川公方は、錦御旗を授けられたのであった。[18]篠川公方は、その権威と実態が大きく乖離する存在であったことがわかる。

その後、稲村公方と篠川公方はともに室町幕府と鎌倉府の武力抗争のなかで滅亡してゆく。稲村公方は、永享の乱のさい鎌倉公方足利持氏に加担し、永享十一年二月十日、鎌倉永安寺で足利持氏とその命運をともにした。一方、篠川公方は永享十二年、結城合戦にともなう政治的混乱のなかで旧鎌倉府体制に従属しつづける南奥国人層によって滅ぼされた。稲村・篠川両公方は、正長・永享期の室町幕府と鎌倉府の紛擾のなかで足利氏一族としての政治的価値を見出され、鎌倉府体制崩壊とともにその歴史的役割を終えたといえる。

二、東海地域

本節では、東海地域における室町幕府と鎌倉府の関係を明らかにする。具体的には、伊勢国・尾張国・三河国の関連史料にみえる東国記事の検討をおこなう。

従来、この地域に関する当該研究は、駿河国を中心にすすめられてきた。[19]それは正長・永享期の駿河国が、室町幕府と鎌倉府のあいだで政治的国境化し、守護今川範政の後継家督や駿河在国の問題、将軍足利義教の富士遊覧など、重要な論点が備わっていたからである。しかし尾張・伊勢・三河の三ケ国については、いまだ体系的な考察はなされたことがない。本節の目的は、そうした研究状況の欠を補うことにある。

（1）伊勢国

本項では、伊勢国の関係史料にみえる東国の関連記事によって、室町幕府と鎌倉府の関係を詳らかにする。伊勢国では正長元年、北畠満雅が、後南朝の小倉宮聖承（後亀山天皇の孫）を迎えて室町幕府との対決姿勢を明確にした。[20] この伊勢北畠氏の蜂起には、鎌倉公方足利持氏が連携しているとの風聞がひろまっていた。『薩戒記』正長元年七月十一日条には、「為清（五条）朝臣来臨（中略）又曰、大覚寺宮（聖承）有下奉二迎取一之仁上、兼日先為二御出立一奉二用途二万疋一、遁出給夜兵士及二二百人許一云々、所レ疑自二関東（足利持氏）一有二内通一、先令レ渡二伊勢国司（北畠満雅）館一歟」とある。京都では、小倉宮聖承が出奔した当初から、鎌倉府が関与しているとの風聞があったことがわかる。そうした風説の流布は、このときが初めてではなかった。たとえば『看聞日記』応永三十年八月二十四日条に「関東・筑紫兵革蜂起、伊勢国司（北畠満雅）南方宮取申揚二義兵一云々」とある。京都では、すでに応永年間から鎌倉府が後南朝勢力や伊勢北畠氏と関係しているのではないかと取沙汰されていたのである。風説が流布する素地は整っていたといえよう。

この風聞は、室町幕府中枢も把握していたようである。『満済』正長元年七月十二日条には「小倉宮（聖承）没落之様、所詮、自二関東（足利持氏）一依レ申二子細一伊勢国司（北畠満雅）令二同心一則彼国司在所へ入御云々、去六日丑刻計自二嵯峨小倉一御出云々、就レ之種々巷説在レ之」とある。小倉宮聖承・北畠満雅と足利持氏の連携の風説は、鎌倉府側の主導によるものとの内容を伴って浸透していたといえよう。さらに同八月三日条には、「関東（足利持氏）上洛必定之由、国司（北畠満雅）辺沙二汰之一云々、随而国司（北畠満雅）近日可レ打二出国中一之由用意」とみえる。風聞の内容は、足利持氏の上洛出兵へと順次に変容していったのであった。

こうした風説が出現する背景は、一体どこにあったのであろうか。それをあきらかにするのが、『薩戒記』正長元年八月二十三日条のつぎの記事である。

或人談云、伊勢国司左少将満雅（北畠）、依二鎌倉左兵衛督持成（氏）卿命一、奉レ取二小倉宮（聖承）一之由有レ聞、而彼鎌倉使者非二実使一、偽称二鎌倉使一、企二謀反一可二上洛一、仍可レ相二憑彼宮（小倉宮聖承）一、忩可レ奉レ取之由示二満雅（北畠）一、々々存二実儀之由一之処、此事漸露顕、彼使者忽逐（電脱カ）了、小倉宮（聖承）当（時脱カ）令レ座二伊賀方一給、然而満雅（北畠）謀逆不二穏便一、早発向可レ攻之由、左典厩（足利義教）被レ仰二付土岐（土岐世保持頼）党一云云者、不可説事也、

北畠満雅は当初、鎌倉公方足利持氏の使者を名乗る偽使の言説を信用していたというのである。これは室町幕府に不満をいだき、小倉宮聖承と北畠満雅を結びつけようとした何者かが、足利持氏の存在を政治利用していたことを暗示している。それは、当時の人びとにとって足利持氏が、室町幕府に対して不満をもつ代表的人物との認識が共有されていたことを示している。

しかし、室町幕府中枢の対応は冷静であった。『満済』正長元年九月二十九日条には「関東へ両使僧、今日於二崇寿院（相国寺）一御対面、可レ被二仰遣一様面々ニ御談合、（中略）、当御代依二御無音一都鄙雑説在レ之、旁不レ宜歟、毎事無為可レ為二御本意一之由計也」とみえる。三宝院満済は、足利持氏に関する種々の風説が出現する原因は、鎌倉府から新将軍足利義教に対する将軍就任の慶賀使節が派遣されていないことにあると判断していたのである。そ

こで三宝院満済は、鎌倉府に対して早急に使節を上洛させるよう働きかけたのであった。

また室町幕府中枢では、鎌倉公方足利持氏と連携している「大名」がいるとの風説が出回り、これに対して敏感に反応する者もいた。その代表的人物が、山名時熙である。『薩戒記』正長元年十月二日条には「凡京都大名等之中、有下同二意関東《(足利持氏)》一之輩上之由風聞、何様可レ有二沙汰一哉之由同被レ尋レ之、各申云、定無実歟、若有レ露二顕之一示二子細一者、不レ移二時日一可レ有二対治一者、其内山名入道《(時熙)》常熙事外驚動、忽捧二告文一云々、人以称不可是浮説在二身上一之故云々、不可説々々々」とある。山名時熙は、起請文を捧げて鎌倉公方足利持氏とは関係していないと身の潔白を主張したのであった。『満済』を通覧すると山名氏は、こののち将軍足利義教から東国政策を諮問されたとき必ず強行論を主張する。そこには、こうした経緯が大きく作用していたのではなかろうか。

室町幕府中枢の諸大名は、上杉禅秀の乱以降、京都において鎌倉府関連の風聞が出現した場合、つねに足利持氏との関係を疑われる社会構造となっていたのである。

そして伊勢国や東海地域における治安悪化の原因は、そのすべてが鎌倉府の仕業として集約されてゆく言説構造もみられる。たとえば『薩戒記』正長元年十月七日条には、「巷説云、所レ被レ遣二関東《(足利持氏)》一之使者僧、於二途中一為二悪党一被レ奪二取財物・粮料一、不レ遂二下着一逃上云々、不可説事也、若是（中略）東国所属之賊徒之所為歟、以外事也、世已如レ滅」とある。鎌倉に派遣された使僧が路次にて襲われたとき、それは鎌倉府に連なる「賊徒」の所為であると風聞されたのであった。室町幕府と鎌倉府の関係悪化に拍車がかかる要因として、すべてを鎌倉府にむすびつけようとする風聞が、負の認識を再生産する悪循環を生みだしていたことがわかる。

また室町幕府と鎌倉府の関係悪化を印象づける行為は、新将軍足利義教自身の言動によっても拡散された。つぎに掲げた御内書案はそれを示している。

関東（足利持氏）陰謀大略令二露顕一候歟、然者随二一左右一、不日馳参、致二忠節一候者本意候、毎事無二等閑一候之由連々
申旨、三宝院（満済）物語候之間、殊喜思給候、
八幡大菩薩照覧候へ、弥憑入候、委細猶三宝院（満済）可レ申候也、
　正長元十月廿三日　　　御判（足利義教）
　　大内左京大夫（盛見）入道とのへ[21]

この文書は、大内盛見に上洛を促す御内書である。そのなかで足利義教は、鎌倉公方足利持氏の陰謀露顕を理由として大内盛見に上洛を求めているのである。こうした将軍足利義教の言動それ自体が、室町幕府と鎌倉府の対立状況をひろく一般の共通認識とさせる効果を促したことであろう。

なお北畠満雅は、『師郷記』正長元年十二月条に「今日勢州飛脚到来、国司少将満雅（北畠）、去廿一日合戦打死云々」とみえる。北畠満雅は、正長元年十二月二十一日、伊勢守護土岐世保持頼との合戦で敗死したのであった。[22]

(2) 尾張国

本項では、尾張国の関係史料にみえる東国の関連記事によって、室町幕府と鎌倉府の関係を考察する。尾張国では、室町幕府と鎌倉府の政治抗争が具体的動きをともなって表面化した。

永享元年（一四二九）の春、鎌倉公方足利持氏が征夷大将軍に補任されたとの風説がひろまった。その浮説の発信源は、尾張国であった。その風聞に関して、『満済』永享元年十月十六日条にはつぎのような記述がある。

自二仙洞(後小松上皇)一関東(足利持氏)へ征夷将軍院宣被二成遣一之由風聞事在レ之、此事凡此四・五月以来浮説也、以外重事、不レ及二信用一事歟、雖レ然熱田大宮司野田当(貞範)参奉公者也、於レ親者関東奉公也、此大宮司(野田貞範)内者吉川(吉賀和カ)ト云者方々令二料簡一、此院宣事申出之由、自二蜷川中務方一伊勢守(伊勢貞経)方へ去月比申了、爰又吉川(吉賀和カ)主人大宮司(野田貞範)、伊勢守(伊勢貞経)へ罷出申様、召仕候吉川(吉賀和カ)、就二都鄙雑説一不儀事共候間、可二打進一由代官方へ申付処、於二其身一ハ逐電了、内者一人打レ之候、可レ然様可二披露一云々、此申状ト去月蜷川中務注進符合了、仍旁御不審、可レ為二何様一哉由管領(畠山満家)并山名(時熙)等ニ密々ニ御談合子細在レ之、其様ニ此事可レ被レ申二入仙洞(後小松上皇)一歟之間事也、

鎌倉公方足利持氏が後小松上皇の院宣によって征夷大将軍に任じられたとの風説が、尾張国を発信源として熱田大宮司野田貞範の内者「吉川(吉賀和カ)」なる人物によってひろめられていたことがわかる。その情報を掴んだ蜷川中務は、「吉川(吉賀和カ)」なる人物の動向を注進したのであった。蜷川中務は、幕府政所伊勢氏の被官で、政所代蜷川氏の一族中であった。蜷川中務は永享元年当時、幕府御料所の運営のため尾張国に在国していたものとみられる。

ただし、このときの院宣なる文書は、じっさいには後小松上皇の発給した文書ではなかった。それは、のちの『建内記』文安四（一四四七）年七月十六日条に「旧院(後小松上皇)御代被レ成二院宣於関東(足利持氏)一、与二普廣院殿(足利義教)于時御在世一御別心之由有二謳歌之説一、旧院(後小松上皇)不レ被二知食一之由、以二予并故三宝院(満済)一被レ仰レ之、普廣院殿(足利義教)被レ悦二申之一、于レ時小倉故宮(聖承)没二落伊勢国司(北畠満雅)許一、彼野心之下知状称二院宣一之由、即時落居了、近例已如レ此」とある記述から判明する。後小松上皇の院宣として噂されていた文書は、じつは後南朝の小倉宮聖承のもとから発給された「下知状」だったのである。しかしいずれにせよ、室町幕府と鎌倉府の対立期、尾張国において鎌倉公方足利持氏との連携を画策する者がいたことは明らかである。これは先掲史料が、野田貞範の父について「於レ親者関東奉公也」

と著すように、東海道筋の国々では室町幕府管轄国の武家でありながら鎌倉府へ出仕する者が少なからず存在したことと関係していよう。そうした社会背景が、種々の不安定要因を生みだしていたのである。

この後、室町幕府と鎌倉府の関係において尾張国の記事がみえるのは、いわゆる永享の乱のときである。『看聞日記』永享十年九月十八日条に「大宮司（千秋季貞）参、東国可レ向之由今朝被二仰出一之間、近日可二罷立一、熱田御年貢不レ可レ有二等閑一、雖二在陣一可レ致二沙汰一之由申、暇申ニ参、小番之衆進発云々」とある。当時の熱田大宮司千秋季貞は、室町幕府奉公衆として東国出兵することを伏見宮貞成に伝え、不在中の年貢納入を約束している。そして同十二月十八日条には「大宮司（千秋季貞）関東軍陣遣使節上洛、御年貢可レ致二沙汰一之由申、珍重也」とみえる。千秋季貞は、永享の乱にさいして実際に東国へ出兵していたことが裏づけられる。

永享の乱において尾張国は、室町幕府の策源地のひとつとして機能していたことは間違いない。

（3）三河国

本項では、三河国の関係史料にみえる東国の関連記事によって、室町幕府と鎌倉府の関係を捉える。三河国は、尾張国と同様、室町幕府の東国政策において策源地のひとつとして重要な位置にあった。また三河国に関しては、鎌倉府側も種々の施策を講じていた徴証があり注目される。

室町幕府と鎌倉府の対立期、三河国は室町幕府の東国政策において史料上もっとも多くあらわれる。はやくは応永三十年（一四二三）、室町幕府が鎌倉府に軍事圧力を加えるため両府国境地帯へ出兵したとき、三河国の武家もこれに動員されている。その様相は『康富記』応永三十年八月二十三日条に「参河守護代氏家（範長カ）、今日下向云々、依二関東乱一也、纔京二出四・五騎一云々、一色五郎(教親カ)殿同有二下向一云々」とみえる。三河守護代の氏家氏が、いそぎ東国へ出陣する様相がうかがえよう。

ついで三河勢は、永享五年（一四三三）、駿河守護今川範政の後継家督をめぐって駿河国内が混乱したさい、遠江勢とともに新守護今川範忠に「合力」するための派遣が検討されている。それは『満済』永享五年七月二十六日条に「遠江・三河両国勢駿河(今川範忠)合力事、被二仰出一条簡要由申入了」、同閏七月二十八日条に「自二駿河(今川範忠)一又注進到来（中略）遠江・三河勢、早々可レ有二御合力一」、同三十日条に「駿河(今川範忠)合力勢事、遠江・三河両国先不レ可レ有二子細一哉之由申入」などとみえる。室町幕府は、三河・遠江の両国勢を投入することで駿河国の騒乱を鎮静化させようと画策したのであった。これは三河国が、遠江国についで駿河国から近距離に位置するという地理的要因が第一であろう。しかし理由はそれだけではなかった。たとえば『満済』永享四年三月二十九日条には、「一色左京大夫(持信)子息五郎(教親)事、今河上総(範政)縁ニ可二罷成一之由、去年以来申間、不レ可レ有二子細一由被二仰出一キ」とある。当時、今川氏と一色氏は縁戚関係にあったとみられるのである。これも三河勢の駿河派遣という室町幕府の構想の前提となっていたのではなかろうか。

一方、三河国の軍勢は、ひとたび室町幕府と鎌倉府の合戦が勃発した場合、緊急事態には対処できないであろうとの現実的な意見もあった。駿河今川氏一族中の今川下野守は、三宝院満済から関東情勢について諮問されたさい、「遠江・三河辺御勢合力事、風渡ノ御用ニハ不レ可レ立候歟」と答申する姿が『満済』永享六年十二月三日条にみえる。東海地域に土地勘のある今川下野守は、距離的にみて三河勢のすみやかな東国出兵は不可能であると主張しているのである。ここに京都の室町幕府中枢と今川氏一族中の者たちとの認識の相違が浮き彫りとなる。

室町幕府の東国政策における駿河守護今川氏の駿河在国の意味が改めて理解されよう(23)。

さて、三河国に注目していたのは室町幕府側だけではなかった。鎌倉府側も三河国に対して種々の施策を講じていたのである。『満済』永享七年正月二十日条にはつぎのような記述がある。

今度自二関東(足利持氏)一方々へ内書六通歟、正文岩堀入道当時禅僧衣着之、去年以来罷二下関東一処、無二左右一此使節勤仕由罷上白状、以二管領(細川持之)一申入了、仍赤松播磨守(満政)召寄、事子細相尋申入旨、具御物語、比興事歟、六通悉三河国人等也、他国一人モ無レ之、

鎌倉公方足利持氏は、三河国の国人岩堀氏をつうじて六通の文書を三河国内に配布したというのである。これは岩堀氏の「白状」によって発覚した出来事であった。足利持氏が三河国に的を絞って策を講じた理由は不明である。しかし前掲『満済』によると岩堀氏は、鎌倉と三河国を往来していたようである。あるいは三河国は、鎌倉府にとって揺さぶりをかけ易い不安定な政治環境にある国と映る諸事情を抱えていたのであろうか。

なお、鎌倉公方足利持氏が室町幕府管轄国の国人に対して文書を配布した類例は、越後国における正長元年十月の事例が知られる(24)。それに関連して同年五月、万里小路時房は、足利持氏が上洛を企てているとの風聞を『建内記』に著している(25)。足利持氏が越後国で配布した文書の存在は、この上洛計画が事実であったことを示していよう。また、室町幕府管轄国の武家が関東鎌倉府へ出仕した類例は、土岐大鍬氏が「参二関東一」じて罪科に問われた事例や(26)、太田康雄が室町幕府問注所を解任されたのち「関東ニ被二扶持一」れていた事例などが知られる(27)。いずれも室町幕府と鎌倉府のあいだの通交が憚られる社会風潮が形成されていたことを示している。

さて、いわゆる永享の乱における三河勢の動向は、『看聞日記』永享十年九月十二日条に「聞、勘解由小路民部(斯波持種)

少輔・一色（義貫）等、自大和上洛、近日関東下向云々」とみえる。三河守護一色義貫は、室町幕府勢として斯波持種らとともに東国へ出兵したのであろう。

さらに三河勢は、のちの結城合戦のときにも出兵した徴証がある。『師郷記』永享十二年五月二十二日条に、「一色家人氏家越前守（範長）参川守護代、関東発向之間、在駿河之処、彼国（駿河国）守護今川（範忠）手者押寄之間、自身自害、子共以下［　］多被討」とある。これは、足利義教の命を受けた細川持常・一色教親・武田信栄らによって三河守護一色義貫・伊勢守護土岐世保持頼が大和国にて粛清されたとき、下総国結城にむけて移動中であった三河守護代の氏家範長とその一族が、駿河守護今川範忠によって駿河国内で殺害されたことを伝えている。この今川範忠の動きは、先掲史料にみえた一色教親と今川氏の縁戚関係に由来しているとみることができよう。

また三河国に関連して、『建内記』嘉吉元年（一四四一）六月二十三日条に「伝聞、吉良東条（持助）御一族也、号下ノ吉良逐電云々、先度自関東（足利持氏）以廻文相催、其内歟」とある。東条吉良氏が逐電したとき、それは鎌倉公方の前々からの糾合に応じたものと理解され、風聞されたのであった。

三河国は、室町幕府と鎌倉府の対立期、両府の政治抗争がもっとも表面化した国であった。

三、寺社勢力

本節では、寺社勢力をめぐる室町幕府と鎌倉府の関係を考察する。具体的には、正長・永享期の比叡山、鹿島神宮、伊勢神宮をめぐる室町幕府・鎌倉府の関係記事を検討する。

本項では、永享六年の室町幕府と比叡山のいわゆる山門騒乱にかかわる関係記事から、室町幕府と鎌倉府の関係を探ることとする。

(1) 比叡山

『満済』永享六年七月四日条に「山門辺事ニ付テ、例式雑説在レ之、簡要令レ同二心関東《(足利持氏)》一致二要害構一云々、比興第一也、(中略)、山門辺事、(中略)、関東《(足利持氏)》同二心山門一儀、曾不レ可レ有之由存也、仍関東《(足利持氏)》辺此儀ニ付テ無二其沙汰一由、今河民部大輔《(範忠)》状、以二日野黄門《(兼郷)》一備二上覧一之由申了」とある。ここに、鎌倉府が山門騒乱に関与しているとの風聞があったことがわかる。しかし三宝院満済は、それを駿河守護今川範忠の情報をもとに「例式雑説」であるとしている。三宝院満済にとって鎌倉府が関与しているとの風聞は、永享六年段階ではもはや定型化された言説との認識であったことがわかる。そして鎌倉府の動向を判断する場合、駿河守護今川氏からの情報が重視されていたことも改めて注目される。

しかし将軍足利義教は、三宝院満済とはやや異なった見解をもっていたようである。それは、『満済』永享六年七月十二日条に著された足利義教と三宝院満済のやりとりから知ることができる。まず、足利義教は「山門事、関東《(足利持氏)》辺雑説聞食合、能々被レ仰二談諸大名一、可レ有二御沙汰一条宜云々」と三宝院満済に諮問した。足利義教は、比叡山と足利持氏の関係を本当に疑っていたのであろう。これ対して三宝院満済は、「就二関東雑説事一、山門辺儀ヲモ能能被二聞食合一可レ有二御沙汰一歟事、非二殊儀一、関東雑説若事実候者、天下重事之間、旁諸国御用心等可レ為二各別〔格〕一候哉間、能々可レ被二聞食合一歟之由申入計也、簡要関東・山門事、重事不レ可レ過之間、可レ被レ仰二談諸大名一之条、尤宜存之由具可レ有二披露一」と答えている。三宝院満済は、足利義教に「関東雑説」についての正確な情報収集の必要性を説いたうえで、諸大名への諮問には賛意を示している。鎌倉府の関与に否定的見解をもつ三宝院満済であったが、足利義教の立場に配慮をした答申を行う政治姿勢がうかがえる。

さて、山門騒乱に鎌倉府が関与しているとの風聞が生起する要因は一体どこにあったのであろうか。関連記事とみられるのが、『満済』永享六年七月十九日条の「自二駿河国一注進関東雑説事、武田右馬助甲斐没落事、両条状、以二日野中納言（兼郷）一今日備二上覧一了」との記述である。つまり、山門騒乱によって京都が政情不安であった永享六年七月当時、駿河国もまた鎌倉府側から逃亡してきた武田信長をめぐって政情が不安定だったのである。さらに同八月三日条には、「御対面、種々事共被レ仰了、山門事、狩野・三浦以下歎申入事等也」とみえる。山門騒乱と駿河国の話題が、室町幕府中枢において同日に政治問題として取り扱われていることが注目される。こうした山門騒乱と駿河問題の時期的同時性が、鎌倉府が山門騒乱に関与しているという風聞を増幅させる要因となっていたのではなかろうか。

なお山門騒乱への鎌倉府の関与という風聞は、その後も変容しつつ京都の人びとにひろまっていった。たとえば『看聞日記』永享六年八月十八日条には「山門ニも公方（足利義教）を奉二呪詛一、関東（足利持氏）上洛事申勧云々、驚入者也」とある。伏見宮貞成は、比叡山が足利持氏に上洛をすすめたとの風聞を書き留めている。さらに同十一月四日条には、「自二鎌倉（足利持氏）一雖レ被二執申一不レ被二聞食入一、仍関東（足利持氏）被レ企二上洛一云々、天下安否山門滅亡歟、神慮不審可レ驚々レ々」と著している。風聞の内容は、足利持氏が室町幕府と比叡山の仲介を試みたが不首尾であったため上洛を企てている、と変貌しているのである。室町幕府と鎌倉府の対立構造は、こうした風聞の拡散によって社会形成されてゆく側面があったのである。

そして鎌倉府勢が上洛を企てているとの風説が出現する遠因には、京都の人びとの東国に対する心象も影響していたのではなかろうか。たとえば『看聞日記』永享七年十月三日条には、「関東ニも有二兵革一云々、天下無為令二念願一」とある。鎌倉公方の軍事行動が、現実的なものとして受け止められる素地が着々と整っていったのである。そして同十一月二十七日条の「関東事物言属二無為一、御馬数十疋被レ進被レ申二御礼一云々、珍重也」との記事は、室町幕府と鎌倉府の関係における使節往来の重要性を示している。これは前述の伊勢北畠氏の問題で三宝院満済が示した認識に通じるものがある。

(2) 鹿島神宮

永享八年(一四三六)、室町幕府と鎌倉府の政治的対立を反映して、京都では常陸国の鹿島神宮をめぐるひとつの風説がひろまっていた。それは、尊経閣文庫所蔵本『薩戒記目録』永享八年十一月九日条にみえるつぎの記事である。

以二大和守貞連(飯尾)一被レ仰、自二駿州一注進、捧二鹿島大明神々輿一称二上洛一事、自二鎌倉一左兵衛督(足利持氏)相支云々、此事有二先例一哉、可レ尋二問官・外記一之由事、両局(壬生晨照・中原師勝)共無先例由申之事、但有準拠事、

駿河守護今川氏からの情報として、鹿島神宮の神輿が上洛するとの風説があるというものであった。そしてそれには鎌倉公方足利持氏が関わっているとも著されている。室町幕府では、幕府奉行人飯尾貞連をつうじてそう

した先例があるか否かを官務・外記らに問い合わせたのであった。

事の真相は不明である。あるいは、鹿島神宮のいわゆる御船祭が誤情報として伝播したとみることもできる。しかしこうした風聞の出現には、やはり室町幕府と鎌倉府の政治的関係の悪化という社会背景を措定することができよう。

（3）伊勢神宮

伊勢神宮は永享の乱時、鎌倉府との関係について室町幕府から重大な嫌疑をかけられた。本項では、その推移について詳らかにする。

『氏経神事記』(28) 永享十年十一月四日条には、つぎのような記述がみえる。

> 四日、晴、外宮権禰宜重久《（渡会）》関東下向事被二尋下一、十月廿八日御奉書・同日祭主下知、御使藤波修理亮氏栄今日下着、廻覧、七日請文、一二三四五六予九十加署、案文等別帖ニ注、
> 件子細者、神船煩為二訴訟一、一禰宜実久《（渡会）》息男重久《（渡会）》ヲ下之処、今京・鎌倉御中違折節、為二祈祷一下向之由被二聞食一及二御尋一也、依二虚名一申披畢、

室町幕府は、伊勢神宮に対して一禰宜渡会実久の子息渡会重久が鎌倉公方に依頼された「祈祷」をおこなうため鎌倉に滞在していたのではないかとの嫌疑をかけたのであった。これに対して荒木田氏経は、渡会重久が在鎌倉であったのは「神船」訴訟のためであって、偶然にも永享の乱が勃発したのである、と書き留めている。また、渡会重久の父渡会実久が一禰宜であったこともこの問題を大きくした要因のひとつであったとみられる。そして

この記事にみえる「十月廿八日御奉書」は、つぎに掲げた伝奏三条西公保下知状であろう。

重久《伝奏御書》関東下向之事、相二尋子細一之処、如二彼申状一者、神舟供用之外更以非二他事一、神訴□一社存知事也、次去年万疋送給、同供用云々、雖レ然及二異儀一者委細可レ令二注進一、若無二別子細一之由雖レ申レ之、後日不儀条令二露顕一者可レ為二一社同罪一之旨、厳密可レ被二下知一候也、状如レ件、

十月廿八日（永享十年）　公保（三条西）

祭主三位殿(29)

これは鎌倉で室町幕府勢に身柄を拘束された渡会重久が、みずからの鎌倉滞在は「一社」の総意による神訴のためであることを主張し、それを伊勢神宮に照会するよう求めたことを示す内容である。じっさいに鎌倉府は、三年前の永享七年、伊勢神宮に対して東国の神税の納入拒否をほのめかす文書を伊勢神宮に送達していた。それが永享七年四月十日、鎌倉府奉行人「満康」（町野カ）によって太神宮禰宜中に充てて送達された「東使岡田尾張守成春、就レ于二神税一、云二奸謀段一、且云下違二　上意一子細在上レ之、不日可レ被レ差二下別人一、若令二延引一者、神宮之事雖レ有二御敬信一、可レ被レ閣二神税御成敗一之由、所レ被二仰下一也、仍執達如レ件(30)」との奉書である。鎌倉府が、以前から東国の神税の納入拒否という意志があったことはあきらかである。伊勢神宮は、永享七年以降、関東鎌倉府に関係者を派遣して鎌倉公方と直接交渉せざるをえない環境にあったのである。

伊勢神宮から派遣された渡会重久は、このとき鎌倉公方との交渉において一定の成果をあげていたと主張している。前掲の三条西公保下知状に著された内容である。そのなかで渡会重久は、去年（永享九年）分として「万疋」が鎌倉府から伊勢神宮に納入されたという実績を主張している。事の真偽は不明といわざるをえない。しかし関

連して永享九年十二月十二日、鎌倉府政所執事二階堂盛秀が、某宮神主に送達した「大神宮千度御祓大麻一合入二見参一候訖、仍執達如レ件」(31)との文書が残されている。この奉書は、文書伝来論としては検討の余地を残す。しかしこれを伊勢神宮関係文書とみれば、渡会重久の主張を間接的に裏づけるものとなろう。いずれにせよ渡会重久は、みずからの交渉成果として鎌倉府による神税の納入が達成された事実を主張することによって、神訴のための鎌倉滞在であると室町幕府に弁明したのであろう。

そして伊勢神宮側もこの渡会重久のうごきに同調し、つぎのような対応をとったのであった。関連文書案が二通ほど残されている。

①太神宮神主

注進、早可レ被レ経二次第上　奏一、重久（渡会）関東下向、就二神船供用神訴一間事

右、去月廿八日伝　奏御書、并同日祭主施行之旨者、謹所レ請如レ件、抑重久（渡会）関東下向事、非二他事一、就二神船供用一神訴之段無二其隠一、次、去年御膳料万疋徴納之儀分明也、本宮朝夕御膳於二外宮一令二備進一之間、巨細自二彼宮（外宮）一令二注進一者歟、然早為レ被レ経二次第上　奏一、仍注進言上如レ件、以解、

永享十年十一月七日　　大内人正六位上荒木田長久

禰宜(32)――――九人加署　七守繁ハ不加

②豊受太神宮神主

注進、早欲レ被レ経二次第上　奏一、重久（渡会）関東下向事、神船供用外更以非二他事一事、神訴段一社一同令二存知一子細事

右、去月廿八日伝奏御書・同日祭主下知之趣、謹所レ請如レ件者、重久（渡会）関東下向之事、就二神船供用一神訴之外更以非二他事一之条、一社一同存知之次第也、次、又去年百貫送賜、令レ備二進朝夕御膳一之事、同禰宜等令二存知一者也、然早為レ被レ経二次第上　奏一、仍注進言上如レ件、以解、

永享十年十一月　日　　大内人――――度会――

禰宜(33)――――一三六七八九、六八加暑、二四五無暑有儀歟、新十八未在京

①は内宮解、②は外宮解である。伊勢神宮は、渡会重久の主張が正しいことを一社の総意として答申している。しかし、伊勢神宮から鎌倉に権禰宜階層が赴いて鎌倉府と直接交渉することはやはり異例なことであったとみられる。通常、それは先掲史料にみえた岡田成春のような代官層がおこなうべきことだからである。以上の要因によって伊勢神宮は、永享の乱のさい鎌倉府に加担したとの嫌疑をかけられる緊迫した事態に陥っていたことがあきらかとなる。

　こうした伊勢神宮の様相は、いわゆる太平洋海運との関係がその社会背景として考えられよう(34)。それに関連して、ひとつ注目すべき伝聞記事がある。『看聞日記』永享十年十月十八日条の「聞、鎌倉武将（足利持氏）没落、一色宮内少輔（直兼）切腹之由注進云々、御運之至珍重無レ極、武将（足利持氏）之女中・若公《幼稚》・一色妻女等乗船落之時、逢二難風一入海云々、頗蒙二天罰一被二滅亡一歟」との記述である。これは永享の乱時、足利持氏の女中・若公・近臣一色直兼妻女らが船による逃亡を試みたが、風難で海に沈んだとの浮説である。事の真偽は不明である。しかしこうした風説が流布する要因として、伊勢国と東国をむすぶ太平洋海運や、前述した近隣三河国など東海地域との様々な社会関係が、その風聞をかたちづくっていたとみることが可能である。

おわりに

以上、正長・永享期における室町幕府と鎌倉府の対立を特徴づける事象について検討した。とくに東北地域、東海地域、寺社勢力にかかわる具体的事例をとおして、室町幕府と鎌倉府が関係を悪化させていった社会要因を詳らかにした。

東北地域では、南奥武家の白川氏と石川氏の武力抗争が引鉄となって、室町幕府と鎌倉府の政治的対立へと展開した。室町幕府は、鎌倉府勢が北関東へ出兵したことで態度を硬化させたのであった。陸奥国南部・常陸国北部・下野国北部にまたがる領域秩序の主導権争いが、室町幕府・鎌倉府間の対立軸のひとつとして存在していたことがわかる。そしてこの領域における室町幕府と鎌倉府の対抗関係は、篠川公方と稲村公方の対抗関係として代置された。また正長・永享期、常陸国北部では山入佐竹氏ら山入一党による反鎌倉府の武力抗争が継続していた。常陸国北部は、足利持氏の専制期鎌倉府体制においても充分に抑えきれない地域だったのである。白川氏と石川氏の武力抗争は、永享三年の室町幕府と鎌倉府の和平協定の締結後もなお地域紛争を誘引させる淵源となっていったのである。

東海地域では、鎌倉府に関わる種々の風説が流布し、そのことが室町幕府と鎌倉府の関係を悪化させる要因となっていた。伊勢国では、北畠満雅の蜂起時、足利持氏が関与しているとの風聞がひろまった。また尾張国は、足利持氏が征夷大将軍に任じられたとの風聞の発信源となった。そして三河国に対しては、鎌倉府側も三河国人に接触していた事実がみえる。虚実混交した種々の風聞が、室町幕府と鎌倉府の対立・抗争を増幅させた側面があるといえよう。

寺社勢力をめぐっても室町幕府と鎌倉府の関係を悪化させる要因が存在した。いわゆる山門騒乱では、比叡山と鎌倉府の関係が疑われている。鹿島社の神輿は、足利持氏の関与のもと常陸国から上洛するとの風聞も出現した。伊勢神宮は永享の乱時、鎌倉府の祈祷に関与したのではないかとの嫌疑をかけられた。いずれも室町幕府と鎌倉府の対立という社会背景から生みだされた出来事である。

正長・永享期の室町幕府と鎌倉府の関係論は、これまで将軍足利義教と鎌倉公方足利持氏といういわば二人の人物論によって著述されることが多かった。しかし室町幕府と鎌倉府の対立構造は、人びとの風説によってかたちづくられ、社会に浸透していった側面がある。時代の位相を的確にとらえる基礎作業の重要性が再確認されるべきであろう。

註

（1）渡辺世祐『関東中心足利時代之研究』（雄山閣、一九二六年）。近年では、桜井英治『室町人の精神』（講談社、二〇〇一年）、山田邦明『室町の平和』（吉川弘文館、二〇〇九年）、森茂暁『室町幕府崩壊』（角川学芸出版、二〇一一年）、小国浩寿『鎌倉府と室町幕府』（吉川弘文館、二〇一三年）などがある。

（2）市村高男「京都将軍と鎌倉公方」（永原慶二編『古文書の語る日本史』4、筑摩書房、一九九〇年）、山家浩樹「室町時代の政治秩序」（歴史学研究会・日本史研究会編『日本史講座』4、東京大学出版会、二〇〇四年）など参照。

（3）応永期の東北地域の様相については、拙稿「伊達政宗の乱と稲村公方・篠川公方」（黒田基樹編著『足利満兼とその時代』戎光祥出版、二〇一五年）参照。

（4）稲村公方足利満貞は、鎌倉帰還後、その名を「満家」と改め、かつ「二橋」殿と呼称されていたとみられる。この点、拙稿「稲村公方と南奥社会」（『室町幕府の東国政策』思文閣出版、二〇一四年、初出二〇〇三年）参照。なお本稿では、便宜上、稲村公方足利満貞との表記で統一する。

（5）「國學院大學白河結城文書」（『白河市史』第五巻資料編2古代・中世、四七三号）。

（6）『満済准后日記』正長元年十月二十三日・二十五日条も関連記述である。

（7）「石川家文書」（『石川町史』第三巻資料編1考古・古代・中世[古代・中世]、一四六号）。

（8）「石川家文書」（前掲『石川町史』一四七・一四八・一四九号）。

（9）「石川家文書」「板橋文書」（前掲『石川町史』一五〇・一五一・一五二、一五三号）。

（10）「石川家文書」「板橋文書」（前掲『石川町史』一五五・一五六・一六〇、一五七号）。

（11）「板橋文書」「石川家文書」（前掲『石川町史』一五八、一五九・一六一・一六三号）。

（12）「石川家文書」（前掲『石川町史』一六二号）。

（13）「石川家文書」（前掲『石川町史』一六一・一六三・一六四・一六五号）。

（14）「秋田藩家蔵文書七・大山弥大夫義次并組下院内給人家臣家蔵文書」一・二号（『茨城県史料』中世編Ⅳ）、「鳥名木文書」一四号（『茨城県史料』中世編Ⅰ）、「石川家文書」（前掲『石川町史』一六三・一六四号）、「阿保文書」八号（『茨城県史料』中世編Ⅳ）、「秋田藩家蔵文書二一・小野崎権太夫通貞家蔵文書」一五号（『茨城県史料』中世編Ⅳ）。

（15）前掲「阿保文書」九～一七号、「勝山小笠原文書」（『新編信濃史料叢書』第十二巻、信濃史料刊行会、一九七五年）、『長倉追罰記』（『続群書類従』二十一輯下）、前掲「石川家文書」「板橋文書」（前掲『石川町史』一七七、一七八号）、「榊原家所蔵文書」（『神奈川県史』資料編3古代・中世（3上）、五九二七号）。なお、『満済准后日記』永享六年十一月三日条にも「自二関東一佐竹可レ被二退治一之由風聞」とある。

（16）拙稿「篠川公方と室町幕府」（前掲『室町幕府の東国政策』所収、初出二〇一四年）。

（17）拙稿「室町幕府と下野「京都扶持衆」」（前掲『室町幕府の東国政策』所収、初出二〇〇五年）。

（18）拙稿「室町幕府における錦御旗と武家御旗―関東征討での運用を中心として―」（前掲『室町幕府の東国政策』所収、初出二〇〇六年）。

(19) 渡辺前掲著書『関東中心足利時代之研究』、花岡康隆「鎌倉府と駿河・信濃・越後」（前掲『足利満兼とその時代』所収、二〇一五年）、および『静岡県史』通史編2中世（一九九七年、文責山家浩樹）など参照。

(20) 森茂暁『闇の歴史、後南朝』（角川選書、一九九七年）、同『南朝全史』（講談社選書メチエ、二〇〇五年）など参照。

(21) 大日本古文書『蜷川家文書』一五号。なお、『満済准后日記』正長元年十月二十三日条に「大内《（盛見）》方へ御自筆御書被レ下レ之、則渡二遣内藤一了」とあり、この御内書はじっさいに大内氏へ送達されたことがわかる。

(22) 『椿葉記』に「このしはす《（師走）》に南方《（小倉宮聖承）》の御謀反、伊勢の国打出て土岐の与安《（世保持頼）》と合戦する処に国司《（北畠満雅）》打負てやがてう《（討）》たれぬ」とある。

(23) 『満済准后日記』永享六年十月二日・二十八日・二十九日、十一月二日・三日・二十八日、十二月三日・十六日・二十三日、永享七年正月十八日条。東京大学史料編纂所架蔵影写本『足利将軍御内書并奉書留』七四号。

(24) 『満済准后日記』正長元年十月十五日条に「自二越後国守護代長尾上野入道《（邦景）》方一注進在レ之、自二関東《（足利持氏）》一越後国人并長尾入道《（邦景）》等方へ被レ成二御教書一、其趣参二御方一致二忠節一云々、陰謀全已必定歟」とある。なお、同十六日条も関連記事である。また、大日本古文書『上杉家文書』一〇一・一〇二号も関連文書である。

(25) 『建内記』正長元年五月二十五日条に「関東事、可二上洛一之由被二相企一之条勿論、仍方々有二注進一歟」とある。なお、『満済准后日記』同二十六日条も関連記事である。

(26) 『満済准后日記』永享三年十一月十四日条に「去三日歟於二相国寺東一被レ打二土岐中務少輔大鍬入道息、号大鍬大輔、一当時遁世僧也、一向紙衣体云々、此間ハ属二方々一歎申入最中云々、此罪科ハ勝定院殿《（足利義持）》御代参二関東一云々」とある。

(27) 『満済准后日記』永享六年十一月三日条に「京都上意ニ違ユル問注所《（太田康雄）》等ヲハ別而関東ニ被二扶持一置」とある。関連論考として、木下聡「室町幕府・関東足利氏における町野氏」（佐藤博信編『関東足利氏と東国社会』岩田書院、二〇一二年）参照。

(28) 大神宮叢書一三『神宮年中行事大成』前篇（神宮司庁、一九三八年）。

(29) 『氏経卿引付』第一冊・一—六九号（『三重県史』資料編中世1（上））。

(30) 前掲『氏経卿引付』第一冊・一—二一号。

(31) 「鑁阿寺文書」（『栃木県史』史料編中世一、五八五号）。

(32) 前掲『氏経卿引付』第一冊・一—七一号。

（33）　前掲『氏経卿引付』第一冊・一―七二号。
（34）　綿貫友子「神人と海運―関東渡海の神船をめぐって―」（『中世東国の太平洋海運』東京大学出版会、一九九八年、初出一九九四年）、宇佐見隆之「湊船帳と伊勢・関東航路」（『日本中世の流通と商業』吉川弘文館、一九九九年、初出一九九七年）など参照。

Ⅳ 永享の乱考

植田真平

はじめに

永享十年（一四三八）、関東管領上杉憲実追討の兵を挙げた鎌倉公方足利持氏は、かえって室町幕府の討伐を受け、敗北。幽閉ののち、翌年、鎌倉において自害した。これにより、鎌倉府は事実上崩壊し、上杉氏と室町幕府による政権運営がなされるが、鎌倉公方派との対立は解消されることはなく、結城合戦、江の島合戦、そして享徳の乱へと続き、戦乱のなかで鎌倉公方は古河公方へと転身を遂げてゆく。これら鎌倉（古河）公方と関東管領上杉氏・室町幕府の対立による一連の内乱により、東国社会は大きな変革期を迎え、やがて戦国時代への扉を開くこととなる。永享の乱は、それ自体は大規模な戦乱ではないものの、鎌倉公方と関東管領上杉氏・室町幕府との本格的な対立の端緒として、また、鎌倉府崩壊の直接的な契機として、その意義は甚だ大きいといえる。

この永享の乱の過程を直接伝える一次史料は乏しいとされ、これまでは軍記物の『鎌倉持氏記』（以下、『持氏記』）や『鎌倉大草紙』『永享記』等の二次史料に依拠して論じられることが多かった。そのため、それら二次史料の性格を正確に把握したうえで、数少ない一次史料と照らし合わせて史実を抽出することが求められた。菅原正子氏は『鎌倉大草紙』『永享記』それぞれにおける持氏・憲実の人物像をさぐるとともに、『永享記』と一次史料を照合して永享の乱の経過の復元を行った。(1) 小国浩寿氏は、永享の乱の各段階について『永享記』と『持氏記』の記述を比較し、後者が「比較的原初的で多様な要素が未整理なままの形で合成された」ものであるのに対して、前者は後者をもとに鎌倉府体制の評価にかかわる部分をリライトして成立した、と両軍記の性格を明らかにした。(2) 永享の乱関係軍記のなかでは、この『持氏記』が最も実録性の高いものとされている。本稿でも二次史料をとりあげる際には、これを中心的に扱うこととする。

しかし、近年、史料環境の改善が進み、関連する多くの一次史料の存在が明らかとなったことで、それらに基づいた新たな永享の乱像も示されている。内山俊身氏は常陸平氏行方氏流鳥名木氏の家伝文書の分析から、永享の乱・結城合戦の同時期に常陸南部でも持氏方と上杉方の衝突があったこと、それが地域社会の対立矛盾に根ざしたものであったことを指摘し、地域的に広汎に展開した永享の乱像を示した。(3) また、呉座勇一氏は、永享の乱が勃発したとされる永享十年の前年にすでに「大乱」と呼ばれる軍事的動向があったことを指摘し、乱の始期を永享九年とする説を主張した。(4) 直近では、黒田基樹氏が関東管領山内上杉氏の家宰長尾景仲の生涯をたどるなかで、永享の乱の経過を整理して叙述している。(5)

本稿ではこれらの成果に学びつつ、永享の乱がいかなる内実をもつものであったかを明らかにすることを目指す。先行研究に屋上屋を架す恐れもあるが、永享の乱の過程と対立構図を示し、内乱の実像を描きなおすことで、鎌倉府崩壊の諸段階とその要因を解明するための前提作業としたい。

一、乱の過程

二次史料と一次史料からそれぞれ永享の乱の展開過程を抽出したものが、次の表1である。関係史料の僅少さから、双方を比較しながら検討を進めなければならない。以下、各段階を順に見ていきたい。

表1　永享の乱関係年表

年	月日	『鎌倉持氏記』ほか二次史料	月日	一次史料：東国の動向	一次史料：幕府の動向 京都の情報	一次史料典拠
永享8年		信濃守護小笠原政康と同国国人村上頼清、対立				
		持氏、村上頼清の援軍要請を受け入れる				
		憲実、桃井憲義の信濃派兵を諫止				
永享9年	4月	榎下上杉憲直の信濃派兵は憲実追討のためとの風聞が立つ	5月6日	鎌倉中雑説		小林文書
					持氏の信濃介入につき、憲実管領辞職の風聞あり	看聞日記
	6月6日	憲実被官が結集し、鎌倉騒然				
	6月7日	大御所（持氏母一色氏）、憲実亭に赴き鎮静化を図るもならず				
	6月15日	上杉憲直・憲家父子、藤沢へ退去		長尾ヵ憲景、憲実の藤沢御陣に供奉		臼田文書
			7月3日		持氏・憲実対立、合戦となり憲実勝利の注進、届く	看聞日記

	7月25日	憲実、嫡子（七歳）を密かに上野へ下す				
	7月27日	一色直兼、三浦に蟄居 持氏、憲実に大石憲重・長尾景仲の退去を迫るもならず				
			8月1日	小林尾張守、鎌倉騒動にともない上野を出立		小林文書
	8月13日	憲実、持氏の求めに応じて関東管領に復職するも、武蔵守護の実務はとらず		小林尾張守、鎌倉騒動沈静化により武蔵入間川にて上野へ引き返す		小林文書
			8月18日	信濃村上氏、幕府に降伏		薩戒記
			8月24日		大覚寺義昭、持氏に内通の風聞あり	薩戒記
			10月7日	佐竹白石持義、常陸烏渡呂宇城攻めに参加		榊原家所蔵文書
永享10年			5月22日	鶴岡別当尊仲、荘厳院供僧職に弘俊を補任		相州文書
	6月	持氏嫡子賢王丸（義久）、京都将軍の偏諱を受けずして元服 一色直兼・上杉憲直ら、鎌倉に復帰 憲実、義久元服式に参列せず、代わりに弟重方出仕				
		持氏、義久を遣わして憲実を宥和しようとするも、鶴岡別当尊仲の讒言によりとどまる			義久の元服をめぐり、持氏と憲実対立	看聞日記
			7月24日	持氏方筑波玄朝、在所（筑波か）を出陣		筑波潤朝軍忠状

8月12日	長尾忠政、持氏に憲実との和議を進言するも聞き入れられず
	扇谷上杉持朝・千葉胤直ら、持氏に憲実との和議を進言
	憲実、16日の持氏方による襲撃計画を聞き、自害を図るも近習にとどめられる
	長尾実景・大石重仲、憲実に相模河村への引退と無罪の主張を進言
8月14日	憲実、上杉持朝・小山持政・那須太郎・長井三郎入道らとともに上野へ下向
	武州一揆、雷坂に出陣して憲実を妨げようとするも退散
8月15日	持氏、憲実追討のため一色直兼・持家を上野へ派遣
8月16日	持氏、武蔵府中高安寺に着陣

7月晦日		幕府、合戦必定により今川範忠へ憲実への合力を命令	足利将軍御内書幷奉書留
8月1日		幕府、合戦必定により足利満直へ憲実への合力を命令	足利将軍御内書幷奉書留
この頃	憲実、上野板鼻に下国か		足利将軍御内書幷奉書留
8月8日		幕府、陸奥国人十二氏へ憲実合力のため足利満直に従うよう命令	足利将軍御内書幷奉書留
8月13日		幕府、伊達持宗へ憲実が下国したのでただちに出陣するよう命令	足利将軍御内書幷奉書留
8月15日	筑波玄朝、持氏の武蔵府中発向に供奉		筑波潤朝軍忠状

	千葉胤直、義久を遣わして憲実と和解すべきことを持氏に進言
8月29日	朝廷、持氏追討の綸旨を発給

	筑波玄朝、一色持家に従い上野神流川へ		筑波潤朝軍忠状
8月17日		幕府、小笠原政康へ武田信重の甲斐入部の扶持を命令	勝山小笠原文書
8月19日		幕府、駿河国人八氏へ今川貞秋の同国東部入部協力を命令	足利将軍御内書幷奉書留
この頃	大森憲頼・式部少輔、相模河村城攻略		三村文書
8月22日		幕府、上杉教朝関東派遣にともない、小田一族へ足利満直に従うよう命令	真壁文書
この頃	箱根山合戦等、海道にて三回合戦あり		勝山小笠原文書、諸家文書纂
8月27日		幕府、憲実へ下国に驚いたこと、方々へ合力を命じたことを伝達	足利将軍御内書幷奉書留
8月28日		朝廷、持氏治罰綸旨を発給（日付は後付けか）	安保文書
同日		幕府、上杉教朝派遣に際し、小栗助重へ軍勢催促	古文書
同日		土岐持益、発向	公名公記
8月		上杉持房ヵ、江戸駿河守へ綸旨・御旗の警固を命令	喜多見系図
8月29日		幕府、小笠原政康被官へ出陣の遅引を譴責	武家雲箋
9月2日	小野寺朝通、小山持政と武蔵笠原に在陣		小野寺文書

9月10日	幕府軍、箱根・足柄へ
同日	遠江勢横地・勝間田、伊豆守護代寺尾憲明の案内にて箱根山越えを図るも、大森憲頼・箱根別当実雄により水呑にて敗退

同日		大森氏、憲実分国伊豆を拝領するも没落の風聞、鎌倉合戦の風聞あり	看聞日記、公名公記
9月5日		義教関東進発の風聞あり	看聞日記
9月6日	持氏、真言院に凶徒退治祈禱を命令		覚園寺文書
同日	持氏、円覚寺正続院領（相模・下総・常陸・上野・伊豆国内）に禁制を発給		円覚寺文書
同日	小笠原政康、関東へ出陣	幕府、小笠原政康に出陣の遅引を譴責	勝山小笠原文書
9月7日		義教石山辺まで下向の風聞あり	公名公記
9月8日	持氏、那須持資へ長沼・茂木氏と下野祇園城を攻略することを命令		那須文書
9月10日		甲斐将久、大和より関東下向か	看聞日記
同日		三条西公保、西園寺公名へ錦御旗の調進について尋ねる	公名公記
この頃	那須持資ら、下野祇園城を攻略		那須文書
この頃	鎌倉の禅僧ら、騒乱を避けて甲斐下向を図る		黄梅院文書
9月11日		竺雲等連、長尾景仲に乱による「寺院大抵破却」を訴える	黄梅院文書
9月12日		世尊寺行豊、持氏討伐の錦御旗銘執筆を命じられる	看聞日記

9月24日	尊仲、再び憲実との和議に反対
	足柄路の幕府軍、相模西郡に至る
	持氏、相模西郡方面へ上杉憲直らを派遣
9月27日	上杉憲直ら、相模早川尻で幕府軍と激突し、敗退
9月29日	持氏、武蔵府中より分倍河原・関戸を経て相模海老名道場へ着陣

同日		斯波持種・一色義貫、大和より上洛ののち近日関東下向	看聞日記
9月14日		義教、水無瀬社に持氏打倒の願文を捧げる	水無瀬宮文書
9月16日		持氏討伐の錦御旗、加持ののち調進の者が定まらず	看聞日記
同日		斯波持種・甲斐将久ら、関東へ下向	看聞日記、公名公記
9月18日		熱田大宮司千秋季貞、東国出征を命じられる	看聞日記
19日		持氏治罰綸旨・錦御旗出されるとの風聞あり	公名公記
この頃	憲実、某所で合戦し、勝利		勝山小笠原文書
この頃	武田信重、跡部掃部助らの協力により甲斐入国		足利将軍御内書幷奉書留
9月21日		義教、進発を計画するも、管領細川持之らにとどめられる	師郷記
9月24日		遠江国人大谷氏、大森氏撃破の注進、届く	看聞日記
9月27日	相模小田原・風祭合戦、今川中務大輔、上杉憲直を捕縛(のち別人と判明)		足利将軍御内書幷奉書留

	千葉胤直、持氏に諫言を聞き入れられず、離叛して深大寺原を経て下総市川へ着陣
	義久・満貞、鎌倉を出立、境川にて持氏と対面
10月2日	持氏方木戸持季、相模八幡林に着陣
	幕府軍四条上杉持房、相模高麗寺に着陣
10月3日	義久、鎌倉に還御
同日	鎌倉留守役三浦時高、持氏方を離叛して三浦へ退く
10月4日	一色直兼・持家、離反者多発により、上野より相模海老名陣へ合流
同日	憲実、軍勢を率いて上野を出立

10月1日		幕府、小笠原政康の帰国をとどめる	勝山小笠原文書
この頃	真壁朝幹、海老名より義久の警固を命じられる		真壁文書
	筑波玄朝、上野神流川より相模海老名陣へ		筑波潤朝軍忠状
この頃	筑波玄朝、海老名より鎌倉警固を命じられ、鎌倉へ		筑波潤朝軍忠状
この頃	越後長尾実景、上野に着陣		上杉家文書
10月5日		越後上杉房朝、憲実合力のため越後へ下国	師郷記
10月7日		箱根城合戦にて上杉憲直・憲家討死の風聞あり	看聞日記
10月10日	小笠原政康宛て幕府御教書、上野板鼻へ下着		勝山小笠原文書

10月17日	三浦時高・二階堂氏ら、鎌倉を襲撃
10月19日	憲実、武蔵分倍河原に着陣
	持氏方、離叛者続出
	二階堂盛秀、海老名陣より逐電
11月1日	三浦時高・扇谷上杉被官・二階堂氏ら、鎌倉大蔵御所を攻め、義久・大御所は扇谷に避難

同日		上杉憲直（別人）らの首、上洛	看聞日記、公名公記
同日		官軍、鎌倉焼き打ちの注進、届く	看聞日記
10月12日	某、金沢大宝院に禁制を発給		新編武蔵国風土記稿
10月13日		持氏没落・逐電の風聞あり	公名公記
10月18日		持氏没落、一色直兼切腹の注進、届く（のち虚説と判明）	看聞日記
この頃	越後長尾実景、憲実とともに武蔵府中に着陣		上杉家文書
10月19日	憲実、鎌倉浄光明寺に禁制を発給		寺院証文二
	真壁朝幹、京都上命を聞き海老名陣より離叛		真壁文書
	真壁朝幹、鎌倉山内の長尾勢に投じる		真壁文書
この頃	越後長尾実景、某所で合戦		上杉家文書
10月28日	持氏方宇都宮某、討死か		看聞日記
10月30日		持氏、武蔵入間川に在陣し、憲実と対峙の注進	看聞日記
11月1日	公方御所焼き打ち、鎌倉中焼亡		看聞日記

11月1日	長尾忠政、鎌倉警固のため武蔵分倍河原より鎌倉へ	同日	筑波玄朝、小八幡社頭にて大御所・義久を警固し、扇谷へ移動		筑波潤朝軍忠状
		同日		幕府、結城白河直朝に軍勢催促	國學院大學白河結城文書
11月2日	持氏、鎌倉を目指す途次の相模葛原にて長尾忠政と遭遇し、讒臣の処分を約して和睦				
	持氏、鎌倉永安寺に入らんとするところ、鶴岡社前にて三浦被官に妨げられ、浄智寺に入る				
	持氏、永安寺に移る		持氏、安養寺（ママ）に籠居		看聞日記
11月4日	持氏、武蔵金沢称名寺に移る				
11月5日	持氏、剃髪し、揚山道継と号す				
		11月6日		幕府、越後長尾実景に憲実へ意見したことを賞する	上杉家文書
11月7日	長尾忠政、金沢に上杉憲直・一色直兼らを攻め、自害させる		上杉憲直・憲家・一色直兼・海老名氏ら討死		看聞日記、公名公記
	榎下上杉持成（憲直次男）、山内徳善寺にて自害		真壁朝幹、金沢騒乱の際、山内警固のため円覚寺大義庵に在陣		真壁文書
	三戸治部少輔、長尾出雲守に攻められ、永安寺平雲庵にて自害				
	海老名尾張入道、六浦引越道場にて自害				

	海老名季長、扇谷上杉被官に攻められ、扇谷会下海蔵寺にて自害
	尊仲、捕縛される（誅殺されるか）
11月11日	持氏、永安寺に移る
	憲実、持氏の助命を幕府に嘆願

この頃	持氏、出家		看聞日記
11月16日		西園寺立間公広、関東へ進発	公名公記
11月17日		西園寺松葉熊満、関東へ進発	公名公記
11月21日		9月の上杉憲直討死は虚説と判明	看聞日記
11月27日	持氏、佐野越前守・六郎の戦功を賞する		常陸遺文二
12月5日	幕府、憲実に持氏処分の遅引を譴責		足利将軍御内書幷奉書留
12月8日		上杉憲直らの首、京着	看聞日記
同日		憲実、持氏・義久の助命を嘆願	看聞日記
12月9日		上杉憲直・憲家・一色直兼・海老名氏らの首、京都六条河原にかけられる	看聞日記
12月11日	篠川公方満直、憲実へ長沼次郎の戦功を取り次ぐ		皆川文書
同日		関東静謐により、諸人室町殿へ群参、御免あり	看聞日記
12月12日	武田信重、某所で合戦か		足利将軍御内書幷奉書留
12月15日		憲実、再び使僧（瑞禅か）を遣わして幕府に持氏の助命を嘆願	看聞日記、建内記

永享11年			12月21日	憲実、長沼次郎の相続を了承		皆川文書
			正月23日		鶴岡別当尊仲、誅殺される	師郷記
			この頃	幕府方、甲斐逸見氏を誅伏		薩戒記
			閏正月	憲実、足利学校に条目を定める		榊原家所蔵文書
			閏正月11日		幕府、東寺へ関東静謐の祈禱を命令	東寺百合文書
			閏正月24日		幕府、小笠原政康に柏心周操の派遣を伝え、幕府軍とともに持氏を誅罰することを命令	勝山小笠原文書
			閏正月25日		幕府、柏心周操を関東に派遣	師郷記
			同日		幕府、小笠原政康の戦功を賞する	勝山小笠原文書
	2月10日	持氏・叔父満家(もと満貞)、上杉持朝・千葉胤直らに攻められ、永安寺にて自害	2月10日	持氏、自害		武家書簡、師郷記、東寺執行日記、建内記
			この頃	越後・信濃勢、下国		武家書簡
			～2月	筑波玄朝、当参		筑波潤朝軍忠状
			2月10日	長尾某、西谷下野守に相模藤沢への出陣を命じる		武家書簡
			2月11日	満直、憲実へ長沼淡路守を許容すべきでないことと長沼次郎の忠節を伝える		皆川文書
			2月20日		義久を関東で誅殺するか、京都に送るかの注進、届く	建内記
	2月28日	義久、報国寺にて自害	2月	義久、誅殺される		師郷記、公名公記

	6月28日	憲実、永安寺にて自害を図る	
	2月29日	佐竹義人、大山義俊へ下野茂木郷一方への入部を命令	秋田藩家蔵文書七
	6月28日	憲実、永安寺にて自害を図る	師郷記

1　永享九年の騒動

冒頭で述べたとおり、永享の乱の始期は、上杉憲実が下国し、足利持氏がその追討の兵を出し、ついで幕府が持氏追討の兵を動かした永享十年八月のこととされている。しかし、その前段として重要なのが、永享九年の一連の騒動である。以下、まずは『持氏記』よりその流れを見てみたい。

永享九年四月、公方持氏は信濃守護小笠原政康と対立した信濃国人村上頼清を救援すべく、公方近臣の榎下上杉憲直を幕府管轄国の信濃に発向させようとした。ところが、これが実は信濃発向ではなく憲実討伐のための兵であるとの風聞が立ち、六月、警戒した憲実の被官が結集して、鎌倉は騒然とした状態となった。この事態に大御所（持氏母一色氏）も鎮静化にのり出すが収まらず、持氏は近臣の処分により憲実との和解を図ることとなった。六月十五日、上杉憲直・憲家父子を相模藤沢（現神奈川県藤沢市）へ退去させ、七月二十七日には公方近臣の筆頭ともいうべき一色直兼を相模三浦（現神奈川県横須賀市内か）に蟄居させた。この間の七月二十五日、憲実は七歳の嫡子を分国上野に下向させたという。持氏側も憲実に被官大石憲重と長尾景仲の退去を迫ったが、拒絶された。八月二十七日、憲実はようやく持氏と和解し、求めに応じて関東管領に復職したが、管領と兼帯である武蔵守護の職務は行わなかったという。

これについて一次史料を見ると、京都の伏見宮貞成親王の日記『看聞日記』に次のような記事がある。

【史料1】『看聞日記』永享九年五月六日条

六日、晴、（中略）信濃事落居又破、関東合力勿論、管領《上杉(憲実)》職辞退云々、天下式旁驚存者也、

【史料2】『看聞日記』永享九年七月三日条

三日、晴、（中略）又関東上杉《管領(憲実)》為京方致諫言之間、欲被退治、已及合戦、而上杉勝軍之由注進云々、

【史料1】には、信濃への軍事介入をめぐって持氏と憲実との間に軋轢が生じ、憲実の関東管領辞職に至ったこと、【史料2】には、憲実が幕府寄りの諫言をしたために持氏の怒りを買って合戦に及び、上杉方が勝利したことが記されている。このうち、実際に合戦があったかについては、他に徴証がなく定かでないが、信濃介入問題が両者の発火点となり、永享九年四月末から六月頃に対立が軍事衝突に達しかねない段階にあったこと、その事態が憲実の管領辞職を経つつ、上杉方有利の形勢で進んだことはうかがえよう。

では、この永享九年に東国では実際どのような事態が生じていたのか。これについて近年興味深い指摘を示しているのが、冒頭でも紹介した呉座氏の研究である。呉座氏は、長尾ヵ憲景譲状（神六〇四五）(6)にある「去永享九年大乱仁、於藤沢御陣、御屋形様江憲景奉公刻」の文言に注目し、「御屋形様」を憲実に比定して、永享九年における憲実の藤沢出陣の事実を指摘した。憲実が、藤沢に退去した上杉憲直父子を討つべく発向したととらえたのである。さらに次の【史料3】を永享九年に比定して、鎌倉の騒動と結びつけることで、このときの状況をより一層鮮明にした。

【史料3】上杉憲実書状（「小林文書」、埼叢四六二）(7)

就鎌倉中雑説、度々御出陣、喜入候、殊去八月一日被馳上候処、依一途属無為候、自武州入間河帰国之由、
憲明(長尾)令註(注)進候、誠以感悦無極候、恐々謹言、

九月廿一日　憲実(上杉)（花押）

小林尾張守殿

在国していた上野国人小林尾張守は、「鎌倉中雑説」を耳にして度々鎌倉に馳せ上ろうとした。特に七月末頃の「雑説」は急を要したようで、八月一日に武蔵入間河（現埼玉県狭山市入間川）まで来たが、「無為」となったので上野へ引き返したという。その行動について憲実から感状を受けたのであった。

この「鎌倉中雑説」にともなう小林尾張守の鎌倉馳参（未遂）が、『持氏記』の憲実被官の鎌倉結集に一致し、二次史料の内容が一次史料によって裏付けられるのである。さらに、小林尾張守の出陣が「度々」であったように、この時期の「鎌倉中雑説」が一度ならず断続的に起きていたことがうかがえる。永享九年の四月から八月の比較的長期にわたって、鎌倉を中心に関東で緊迫した状態が続いたのである。先述のとおり、このときの軍事衝突の徴証は見いだせないが、憲実が持氏の近臣を失脚させ、持氏の要求を拒絶し、和睦交渉を終始受け身に行ったと『持氏記』に描かれているように、憲実側の優勢のまま事態が進行したと考えられる。そのことが京都に上杉方の勝利として伝わったのであろう。なお、信濃国内の争乱は、八月中旬までに村上方の降伏によって落着したようで[8]、これが持氏方と憲実方の対立のきっかけに過ぎなかったことがわかる。

2　義久の元服と憲実の下国

翌永享十年六月、持氏の嫡子賢王丸（義久）の元服をめぐって、持氏と憲実は再び対立する。『持氏記』には次のように描かれている。

元服にあたって、先例どおり京都の将軍より一字を賜ることを憲実は進言したが、持氏は聞き入れないどころか、恩赦として退去させていた近臣一色直兼・上杉憲直を復帰させた。さらに、その席上で憲実を討つとの風聞もあったため、憲実は病気と称して出仕せず、代わりに弟重方を出席させた。遺恨を抱いた憲実を宥めるため、持氏は元服したばかりの義久を憲実の許に預けることとしたが、これに鶴岡八幡宮若宮別当の尊仲が反対。宥和工作は頓挫してしまった。

八月十二日、憲実の家宰長尾芳伝（忠政）や扇谷上杉持朝、千葉胤直らが憲実と和睦するよう持氏に進言したが、持氏は聞き入れなかった。それどころか、放生会の喧騒に乗じて十六日に武州一揆が鎌倉に攻め上り、奉公・外様の者たちとともに山内の憲実亭を襲撃するとの風聞も流れ、両者間の緊張の度は弥増した。

憲実は、主君と対立することとなってしまった苦悩から自害を図るが、被官たちに押しとどめられ、重臣長尾実景・大石重仲の説得により、相模河村館（現神奈川県足柄上郡山北町山北）かいずれかの地へ下国して野心のない旨を釈明することとした。ただし、下国先は、相模河村館では上杉氏の分国伊豆の国境に近く、もし交渉が決裂した際に伊豆に移ったら、幕府に通じていると疑われるため、もう一つの分国上野が選ばれた。八月十四日夜、憲実は扇谷上杉持朝・庁鼻和上杉性順・長井三郎入道・小山持政・那須太郎らとともに上野へ下国した。

これらについても、一次史料と照合してみたい。まず『看聞日記』には次のようにみえる。

【史料4】『看聞日記』永享十年八月二十二日条

廿二日、晴、（中略）関東又物忩云々、鎌倉若公《（足利義久）》元服事、管領上杉《（憲実）》為申沙汰、自公方《（足利義教）》執御沙汰治定之処、改其儀於鶴岡八幡宮御沙汰云々、京都御敵対露顕、管領失面目、結句可被討云々、已及合戦云々、巷説不分明、

義久の元服をめぐって憲実と鶴岡八幡宮（別当尊仲）の間で確執があり、それが持氏の幕府に対する敵対を意味して、憲実の失脚に至ったことは、『持氏記』とも一致し、おおよそ事実とみなしえよう。ただし、これらの時期については、『持氏記』に義久の元服が六月、和睦交渉の破綻と憲実の下国が八月中旬とあるものの、一連の話が京都に届いたのは八月下旬であり、この間どう推移したのかは詳らかでない。

この点、幕府の発給文書が手がかりとなる。七月晦日、幕府管領細川持之は関東の情勢を幕府に注進していた駿河守護今川範忠へ、「合戦事必定候者、雖不及注進、不日可有合力安房守《（上杉憲実）》之由、被仰出候」[9]（神五九三四）と、有事の際には迅速に対応せよとの将軍義教の命令を伝えている。八月一日には、篠川公方足利満直の執事高南伊予入道へ「上杉安房守《（憲実）》身上之事、及難儀候者、可有御合力候趣、先度内々被仰訖、於于今者定被致其用意候哉、然間関東時宜近日可及合戦之由、其聞候、不日被相催郡御勢、可有御合力安房守旨、被仰出候」（神五九三五）と伝え、同月八日には、石橋・懸田・伊達・猪苗代氏以下、南奥の領主十二氏へ篠川公方満直に属して憲実に合力すべきことを命じている（神五九三六）。このうち伊達持宗へは、十三日に重ねて「上杉安房守《（憲実）》下国之上者、不廻時日可有発向候」と命じている（神五九三七）。関東の混乱を注視して、かねてより情報収集に努めていた幕府は、七月末には対立が決定的であり、開戦が不可避であることを予想し、軍事行動の準備を進めていたのであった。

右の十三日付伊達持宗宛ての一文は、「もし憲実が下国したならば……」といった仮定の意ではなく、「すでに

憲実が下国した以上……」と、既成事実を表すものと解釈すべきだろう。関東から京都への情報伝達日数を考えれば、憲実の下国は『持氏記』にある八月十四日ではなく、遅くとも八月初旬であったのではないだろうか。八日付南奥十二氏宛ての軍勢催促には「上杉安房守《(憲実)》御合力事、属佐々河殿《(足利満直)》御手、可令致忠節」とあるばかりで、「合戦事必定候者」や「上杉安房守身上之事、及難儀候者」といった文言は付されていない。これも、八月初旬には持氏と憲実の関係破綻、憲実の下国がすでに現実化していたからと考えられる。

以上のように考えれば、持氏方の筑波別当玄朝が七月二十四日に常陸筑波（現茨城県つくば市筑波）を出て、持氏のもとに当参した（後掲【史料5】）のも、憲実下国直前、鎌倉の軍事的緊張が最も高まっていた状況に応じての行動であったと推測される。

憲実の下国先は、八月二十七日付憲実宛て幕府管領細川持之書状に「上州不《(下)》国事、被驚思召候由、被仰出候」（神五九四二）とあり、『持氏記』にあるとおり上野国内と判明する。のちに援軍の信濃守護小笠原政康と上野板鼻（現群馬県安中市板鼻）で合流していること（後述）から、守護所があったとされる板鼻[10]に下ったと考えられる。『持氏記』にあるような名聞を気にしてというより、やはり同族（憲実にとっては実家）の越後守護上杉氏との連絡を重視してであろう。しかし、将軍義教が「被驚思召」たように、憲実の下国先が上野であったことは、幕府には想定外であった。菅原氏は、当初相模河村が下国先の候補であったという『持氏記』の記述も引きつつ、幕府との打ち合わせでは憲実の下国先は上野ではなく、幕府と連携しやすい伊豆だったのではないかとしている。さきの伊達持宗宛ての一文にあるとおり、憲実の下国は幕府にとって軍事介入の合図であり、そのために幕府や憲実や親幕府派諸勢力と連絡を密にして、持氏討伐の準備を周到に進めていたのであった。だが、その幕府にとっても、想定外なことが身内からも起こりながら事態は進んだのである。

3　開戦――一色勢の北征と持氏の府中御陣

憲実の上野下国を知った持氏方は、すぐさまこれを追討する方針を定め、御旗を授けられた一色直兼・同持家の両大将は、十五日夜、鎌倉を出立し、上野へ向かった。翌十六日、持氏も鎌倉を発って武蔵府中高安寺（現東京都府中市片町）に着陣した。一方、下国する憲実を阻もうと、武州一揆が武蔵雷坂（現埼玉県児玉郡美里町中里か）に陣をとって待ち構えていたが、憲実の交渉により道を開け、憲実を通した。以上が、『持氏記』に記された持氏の憲実討伐開始、すなわち永享の乱開戦直後の様相である。

この一色直兼・持家の上野発向と持氏の府中在陣については、次の史料からもうかがえる。常陸筑波山の別当潤朝の享徳の乱に関する軍忠状で、享徳四年（一四五五）と年代はやや下るものではあるが、一箇条目には永享の乱における潤朝の父玄朝の行動が記されている。

【史料5】筑波潤朝軍忠状案写（「古証文二」、神六一八七）の一箇条目

一、去永亨〔享〕十年七月廿四日、亡父玄朝罷出在所、同八月十五日、武州府中御発向令供奉、従府中属一色刑部少輔〔持家〕手、上州カンナ〔神流〕河ニ在陣仕、其後海老名御陣江参、従御所中可致警固旨、蒙仰間、鎌倉江罷上、同十一月朔日、当大御所様〔足利持氏母一色氏〕・若君様〔足利義久〕於小八幡社頭警固申、自其而扇谷江御出、以我等之手計供奉申、其時当大御所様御モリニハ家人又次郎男参候、御感ニ下賜御衣、其後亡父玄朝至于翌年二月令当参訖、

七月二十四日の行動については先述した。その後、筑波別当玄朝は、八月十五日に持氏の府中発向に供奉し、

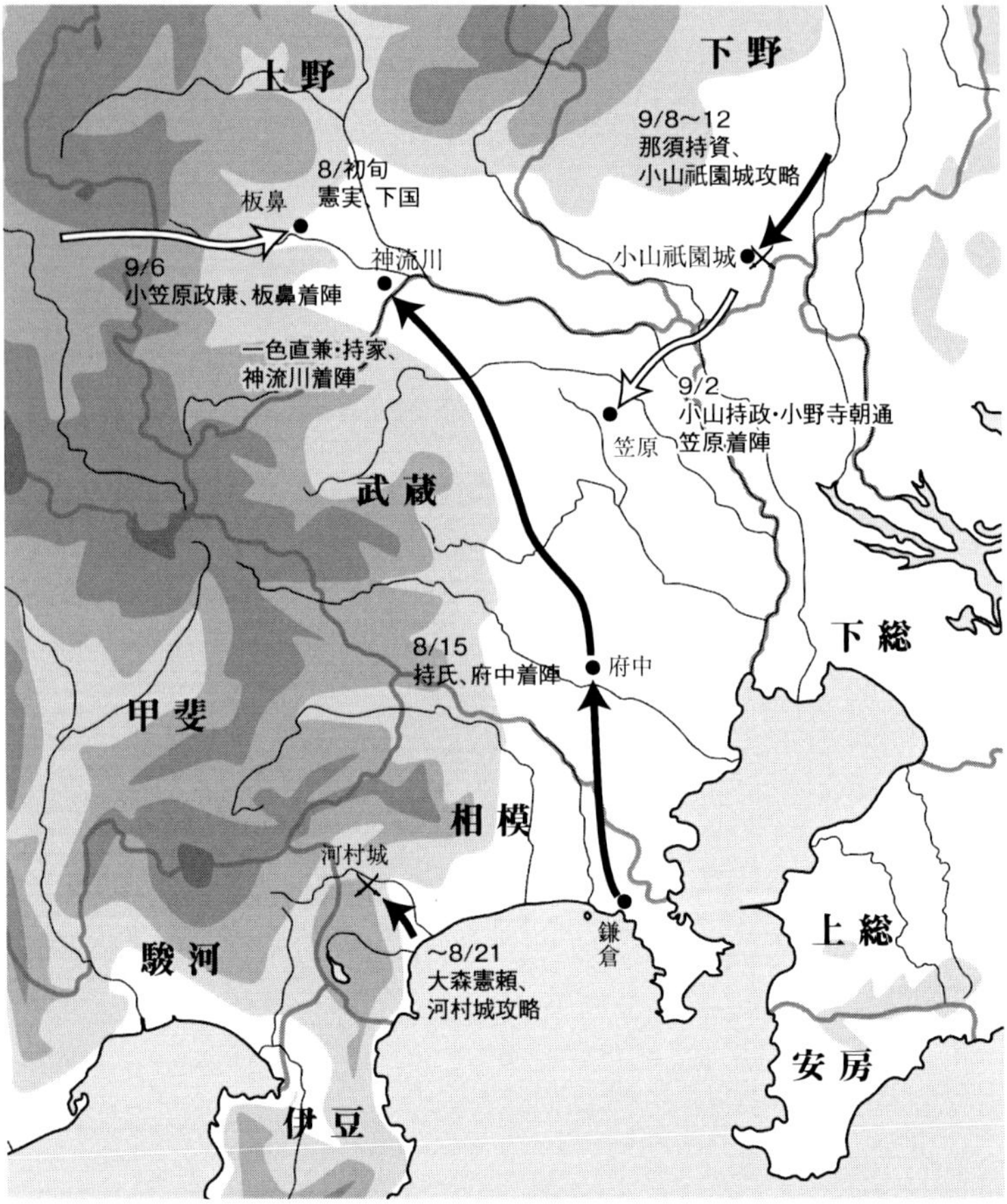

図1　永享の乱序盤関係地図（黒矢印は持氏方、白矢印は幕府・上杉方の動向。日付はすべて永享10年。以下同。）

そこから一色持家にしたがって上野神流川（現群馬県藤岡市・高崎市新町周辺か）に在陣したという。海老名御陣以下については、後に触れる。

持氏の府中着陣については『持氏記』と一日の違いがあるが、持氏と一色持家らがほぼ同時に発向したこと、一色勢が上野南端の神流川まで進攻したことがうかがえる。『持氏記』の記述に従えば、持氏は憲実下国の翌日から早々に軍事行動を展開したこととなるが、さきに見たように憲実の下国がややさかのぼるとなると、持氏がそこまで迅速な対応をしたわけではなく、発向まで半月ほどを要した、ということになる。(11)

武蔵府中は鎌倉街道上道の要衝であり、小山義政の乱以来、鎌倉府の軍勢結集地点として機能した。(12)この持氏の府中御陣も、周辺諸国の軍勢を結集すると同時に、上野の上杉勢や、後述する武蔵北東部・下野方面の上杉方への対応を意図したものであっただろう。

このほか一次史料からは、『持氏記』には描かれていない開戦直後の様々な事態がうかがえる。

持氏方の大森憲頼・同式部少輔は、八月二十一日以前に相模河村城を攻略している（神五九七四）。河村城（館）は東海道足柄路を抑える要害であり、憲実の下国先の候補となるなど、幕府との連携も可能な上杉方の重要な拠点であった。持氏方は早々にこの拠点を攻略することで、上杉方と幕府の分断を図ったと考えられる。大森氏は駿河を本貫としながら、持氏政権下で相模西部に進出し、相模・伊豆・駿河国境地帯の防衛を期待されたという、この地域の領主である。(13)

対する幕府方は、八月中旬に、甲斐守護武田信重を甲斐に入国させて、信濃の守護小笠原政康や諏訪氏にその扶持を命じ（神五九三八・五九三九）、駿河東部に今川貞秋を入国させて、狩野・葛山氏ら駿河国人にその協力を命じた（静一八二五）。(14)二十二日・二十八日には、「関東事現形之間」「関東事既現形之上者」として京都より犬懸上杉教朝を派遣して、常陸小田・小栗氏に出陣を命じている（神五九四〇・五九四三）。また、このころ、美濃守護土岐持益も関東に発向したという。(15)後述するが、持氏治罰の綸旨は八月二十八日付けで出されていることからすると、幕府軍の正式な発向の日と定められたのはこの日だったのであろう。このように、幕府は、鎌倉府管轄国内外に戦時体制を構築するとともに、中央からの持氏討伐軍の派遣を進めたのである。

このうち、小笠原政康は出陣が遅延し、幕府からたびたび譴責を受けていたが、九月六日にようやく出陣した（神五九五一・五九五二）。幕府の対応が迅速だったとはいえ、幕府方の出陣がスムーズではなかったことをうかがわせる。なお、政康の出陣が憲実から幕府に注進されていることから、憲実と政康は同所にいたことが推測され、その在所は政康宛て幕府管領奉書が下着している上野板鼻（神五九五三）であったろう。

下野・武蔵北部方面でも、次の史料から幕府・上杉方の行動がうかがえる。

【史料6】小野寺朝通申状案（「小野寺文書」、埼叢四六一）

小野寺太郎朝通謹申

右、自今月二日、就笠原致出陣、与小山《(持政)》於一所在陣仕者也、然者、朝通本領小野寺七ヶ村等所々之事、無相違令知行之、弥為抽忠節、恐々言上如件、

永享十年九月十一日

下野国人小野寺朝通は、九月二日より小山持政とともに笠原に在陣していた。笠原は武蔵国埼西郡笠原（現埼玉県鴻巣市笠原周辺）であろう。小山—古河—武蔵東部を進む鎌倉街道中道から上道方面へ南西にそれたあたりに位置する。小山持政は、『持氏記』に憲実とともに下国したとあり、小野寺朝通とともに上杉方としての行動と見なされる。小山持政の下国後の行動は不明だが、本拠下野小山（現栃木県小山市）に帰っていたのであろうか。その後、鎌倉街道上道を北進する持氏方一色勢に対し、小野寺氏らとともに南下してこれを牽制したと考えられる。ところが、当主持政が留守中の小山祇園城（現小山市城山町）は、持氏方の攻撃にさらされていた。九月八日、

下野の那須持資は持氏より同国の長沼・茂木氏とともに祇園城を攻め落とすことを命じられ（神五九七六）、十二日までにこれを攻略している（神五九七八）。このように、東海道・東山道ばかりでなく関東中央部でも、持氏や一色勢の動きに応じて戦乱が展開しつつあった。

4　小田原・風祭の合戦

こうして八月下旬までに、持氏方は持氏が武蔵府中に布陣し、一色直兼・持家が上野南部へ、大森氏が相模河村城を抑えて東海道の防衛線を固め、対する幕府・上杉方は、憲実が上野板鼻に布陣し、小山氏らが下野から武蔵北部へ、幕府軍が東海道・東山道両方面から関東へ、という構図ができていた。

ここでも、まず『持氏記』の描写より、八月下旬から九月の動向を見てみたい。

幕府から派遣された遠江国人横地・勝間田氏は、憲実の被官で伊豆守護代の寺尾憲明の案内のもと、東海道の難所箱根路を進んだが、九月十日、水呑（現静岡県三島市山中新田か同田方郡函南町箱根峠付近か）で持氏方の大森憲頼・箱根別当実雄（大森氏出身）に阻まれ、合戦となった。この箱根水呑合戦で横地は討ち死にし、寺尾憲明らは負傷して撤退した。『持氏記』にはないが、『永享記』にはその後、箱根路では幕府軍を退けた持氏方が、足柄路の防衛線は突破され、相模西郡まで幕府軍の侵入をゆるしたことが描かれている。

そのころ、武蔵府中の持氏の陣中では、下総守護千葉胤直が、持氏の嫡子義久を上野の憲実のもとに派遣して憲実と和睦することを持氏に進言し、自ら義久に供奉する役を買って出た。しかし、九月二十四日、千葉胤直が義久を迎えようとしたところ、憲実との和睦に反対する鶴岡別当尊仲と公方近習簗田河内守がこれを阻止したという。

持氏は東海道方面の幕府軍に対応するため、榎下上杉憲直に二階堂一族・宍戸持朝・海老名季長・安房国の軍勢をつけて、府中より箱根・小田原方面に派遣した。上杉憲直はもとより、宍戸持朝・海老名季長も持氏の重臣であり、この憲直勢が持氏本隊の主力を割いて編制されたことを思わせる。九月二十七日、上杉憲直の軍勢は、相模早河尻（現神奈川県小田原市の早川河口部周辺）で幕府軍と衝突した。結果、憲直は家人肥田勘解由左衛門尉・蒲田弥次郎・足立・荻窪らが討ち死にする損害を出し、敗退した。以上が二次史料の描写である。

一次史料によれば、九月六日、幕府管領細川持之は進発の遅れている小笠原政康へ、「既於海道三ヶ度及合戦畢」と言い送っており（神五九四六）、八月末から九月初旬に東海道方面ですでに両軍の衝突が始まっていたことが判明する。九月八日以前には、箱根山で合戦があり、将軍近習の曾我教康が参加している（神五九四七）。

これらの東海道方面の合戦については、次のように京都に情報が流れていた。

【史料7】『看聞日記』永享十年九月二日条

二日、晴、（中略）只今聞、関東事、且無為云々、参賀人々立帰、又進御剣云々、（中略）関東事、管領《上杉》（憲実）分国《伊豆》大森（憲頼）拝領、而大森城墎没落云々、且無為之由注進云々、仍其御礼云々、

これによれば、大森憲頼が持氏より憲実の分国伊豆を与えられたが、幕府・上杉方の攻撃によりその軍事拠点から没落したという。伊豆国拝領については他の史料より確認しがたいが、同地域における大森氏の存在の大きさが、京都でも認知されていたことを示していよう。九月下旬には、遠江国人大谷氏が大森氏を破ったことが京都に伝わっている(16)。

興味深いのは、【史料7】に「且無為」とあり、『公名公記』同日条にも「鎌倉合戦属無為」とあるように、一連の衝突の結果、幕府・上杉方勝利により収束したと京都で受けとめられていたことである。この合戦とは、先述の「於海道三ヶ度及合戦」を指しているのだろうか。しかし、戦線が動いたようすは見られないので、八月末から九月中旬頃にかけて、箱根・足柄周辺で両軍の一進一退の攻防が続いていた、というのが実態であろう。

そして、九月二十七日、小田原・風祭（現小田原市中心部か・同風祭周辺）で合戦があったことが、一次史料から確認される（神五九五五）。『持氏記』の早河尻合戦と同日であり、場所も近接しているから、この日、箱根東麓の小田原・風祭・早河尻一帯の広い範囲で両軍の大規模な衝突があったことがわかる。幕府軍は、九月下旬までに箱根・足柄の防衛線を突破していたのであった。この合戦で、幕府方の今川中務大輔は持氏方の大将上杉憲直を捕縛し、幕府より賞されている（同前）。

上杉憲直捕縛の情報は、「箱根城合戦」あるいは「於伊豆合戦」での憲直・憲重父子・箱根別当実雄の「討死」として京都に伝わっており、討ったのは斯波氏被官甲斐将久に属した曾我氏とも上杉民部少輔（四条上杉治部少輔持房か）ともされている[17]。憲直の首は十月十一日頃京都に到着し、六条河原に懸けられたが、のちにこれが偽物で、身代わりとなった若党の首であることが判明した[18]。情報は錯綜しながらも、幕府はこの戦勝を大きくとりあげたのであった。

一方の持氏方にとっては、大将憲直の生死すら危ぶまれる大敗であった。箱根・足柄の防衛線を突破されたうえ、持氏本隊の主力を割いた軍勢の敗北は相当の痛手となったと推測される。これにより東海道方面の軍事バランスは大きく変化し、持氏は対応に迫られることとなる。

5　将軍義教の出陣計画と治罰の綸旨・錦御旗

八月末より箱根・足柄周辺で両軍の攻防が続けられている間、京都では持氏討伐の準備が着々と進められていた。八月二十八日、土岐持益が発向したのをはじめ(19)、大和の内乱鎮圧より帰還した斯波持種と同氏本宗家被官の遠江守護代甲斐将久が九月十六日に関東へ進発し(20)、一色義貫や熱田大宮司千秋季貞らも東下が命じられている(21)。先述のとおり、信濃守護小笠原政康は九月六日に上野へ出陣し、九月末頃には、国人跡部氏らの支援により、甲斐守護武田信重の甲斐入国が実現した(22)。十月五日には、越後守護上杉房朝が憲実支援のため本国越後へ下向している(23)。幕府は、軍勢を東海道方面に投入するとともに、甲信越各方面から関東へ軍事的圧力をかける態勢を整えたのである。

これと並行して進められたのが、将軍足利義教自身の出陣計画と持氏の朝敵化である。箱根・足柄周辺の攻防が京都に伝わる九月初旬には、義教ははやくも出陣する意向を見せ、公家の間でも近江石山への義教出陣が噂されている(24)。

持氏治罰の綸旨と錦御旗の用意も進められた。その初見は、八月日付け江戸駿河守宛ての「右京大夫持房」（四条上杉中務少輔持房か、幕府管領細川右京大夫持之か）書状写（埼叢四五八）にある「就持氏（足利）御退治事、綸旨幷御旗之為堅固、従　上意被仰出候」の文言だが、系図史料所載の文書であり、発給者に不明な点も残るなど、扱いにはなお検討を要するように思われる。確実な初見は、次の【史料8】であろう。

【史料8】『公名公記』永享十年九月十日条

十日、晴、（中略）按察卿（三条西公保）状到来、如此、不得才学之由、則返答了、

何条御事令見繕候哉、
抑雖不思寄申状候、錦旗事、聊不審子細候、其躰如何様候哉、又誰人調進候哉、無心元候、若御才学候者、
可被注下候、隠密事候、不可有御外聞、尊報可被勘下候、巨細猶期面上候也、恐惶謹言、
九月十日　　　　公保
（公名）西園寺殿
（頭書）「袖書
尚々御文書中被撰御覧候者、早々可示給候者、返々不慮題目、可有御隠密候、」

九月十日、権大納言三条西公保は内大臣西園寺公名に錦御旗について、どういうものなのか、だれが調進するのかを問い合わせた。その公保書状に「隠密事候、不可有御外聞」「返々不慮題目、可有御隠密候」とあるように、錦御旗の準備は内々に進められていたことがうかがえる。問い合わせを受けた西園寺公名も、後掲【史料9】に「先日公保が尋ねてきたのは、もしやこれに関連してだろうか」と記しているように、このときはこれが持氏討伐のものであるとは思っていなかったようである。

その後、世尊寺行豊が将軍義教より御旗銘を書くことを「密々」に命じられ、十六日にこれを幕府奉行人飯尾為種へ提出した(25)。錦御旗自体をだれが調進するのかについては官務・外記も先例をわきまえていないなど多少混乱があったが(26)、十九日までに綸旨・錦御旗いずれも調ったことが、次の【史料9】からうかがえる。

【史料9】『公名公記』永享十年九月十九日条
十九日、晴、巷説云、武家鎌倉左兵衛督（足利）持氏為退治、被申下治罰　綸旨幷錦御旗云々、為之如何、先以所驚聞也、

但当時荒説不可勝計、錦旗事、先日都護（三条西公保）相尋之、若如此所用歟之由、所推量也、
（頭書）「綸旨案武家持来之間、無何続之、」
被　綸言偁、従三位源朝臣持氏累年忽朝憲、近日興檀兵、匪啻失忠節於東関、剰是致鄙背於上国、天誅不可逭　帝命何又容、早当課虎豹之武臣、可令払犲狼之賊徒者、
綸言如此、以此旨可令洩申入給、仍執達如件、
　　永享十年八月廿八日　　　　左少弁資任（烏丸）奉
謹上　三条少将殿（正親町三条公綱）

綸旨が八月二十八日にさかのぼって発給されているのは、先述のとおり幕府軍第一陣の発向や軍勢催促に合わせてであろう。[27]錦御旗は、のち篠川公方足利満直に下されたが、[28]真壁朝幹は「属上杉安房守（憲実）手、致綸旨・御旗宿直警固」[29]と称しており、綸旨・錦御旗は憲実のもとにも下されていた。[30]武蔵国人安保氏の家伝文書にも、【史料9】と同文の綸旨案文（神五九四二）が収められていることは、綸旨が東国で広く回覧されていたことを示す証左であろうか。

かくして、幕府は持氏討伐について天皇権威による裏付けを獲得し、これを単なる地方の争乱や武家同士の抗争から、国家レベルの戦争へと押し上げたのである。その背景には、大和越智・箸尾氏、大覚寺義昭（義教弟）、後南朝等の叛乱に同時に対応しなければならなかった、幕府の窮状もあったという。[31]京都で幕府・上杉方の捷報ばかりが出回っているのも、こうした幕府の苦境の裏返し、すなわち、幕府が優勢を喧伝することで永享の乱の鎮圧を早期に行い、その他の叛乱を未然に防ごうとした、と見ることもできよう。

しかし、西園寺公名が「但当時荒説不可勝計」とすぐさま事実とは受け止めえなかったように、綸旨と錦御旗の登場は、公家社会においてかなりの衝撃であった。公武を巻き込んだ事態は、公家社会の人々を「是関東御退治為朝敵御征伐云々、已重事也」「天下重事就惣別驚入者也」[32]と驚かせるのに十分であった。幕府が約五十年ぶりに綸旨と錦御旗を引き出したことで[33]、永享の乱が「天下重事」として一層強く認識されたのである。その後、京都では幕府・上杉方が「官軍」[34]と呼ばれている。

九月十四日に水無瀬社に願文（神五九四九）を捧げて、持氏討伐の思いを新たにした義教は、治罰綸旨も錦御旗も調った二十一日、再び自身の出陣を周囲に命じた。公武において持氏討伐の体制が万全に整ったところで、改めて自身の出陣の機は熟したと見たのだろう。しかし、管領細川持之・山名持豊・赤松満祐らが懸命に諫止し、義教は思い留まったという[35]。義教が並々ならぬ意欲で持氏討伐に臨んでいたことがうかがえる。

6　海老名御陣

一方、九月二十七日、小田原・風祭合戦での大敗で痛手をこうむった持氏は、いかに対応したのか。ここでもまず『持氏記』の記述から前後のようすを見てみたい。

合戦から二日後の九月二十九日、持氏は相模海老名道場（宝樹寺（廃寺）、現神奈川県海老名市河原口）に陣を移した。このとき、憲実との和睦を進言したものの、鶴岡別当尊仲に阻止された千葉胤直が、持氏のもとを離れた。武蔵府中からなかなか動こうとしない千葉胤直を、持氏は海老名に移る途次、武蔵分倍河原（現府中市分梅町周辺）より急かしたが、持氏が関戸（現東京都多摩市関戸）を通過するころ、胤直は持氏にしたがわず、武蔵深大寺原（現

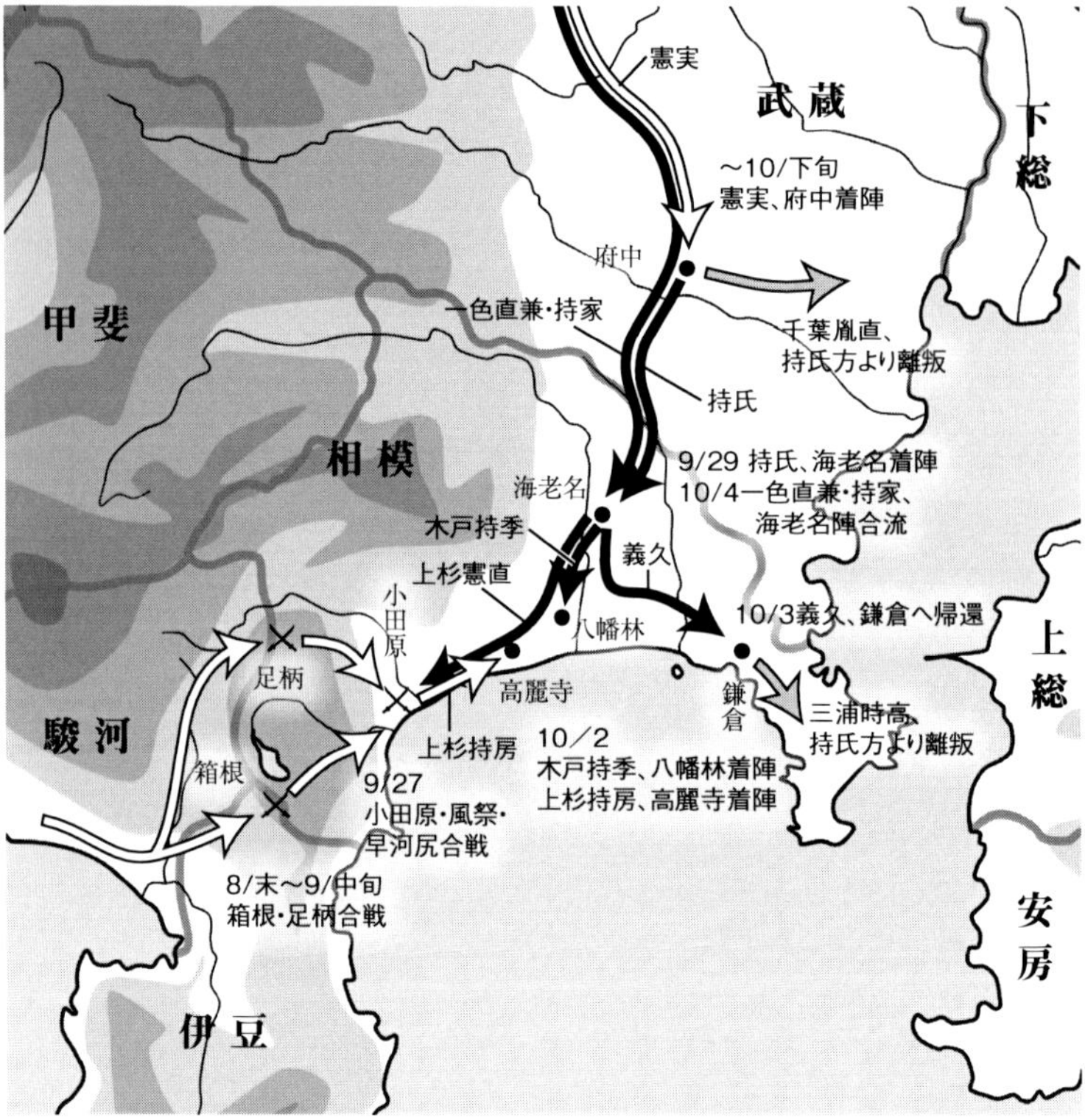

図２　永享の乱中盤関係地図（灰色矢印は持氏方離叛者の動向）

東京都調布市深大寺元町周辺）を抜けて下総市河（現千葉県市川市市川）に移った。

　同じ二十九日、持氏の嫡子義久と叔父満貞（もと稲村公方、「二橋上方」）が鎌倉を発ち、境河（比定地不詳）にて持氏と対面した。十月三日、義久は鎌倉に帰った。

　十月二日、持氏が木戸持季を大将とする軍勢を相模八幡林（現神奈川県平塚市東八幡周辺）に配置すると、幕府方は大将四条上杉持房が相模高麗寺（現神奈川県中郡大磯町高麗）に陣を張り、両軍は相模川下流西岸で対峙した。東海道方面の戦線は、相模西部から同中央部へと移動したのである。続く十月四日、憲実を追って上野に出陣していた一色直兼・持家が、離叛者の続出により撤退して、持氏の海老名御陣に合流した。ここに、上武方面の北部戦線は消滅した。かくして持氏方は、千葉胤直以下の離叛をゆるすとともに、各方面の戦線を著しく縮小させたのである。

対する憲実は十月六日、ようやく上野を出立して南下し、十九日、武蔵分倍河原に着陣した。憲実のもとには「奉公・外様」、多くの武士が参じたという。ここに『持氏記』は、決定的な形勢逆転を描いている。

こうした『持氏記』の記述を裏付けるのは、前掲の【史料5】と次の【史料10】である。【史料5】によれば、持氏方の筑波玄朝は、一色持家にしたがって在陣していた上野神流川より海老名御陣に参じ、のち持氏に鎌倉警固を命じられて鎌倉に上ったという。

【史料10】真壁朝幹代皆河綱宗重申状写（『真壁町史料 中世編Ⅰ』所収「真壁文書」一一九号）の二箇条目

一、朝幹今度進退事、最前馳参、自海老名御陳(陣、以下同)、若君(足利義久)為警固被差置云々、如令初問言上、都鄙御間事者、曽以不存知、持氏(足利)与安房守(上杉憲実)御間、為子細由承上者、国中同心仕、持氏江馳参条、勿論也、上与下非可令比量哉、国々軍勢参陣段、不限一人、雖然其以後為京都上命之由、承及間、自海老名鎌倉山内江馳越、長尾一類ト一味仕者也、然金沢江御勢仕之時、可令同心由申之処、山内ヲ可警固由、依成敗、円覚寺塔頭大義庵仁取陳者哉、若有御不審、証状有之、可備上覧者也、

【史料10】は、常陸真壁氏一族の相論[36]において、一方の朝幹側が永享十一年六月に幕府に提出した重申状の一部である。持氏方に属していた真壁朝幹は、持氏の海老名御陣にしたがっていたところ、足利義久の警固を命じられた。しかし、今回の争乱が単に持氏と憲実の対立ではなく、幕府と持氏の対立であるということを知るに及

んで、持氏方を離れて海老名より鎌倉山内（現神奈川県鎌倉市山ノ内）に向かい、山内上杉氏の被官長尾氏に合流したという。訴訟文書ゆえの解釈に注意を要する部分もあるが、持氏の海老名御陣、および朝幹の海老名から鎌倉山内への移動の事実は認められよう。

この持氏の海老名御陣が、相模西部に侵出した幕府軍に対応するための措置であったことは疑いない。動きの鈍い上野の憲実より、活発な幕府軍への対応を優先させたのだろう。当該期の海老名の地域的特性は詳らかでないが、陣所の海老名道場宝樹寺が海老名氏の菩提寺であり、鎌倉府奉公衆海老名氏が本領として維持していたならば、公方勢力の拠点としても機能しえたと考えられる。

また、【史料５・10】で注目されるのは、若君足利義久の動向と鎌倉との関係である。『持氏記』には、公方家の足利義久・満貞が九月末に鎌倉を出て、持氏と合流したことが記されているが、【史料５】では、筑波玄朝が海老名御陣より鎌倉警固のため鎌倉に上り、【史料10】では、真壁朝幹が海老名御陣から義久警固を命じられたのち鎌倉へ上ったという。鎌倉の状況は次項で詳しく見るとして、義久の動向については本項で述べておきたい。『持氏記』の記述を信じるならば、義久は九月二十九日に境河で父持氏と対面して、十月三日に鎌倉に戻るまでの間、境河に留まったとも考えがたいので、持氏とともに海老名御陣にあったと考えられる。そして十月三日、鎌倉留守警固役の三浦時高がその役を放棄して三浦に下った（後述）のに際して、空白となった鎌倉を保持するために、持氏は義久に筑波玄朝や真壁朝幹を付けて、海老名より鎌倉へさし向けたのではないだろうか。海老名に陣を移すことで、持氏は鎌倉への即時対応も可能となったが、それは反面、本拠鎌倉すら対応しなければならない危うい状況にあった、ということを意味している。

また、持氏の海老名移陣は、京都には少々様相を変えて伝わった。京都側の古記録には、「鎌倉《足利持氏》三位被没落上野国云々」「鎌倉殿《足利持氏》逐電、不知行方之」「鎌倉武将《足利持氏》没落」とある。[37]「上野国」はともかく、小田原・風祭敗戦後の移動は、「没落」「逐電」ととらえられた（あるいは幕府にそう喧伝された）のである。

『持氏記』はこのほか、千葉胤直の離叛と、一色直兼・持家の撤退、木戸持季と上杉持房の対峙を伝えている。一色勢の撤退については【史料5】からうかがえるほか、菅原氏が、十月一日付け管領細川持之奉書（神五九五三）に「致合戦、上杉安房守《憲実》雖得勝利……」とあることから、九月下旬に上野国内で持氏方一色勢と憲実との合戦があったことを指摘している。この合戦がどの程度の規模かは定かでないが、小田原・風祭合戦と同時期に、上野方面でも軍事衝突と持氏方の敗退があったのである。

千葉胤直の離叛および木戸持季と上杉持房の対峙は、一次史料から裏付けることができない。状況的に、前者は【史料10】の真壁朝幹のような海老名移座前後の離叛者の増大から、後者は小田原・風祭合戦以降の東海道戦線の東進から類推されるのみである。『持氏記』には、持氏の近臣で鎌倉府政所執事であった二階堂盛秀も、海老名御陣から逐電したとある。離叛者増大の背景には、小田原・風祭合戦および上野方面での敗北もさることながら、綸旨・錦御旗の周知も影響したと推測される。真壁朝幹が上杉方に投じたのも、「京都上命」を知ってからであった。

一方の憲実方では、越後長尾実景が十月中旬までに上野に着陣し（群一四七八）[38]、同月下旬までに憲実とともに武蔵府中に到達している（群一四七九）。十月六日に上野出立、十九日分倍河原着陣とする『持氏記』の憲実の動向とおおよそ一致し、長尾実景率いる越後勢と憲実は同道していたと考えられる。この憲実の南下を誤って伝えたものか、京都には十月末に「武将《（足利持氏）》入間河取陣、上杉《（憲実）》前管領漸責寄、近所取陣、武将降参事、種々被懇望、雖然上杉不許容申云々、今一戦可被腹切」[39]と伝わっている。

7 鎌倉の混乱

持氏は八月に鎌倉を発つ際、三浦時高に留守の警固を命じた。このとき時高は困窮を理由に辞退したが、持氏に厳命され、鎌倉の留守警固の任につくこととした。しかし、持氏が朝敵になったと聞き、さらに将軍の御内書を拝領するに及んで時高は心変わりし、十月三日、鎌倉を去って三浦に退いた。この日、父持氏のもとに行っていた若君義久が鎌倉に戻った。十七日、三浦時高は鎌倉を夜討ちし、大蔵・犬懸辺（現鎌倉市雪ノ下・浄明寺）を焼き払った。これにより、鎌倉にいた二階堂一族はみな時高に降伏した。

そして十一月一日、三浦時高と二階堂一族、扇谷上杉持朝の被官が、公方の大蔵御所に攻め寄せた。若君義久と大御所（持氏母）は大蔵御所から鎌倉扇谷（現鎌倉市扇ガ谷）に移り、簗田河内守・同出羽守らが大蔵御所の殿中で討死にした。周辺の人々の宿所も焼亡し、寺社の堂塔も炎上するなど鎌倉中の荒廃が進んだが、三浦時高の被官佐保田豊後守がこれを鎮めた。と、『持氏記』にある。

三浦時高の向背は一次史料で裏付けることはできないが、幕府・上杉方の鎌倉乱入と焼き打ちは、二段階にわたって京都へ伝わっている。十月九日に「官軍鎌倉中ヘ入了、武将《（足利持氏）》ハ陣へ被立、留守也、可焼払歟之由注進」、十一月中旬には「武将《（足利持氏）》居所押寄焼払、御留守警固武士訪《（防）》闘、六人腹切云々、鎌倉中敵方家共焼払、円覚寺焼了、建長寺ハ不焼云々」[40]とある。前者は、留守役三浦時高の退去を指すにしても、情報伝達がやや早すぎ、不詳とせざるをえない。なお、十月十九日には、鎌倉浄光明寺が憲実より禁制を得ている。[41]このころすでに鎌倉の秩序維持が持氏方ではなく上杉方によってなされていた、あるいはそう期待されていたことが推測される。なお、黒田氏は、十月十二日に金沢大宝院に出された某禁制（神五九五四）も、憲実のものであるとしている。[42]

鎌倉の状況は、前項で述べたように【史料5・10】からもうかがえる。【史料5】によれば、警固のため鎌倉に上った筑波玄朝は、十一月一日に大御所（持氏母）・若君義久を小八幡社頭にて警固し、鎌倉扇谷まで供奉した。【史料10】には、持氏方より離叛した真壁朝幹が鎌倉山内の長尾氏に合流したとある。大御所と義久が扇谷に移ったことは、【史料5】と『持氏記』が一致する。扇谷はいうまでもなく扇谷上杉氏の拠点であり、上杉方が保護を名目に大御所と義久を強い監視下に置いたであろうことは想像に難くない。大御所・義久周辺には持氏方武士の警固があったとはいえ、幕府・上杉方は十一月一日までに公方御所の焼き打ちと公方近親の身柄の確保によって、鎌倉の征圧に成功したのである。

ただし、十月三日の三浦時高退去後のこととされる鎌倉の動揺は、実際にはもう少し早くから進行していたらしい。永享十年に比定される九月十一日付け長尾景仲宛て竺雲等連書状（神五九四八）には「依此喪乱、寺院大抵破却之由、承及候」、同月十八日付け宛所欠同人書状（神五九五〇）には「鎌倉中喪乱之事、中々絶言語候」とあり、鎌倉寺社の荒廃がうかがえる。これらは、京都相国寺崇寿院の院主であった禅僧竺雲等連が、憲実へ円覚寺の塔頭やその寺領の保全を依頼し、在鎌倉の禅僧たちの身を案じたものである。鎌倉の様子は伝聞に基づく情報だが、戦乱にともなう鎌倉寺社の荒廃は、九月中旬の時点で早くも京都に伝わっていたのである。十月上旬に幕府・上杉方の鎌倉乱入が伝わっているのも、こうした状況によるのだろうか。公方も管領も不在の鎌倉では、九月上旬にすでに秩序の維持が難しくなっていたのであろう。

8　持氏の降服

十月十九日、分倍河原に着陣した憲実は、十一月一日、長尾芳伝を鎌倉警固に派遣した。一方、腹背に敵を迎え、鎌倉をも失うに至った海老名御陣の持氏は、十一月二日、鎌倉に戻ることとした。それぞれ鎌倉を目指した芳伝と持氏は、相模葛原（現藤沢市葛原）で遭遇する。あわや一戦となりかけたが、持氏は一色持家を芳伝に遣わし、一色直兼・上杉憲直ら近臣を讒人として憲実のいうとおりに処分することを許可した。持氏は芳伝に対面し、剣を与え、また剣を献じられ、芳伝とともに鎌倉に入った。

芳伝ははじめ、持氏を鎌倉の永安寺に入れようとしたが、鶴岡八幡宮の前を三浦被官の佐保田豊後守がふさいでいたため通ることができず、ひとまず浄智寺に入れた。芳伝が佐保田豊後守を退かせたのち、持氏は永安寺に入り、十一月四日には金沢称名寺に移った。翌五日、出家を遂げ、道号を楊山、法名を道継とした。

以上が、『持氏記』の記述だが、いささか疑問が残る。持氏と長尾芳伝が参会した葛原は、海老名から鎌倉へ上る道筋上にはあるが、分倍河原と鎌倉を結ぶ鎌倉街道上道にはなく、分倍河原から芳伝がまっすぐ南下したとすれば、葛原で持氏と遭遇しえない。葛原の参会に信を置くならば、鎌倉街道を南下中の芳伝が、海老名を発った持氏の接近を知り、その迎撃のために鎌倉街道より西にそれたところ、葛原で両者が相まみえた、ということではなかろうか。『持氏記』では、持氏が衝突を避け、芳伝と戦後処理の交渉に入ったとする。管見の限り、葛原で合戦があったことは、一次史料で確認できない。

持氏の寺院への移座が、降服と恭順を意味することは疑いない。『看聞日記』には鎌倉焼き打ちの記述に続いて「武将(足利持氏)ハ先祖寺安養寺ニ被引籠云々(43)」とあるが、「安養寺」は祖父の二代公方氏満の菩提寺永安寺《ようあんじ》の誤記であろう。

これにより、「関東且無為」となり、室町殿へ「人々」が「参賀(44)」したのであった。

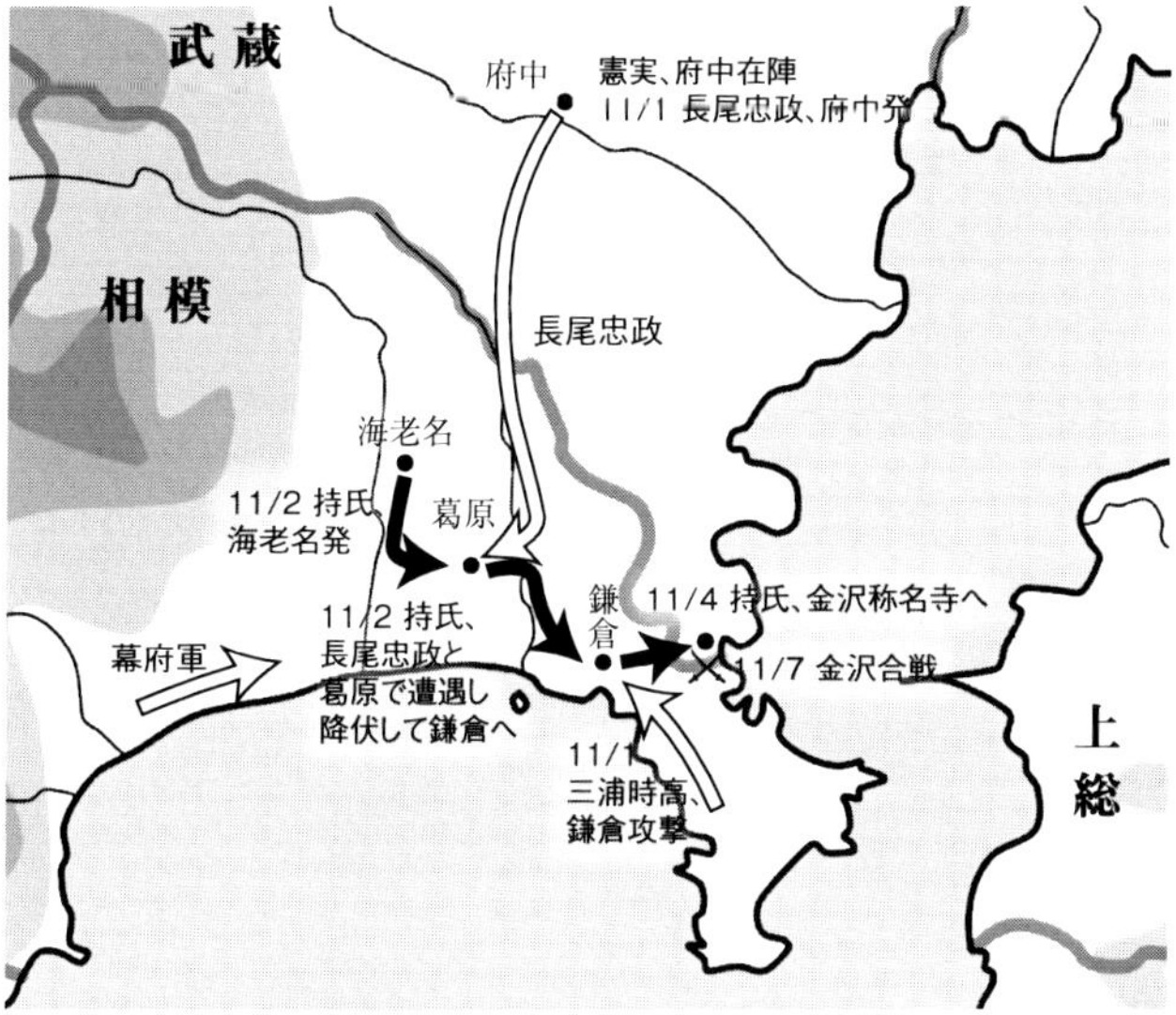

図３　永享の乱終盤関係地図

9　金沢合戦——持氏近臣の処罰

相模葛原にて持氏より一色直兼・榎下上杉憲直ら「讒人」の処罰を許可された長尾芳伝は、十一月七日、武蔵金沢（現神奈川県横浜市金沢区）を攻め、直兼父子三人、憲直父子、浅羽下総守を自害させた。このとき、直兼の被官草壁遠江守らが防戦して討死した。憲直の次男五郎（持成か）は、同日夜、山内徳泉寺で自害した。また、海老名尾張入道は六浦引越道場（泥牛庵か、現横浜市金沢区瀬戸）で自害し、三戸治部少輔は長尾憲景により永安寺甲雲庵で討たれ、尾張入道の弟海老名季長は扇谷上杉氏の監視下で、扇谷会下海蔵寺にて自害した。鶴岡別当尊仲は海道辺にて生け捕られ、京都に送られて斬首された。以上が『持氏記』の内容だが、菅原氏は、長尾芳伝が持氏より近臣の処罰を許可されたという話について、「芳伝の金沢攻めを正当化するための創作である可能性」を指摘している。

【史料10】には、「然金沢江御勢仕之時、可令同心由申之処、山内ヲ可警固由、依成敗、円覚寺塔頭大義庵仁取陣者哉」とあり、鎌倉山内の上杉方に投じていた真壁朝幹が、金沢合戦への参加を志願したところ、山内の警固を命じられて円覚寺大義庵に陣を張ったとしている。

京都側の記録には、「今度上杉陸奥守(憲直・憲重)父子・一色民部(ママ)大輔(直兼カ)・海鼠名(ママ)等討死、管領上杉(憲実)執事長尾(芳伝、忠政)為大将、二千騎押寄、敵方五百騎合戦打負、五百騎勢悉討死云々、鎌倉殿(足利持氏)ハ被没落了」「鎌倉一色宮内大輔(直兼)幷上杉奥州(憲直)先度虚説、今度実事云々、切腹云々」[45]とあり、芳伝の攻撃による直兼・憲直らの自害が伝わっている。十二月八日、直兼・憲直父子・海老名（尾張入道か季長か不詳）ら六人の首が京都に送られ、六条河原に懸けられた[46]。これを祝して室町殿に人々が参賀し、九条満家ら義教に突鼻されていた人々も赦免された[47]。鶴岡若宮別当尊仲も翌永享十一年正月二十三日に京都で誅殺されている[48]。

ただし、持氏の出家と金沢合戦の時期については検討すべき点がある。『持氏記』は持氏出家（十一月五日）の二日後に金沢合戦としているのに対して、京都には二十一日に直兼らの自害が、二十九日に持氏の出家が注進されており[49]、順序が異なるうえ日付の間隔も空いている。朝敵降服の証である出家の注進が遅れるとも思われないので、実際には持氏の出家に先んじて金沢合戦が行われ、その後八日ばかりを経て持氏の出家がなされたのでないだろうか。嫡子義久も喝食となったの[50]も同じ頃であろう。なお、室町期成立の『結城合戦絵詞』（国立歴史民俗博物館所蔵）に描かれた切腹する持氏は、有髪である。

持氏が十一月上旬の時点で永安寺に入ったのは、前項のとおり確かであろうが、その間の一色直兼・上杉憲直らの動向は定かでない。右の一次史料より、金沢合戦が直兼らを個々に処罰した事件というより、軍勢を率いての軍事衝突であったことを見ると、直兼・憲直らが単に幽閉されていたというより、金沢に結集し、幕府・上杉方に徹底抗戦の態度をとったと推測される。問題は『持氏記』に記された持氏の金沢称名寺入りだが、幕府・上杉方が敵対する直兼らのいる金沢に持氏を移すとも考えがたいので、持氏称名寺移座後に直兼らが金沢に結集したか、持氏が永安寺を脱出して直兼らの結集する金沢に移ったか、のいずれかであろう。金沢を含む一帯の六浦荘は、荘内に山内上杉家領や称名寺領があるものの、荘全体は鎌倉府の直轄領であったとされる[51]。また、六浦湊は鎌倉の外港を担う港湾都市でもあった。鎌倉近郊の持氏方最後の拠点となったか、あるいは中立性の高い土地として公方持氏の収監場所となったか。いずれにせよ、金沢が幕府・上杉方の強い監視下にあったとはいいがたいように思われる。

こうした状況と持氏が出家前であったことを考えると、幕府・上杉方が持氏を永安寺に入れて、直兼・憲直との引き離しにいったんは成功したが、その後金沢での再結集と抵抗を許し、鎮圧後、持氏を出家、隠退に追い込むことでそれ以上の混乱を回避した、という推測もできようか。芳伝が持氏より直兼らの処罰を許可されたという話も、上杉方が持氏と直兼ら近臣の引き離しによる収束を図ったことを示すものであり、引き離しの結果として、近臣の海老名兄弟や三戸治部少輔らが別々に上杉氏の監視下に拘置されたのではないだろうか。幽閉先の山内や六浦（六浦本郷）、扇谷はいずれも上杉氏の有する地である。

十一月十一日、持氏は称名寺から永安寺に戻り、憲実の代官大石憲儀と扇谷上杉持朝、千葉胤直がこれを交替で警固した。憲実は持氏の助命を幕府に嘆願したが許されず、翌永享十一年の二月十日、上杉持朝・千葉胤直が永安寺を攻め、持氏とその叔父満貞（満家）を同寺長春院にて自害させた。木戸伊豆入道・冷泉民部少輔以下の奉公衆、南山上総入道・同右馬助以下の満貞の家人が、防戦のすえ討死にした。同月二十八日、若君義久も報国寺で自害した。

憲実は出家して長棟と名乗り、越後より実弟上杉清方を呼び寄せて名代となし、六月二十八日、永安寺長春院の持氏の影前で自害を図った。家人に止められて一命はとりとめたが、十一月二十日、藤沢に居を移し、十二月六日、伊豆国清寺に隠居した。以上が『持氏記』の描写である。

右に見られる憲実の持氏助命嘆願が、一次史料でも確認されるのは、周知のとおりである。憲実は十月下旬までに武蔵府中に着陣していたが、その先へはなかなか南下しなかったとされる。十一月六日、同道していた越後長尾実景が「早速可被致合戦之旨、対上杉安房守《（憲実）》意見」したことを幕府より賞されている（神五九五八）ように、憲実は持氏との「合戦」を避けていたのであった。憲実の鎌倉入りの時期は定かでないが、遅くとも十一月末には鎌倉に入ったであろう。

十二月五日、幕府管領細川持之は憲実へ「已乍被取囲申、于今延引、如何様之子細候哉」（神五九六一）と、幽閉した持氏の処罰の延引を責めている。入れ違いとなったか、憲実は八日に帰洛する幕府の使僧に託して、「武将《（足利持氏）》出家被着黒衣、若公《（足利義久）》被成喝食降参、命許可被助」と幕府に訴えた。[52]十五日にも、憲実の遣わした使僧が京都へ到着し、「武将（足利持氏）降参事」を訴えたが、将軍義教に対面することすら叶わず、聞き入れられなかった。[53]なお、興味深いのは、このとき『看聞日記』には憲実が「前管領」と記されていることである。幕府管領の前任者はいずれも死没しており、関東管領の憲実以外に比定しえない。持氏の出家、義久の入寺という公方不在の状況下で、補佐役である関東管領も空位とみなされたのであろうか。

その後、翌永享十一年正月の間の動向は定かでないが、事態の進展がないことにしびれをきらした幕府は、閏正月二十五日、相国寺前住持（このとき辞職）柏心周操を関東に遣わして、憲実に持氏の断罪を厳命させた。[54]これについて将軍義教は関東在陣中の赤松中務少輔に、次のように伝えている。

【史料11】足利義教御内書（「赤松文書」、神五九六四）

持氏（足利）誅伐事、厳密被仰付憲実（上杉）処、無沙汰之間、為尋究彼所存、柏心（周操）和尚被下向者也、若尚令難渋者、果而京都大事、降参輩生涯者不及申、憲実即時可浮沈之段、無覚悟次第、且僻案至極歟、此上者、為京勢可致沙汰之上者、抽戦功者、可有恩賞也、

（永享十一年）閏正月廿四日　（足利義教）（花押）

赤松中務少輔殿

幕府は憲実へ再三「持氏誅伐」を命じたが「無沙汰」であったので、その「所存」を問いただすために柏心周操を下したのであった。もし「持氏誅伐」が進まないとなると、「降参輩」の処罰はもとより、憲実自身の立場にもすぐさまかかわってくるとして、憲実の「無覚悟」を糾弾し、かくなるうえは憲実には頼まず幕府軍のみで持氏を処罰せよ、と命じたのであった。

同日付けの小笠原政康宛て義教御内書（神五九六三）も同様に、「持氏誅伐」について憲実の「所存」を問いただすために柏心周操を下したことを述べ、その返事によっては「京勢」のみで持氏の処罰を行い、用心のため篠川公方足利満直・甲斐守護武田信重にもそのことを命じたことを伝えている。さらに、京都から伊予河野氏らを下向させるので、その到着を待って彼らと「談合」し、「永安寺・保国寺」を攻撃することを命じている。永安寺はいうまでもなく持氏の幽閉先であり、「保国寺」は義久のいた報国寺のこととされる。幕府は渋る憲実をあてにせず、単独での持氏・義久の処罰を断行しようとしたのである。

このころの幕府と憲実の折衝については、万里小路時房の日記『建内記』に詳しい。伝聞情報ではあるが、柏心周操の下向以前に関東から前箱根別当の瑞禅なる人物が上洛したのにともない、憲実の主張と幕府の対応が取り沙汰されたときのことが記されている。著名な記事ではあるが、該当箇所を掲げておきたい。

【史料12】『建内記』永享十一年二月二日条

伝聞、自関東前筥根別当瑞禅上洛、《先日》彼自京都為御勢下向之者也、彼者依《依違》関東之議、自先年在京者也、而有讒者、称可申披之由参洛之、或説、鎌倉武衛（足利持氏）御免《和睦》事、房州（上杉憲実）執申趣、彼申次、仍被召置伊勢守（伊勢貞国）宿所、以外恐怖云々、一昨日已下向之、已申披之故歟云々、所詮無御進発者、鎌倉武衛被切腹之条、無左右難有之由申之歟云々、奇怪之申状哉、為実事者、無勿躰事也、

相国寺長老（柏心周操）下向関東、是猶可攻申武衛之由、被仰付房州《上杉》歟云々、

武衛事、已○《除緑鬢》着黒衣之上者、有恩免、於子息（足利義久）者、可被聴相続之由、房州頻執申、而時宜不許、依之不及合戦、御勢相支送日、其故者、於野心之軍士者悉被誅了、其外者房州許也、房州多年奉対京都無不忠之儀、今度之儀、

又為御扶持房州、被遣軍勢了、而今武衛依隠遁、子息事、彼執申之、欲属無為之処、自京都無御許容、依之滞停也、若猶《無御許容》及異儀者、房州可切腹之由申之歟云々、然者可及合戦歟、大事出来難測事哉之由謳哥、早速静謐只挙手耳、

或説、房州為申請御和睦事、以無勢之所従近日可上洛云々、為被止彼事、被遣相国寺長老云々、種々説満巷、更不取信、記而無益事也、

前箱根別当瑞禅は箱根合戦の実雄とは異なり、幕府方の人物で、自身の訴えのため閏正月頃に上洛したが、一説に憲実より持氏の助命嘆願を幕府にもたらしたといい、そのために幕府政所執事伊勢貞国亭に召し置かれたという。瑞禅は閏正月二十九日、関東に帰った。このとき瑞禅がもたらした憲実の言い分とは、将軍義教の出陣がないのならば、持氏は切腹せずともよいではないか、というものであったという。記主時房は、これを「奇怪之申状」と記している。

続く「武衛事」以下に、憲実の主張と幕府の対応が詳しく記されている。憲実は、出家した持氏を赦免し、嫡子義久に鎌倉公方を継がせることを主張したが、義教はこれを許さなかった。両者の意見の不一致により「合戦」、すなわち持氏への攻撃はなされず、東下した幕府軍は関東に駐留したままであった。幕府に敵対した「野心之軍士」はすべて誅殺され、関東に残るのは憲実方のみなので、「合戦」をする必要がない、というのである。幕府は、長年忠節を尽くしてきた憲実を支援するためもあって、軍勢を関東に派遣したのであったが、現在は持氏の赦免、義久の相続をめぐって憲実と幕府が対立しているので、事態が滞ってしまった。憲実は、「もし持氏赦免と義久相続が叶わないならば切腹する」とまでいっており、そうなれば幕府軍と憲実との合戦にもなりかねない。そう

して京都では、また大事になるかもしれないとしきりに噂されたのであった。憲実がこれらの訴えのため、無勢にて上洛しようとしており、柏心周操の派遣はそれをとどめるためだ、という噂もあったという。

特に憲実の言い分や柏心周操下向の目的については、記主時房が「種々説満巷、更不取信」と記すとおり、真偽のほどはわからないが、持氏・義久の処遇のただ一点をめぐって、幕府と憲実が激しく対立したことはうかがえよう。それは、憲実の切腹や両者の合戦がちらつくほど、予断を許さぬものであり、柏心周操の下向は最後の手段ともいうべきものだったのではないだろうか。

幕府が持氏の処罰を焦ったのは、幕府方の軍勢が関東に長期間駐留していたこともあっただろう。十二月五日付け憲実宛て細川持之書状（神五九六二）にも「未落居間、諸軍勢長々在陣、且者不便次第候」とある。畿内近国も安定しないなかで、幕府軍が長く京都を留守にすることは、幕府にとって回避したい事態だったにちがいない。

結局、憲実は、柏心周操がもたらした義教の命に承伏し、二月十日、持氏を自害させることにふみきった。周操は直接憲実に対面し、義教の命を伝えたとされる。(55)千葉胤直と扇谷上杉持朝、あるいは憲実の手勢が永安寺を攻め、持氏は子女らを自身の手で殺害したうえで切腹し、「近習少々」も同じく切腹したという。(56)『本土寺過去帳』（十日の項）には「源朝臣持氏長春院継公禅門、奥御所、若君六人、惣上下諸人」とある。持氏の首は自害時の火災で亡失し、京都にもたらされることはなかった。(57)

この日、長尾某は、上野新田岩松氏の一族西谷下野守に次のような書状を送っている。

【史料13】長尾某書状写（『武家書簡』所収「西谷岩松家文書」(58)）

尚々、［　　］為堪用候、如何篇度々無在陣候、無心元候、
態人下候、仍今日十日持氏（足利）御落居、悉々公私大慶不可是候、然者越後・信濃御勢可打帰候、方極者小勢有本陳（陣、以下同）難渋候程、藤沢辺可寄陳候、御一族中御催促候て、早々可有出陳候、面々遅々候者、御一人なりとも、きと在陳候者、可然候、京都　上意も、彼御落居以後、本領等可致返之由、被仰出候、加様無人数候時者、一向可失面目候、早々御談合候て、可有在陳候、此旨面々可有御披露候、恐々謹言、
「私云、上杉安房守憲実家老長尾因幡守芳伝也、何も半切」
（永享十一年）二月十日　　長尾（花押影）
西谷下野守殿

持氏の処罰が済み、鎌倉に駐留していた越後・信濃勢が帰国すると、憲実本陣が手薄になってしまうので、在国していた西谷下野守に「藤沢辺」まで出陣するよう命じたのである。出陣しなければ「一向可失面目」と脅す一方で、持氏処罰後には本領等を返付するという幕府の方針を伝えており、西谷下野守がかつて持氏方の態度をとっていたことがうかがわれる。持氏の処罰は、鎌倉に幕府軍や越後・信濃勢がひしめくなかで行われたのであろう。持氏の自害後、彼らは随時帰国したのであった。

残る若君義久の自害も、二月下旬に遂行させた(59)。『本土寺過去帳』（二十八日の項）には「永享十一潤正月若君一人生九歳ヤナタハラタクマニテ腹切給也」とあるが、「潤正月」は二月の誤りで、義久のことであろう。「タクマ」は鎌倉宅間ヶ谷の報国寺を意味し、「ヤナタハラ」は「簗田腹」で、義久の母が簗田氏であったことを示す(60)ものであろうか。なお、【史料5】には、大御所と義久の警固をした筑波玄朝が二月まで当参したとあり、義久

の自害を見届けて帰国したと考えられる。

同年六月二十八日に憲実が永安寺で自害を図ったという『持氏記』の話は、京都側の記録に確認される。(61) 該当記事全体が見せ消ちとなっているのは、自害の報がのちに未遂と判明したからであろう。このときは「上椙安房守」と記されているが、十月二十九日には、法名「長棟」を名乗っており（神五九九三）、出家が確認される。

二、双方の構成

一次・二次史料より持氏方、幕府・上杉方双方の構成を示したのが、表2である。以下、このうち特徴的なものについて、地域・一族ごとに述べていきたい。

○常陸

佐竹氏

常陸北部に勢力を有する同国守護佐竹氏では、応永期より惣領佐竹義人（もと義憲、山内上杉憲定の実子）と庶流の山入与義・祐義父子が対立し、義人が鎌倉府に接近する一方、与義・祐義は幕府をたのんで京都扶持衆となった。与義は応永二十九年（一四二二）に持氏に誅殺されるが、子祐義はそののちも反鎌倉府の態度をとり続けた。このため、常陸北部では応永後期から永享期にかけて、断続的に戦乱が続いている。永享年間後半では、六年十一月に烏渡呂宇城（比定地不詳）攻め（神五八九五）、七年九月に和田城（現茨城県常陸太田市和田町か）合戦（神五九一四）、九年十月には再び烏渡呂宇城攻め（神五九二七）が行われており、前二者では小野崎越前三郎が、後者では佐竹白石持義が持氏より感状を得ている。いずれも、佐竹氏の内訌に鎌倉府が介入して起きたものと考えられる。

佐竹義人・山入祐義とも、永享の乱への直接的な関与は明らかでないが、義人は永享十一年二月二十九日に、一族の大山義俊に下野国茂木郷一方への入部を命じている。[62] 松本一夫氏はこれを、幕府・上杉方の茂木氏に対する持氏方の佐竹氏による侵略行為と見ている。[63] 佐竹氏は、結城合戦でも反幕府・上杉方として小栗城を攻めており（神六一八七）、永享の乱で逼塞することなく、活動を続けていたと考えられる。

小田氏・常陸平氏

常陸中・南部には、小田氏とその一族、および大掾氏を惣領とする常陸平氏の諸族があった。常陸平氏の大掾・真壁・小栗氏は、それぞれ応永三十年から永享元年に京都扶持衆として持氏に滅ぼされたが、このとき鎌倉府方であった鹿嶋・行方郡内の諸氏は、永享の乱では上杉方となっていた。内山俊身氏は、永享十年末以降に、山内上杉氏領同国信太荘周辺で持氏方勢力の動きが活発化し、上杉方が鹿嶋・行方両郡の味方を動員して対応しようとして起きた「信太荘争乱」の存在を指摘している。

真壁氏は、滅亡後に残った一族・被官が鎌倉府方・幕府方に分裂して争っていた。持氏にしたがった朝幹は、永享の乱の半ばで幕府・上杉方に転じている（【史料10】）。

小田一族では、「小田一族中」が幕府から篠川公方に属することを命じられる（神五九四〇）一方、筑波氏や宍戸氏は持氏方に徹している（【史料5】・神六一八七）。

表2　永享の乱双方構成一覧
（ゴシックは一次史料で確認される者、明朝体は二次史料のみに見られる者、斜体は軍勢催促をかけられたのみの者、傍線は乱中に幕府・上杉方に転向した者を示す。）

	持氏方	幕府・上杉方
公方連枝	**足利義久** **足利満家（満貞）**	**足利満直**
上杉氏・同被官	**榎下上杉憲直・憲重（憲家）・持成**	**扇谷上杉持朝** **上杉重方** **長尾忠政** **長尾景仲** 長尾実景 **長尾ヵ憲景** 大石憲重 大石憲儀 大石重仲 寺尾憲明［伊豆守護代］ 兄弟3人 **土岐景秀** **臼田勘解由左衛門尉** 庁鼻和上杉憲信 **犬懸上杉教朝** **四条上杉持房？**
奉公衆・奉行人	**一色直兼** 一色持家 一色［持氏近習］ **海老名尾張守入道** **海老名季長** 木戸持季 **木戸範懐** 木戸伊豆入道［持氏近習］ 里見治部少輔［満貞近習］ 設楽遠江守［持氏近習］ 二階堂伊勢入道・民部少輔［満貞近習］ 二階堂一党 三戸治部少輔 簗田河内守・出羽守［持氏近習］ 冷泉民部少輔［持氏近習］ **民部丞義行**	長井三郎入道 二階堂の一族・二階堂一家の人々
鎌倉寺社	**鶴岡別当尊仲** **鶴岡社荘厳院弘俊**	**鶴岡別当弘尊** **鶴岡社荘厳院勝誉**

相模	武蔵	上野	伊豆	安房	下総
大森憲頼・式部少輔 大森伊豆守 曾我越中守［持氏近習］ 三浦時高 箱根別当実雄・箱根衆徒	浅羽下総守 足立［上杉憲直被官］ 岩淵修理亮［満貞近習］ 荻窪［上杉憲直被官］ 蒲田弥次郎［上杉憲直被官］ 平子因幡守［持氏近習］ 肥田勘解由左衛門［上杉憲直被官］ 武州本一揆・武州一揆	**岩松西谷下野守** 沼田丹後守［持氏近習］	河津三郎［持氏近習］	安房国の軍兵	印東伊豆入道（常貞カ）［持氏近習］ 木内伊勢入道［持氏近習］
佐保田豊後守［三浦被官］ **?（河村城城主）**	**江戸駿河守**	**小林尾張守** 高山越後守［憲実被官］ 那波内匠介［憲実被官］			

下総	常陸	下野	甲斐	奥羽
神崎周防守［持氏近習］ 千葉胤直 中村壱岐守［持氏近習］ **結城氏朝**	**佐竹義人** **佐竹大山義俊** **佐竹白石持義** 宍戸持朝 **筑波玄朝** **真壁朝幹**	**宇都宮** **那須持資** **佐野越前守・三郎** 佐野［持氏近習］ **茂木**	**逸見** 下条左京亮［満貞近習］ 武田因幡守［持氏近習］ 逸見甲斐入道［満貞近習］	**長沼淡路守** 石川民部少輔［満貞近習］ 泉田掃部助［満貞近習］
	小田一族 **小栗助重** **左近将監重憲** **鳥名木国義** **持基** **?（烏渡呂宇城城主）**	**小山持政** **小野寺朝通** 那須太郎	**武田信重** **跡部掃部助**	**石橋治部少輔** **懸田定勝**

奥羽	駿河
長沼淡路守 南山上総入道・右馬助［満貞近習］	今川左近入道蔵人［満貞近習］
伊達持宗 **猪苗代越後守** **芦名三郎左衛門尉** **田村遠江守** **結城白河氏朝・直朝** **安積左兵衛尉** **二階堂遠江守** **川俣飛騨入道** **石川一族** **小峰三河入道・朝親** **長沼次郎**	**今川範忠** **今川貞秋** **葛山駿河守** **狩野介** **入江尾張守** **興津美作守** **興津美濃守** **富士大宮司** **富士右馬助** **庵原周防入道** **由比衛門入道**

信濃	越後	幕府	その他・不詳
小笠原山城守［持氏近習］			饗庭喜［一色直兼郎党］ 板倉西大夫［一色直兼郎党］ 賀島駿河守［持氏近習］ 草壁遠江守［一色直兼郎党］ 斎藤［一色直兼郎党］ 新宮十郎左衛門尉［満貞近習］ 鱸豊前守［榎下上杉家人］ 名塚左衛門尉［持氏近習］ 帆足［一色直兼郎党］
小笠原政康 **諏訪両人** **信濃勢**	**長尾実景** **越後勢**	**赤松中務少輔** **今川中務大輔** 勝間田 **西園寺立間公広** **西園寺松葉熊満** **斯波持種・甲斐将久** **千秋季貞［熱田大宮司］** **曾我教康** 横地	

こうしたことから、常陸中南部の地域社会では、応永二十年代後半から進んだ幕府方・鎌倉府方への系列化とは別に、正長・永享年間に鎌倉府方の内部で持氏方・憲実方への系列化が、水面下でゆるやかに進行していたと考えられよう。それが永享の乱で一挙に顕在化するとともに、上意権力の政治的動向によって幕府方と憲実方が結合し、対立軸が持氏方対幕府・上杉方へ収斂したと考えられる。

○下野

小山氏

小山氏は、同族結城氏とは異なり、幕府・上杉方の立場を明らかにしていた。当主持政が永享十年八月、憲実とともに下国したとされ（『持氏記』）、その後武蔵笠原に出陣する（【史料6】）も、その間に本拠小山祇園城を持氏方の那須持資らに落とされた（神五九七八）のは、前章で述べたとおりである。

小山氏が、結城氏と袂を分かったのは、小山義政・若犬丸の乱後、結城氏のもとで再興されてその強い影響下に置かれ続けた小山氏が、持政の代にいたって結城氏からの脱却を図り、親持氏派の結城氏に対して上杉氏に接近したため、とされている(64)。

小野寺氏

小山持政とともに武蔵笠原に在陣した小野寺朝通が提出した【史料6】は、軍忠状ではなく「本領小野寺村七ヶ村等所々」の安堵を訴えた申状である。このことからすると、当時小野寺氏の本領小野寺村は、何らかの危機に瀕しており、その対応として幕府・上杉方の行動をとったということになろうか。想像をたくましくすれば、その危機とは持氏方勢力による押領等ではなかっただろうか。小野寺村をめぐる地域社会の対立矛盾が、小野寺氏を幕府・上杉方に就かしめたと推測することができよう。

宇都宮氏

永享十年十月二十八日に「宇津宮関東方大合戦」があり、「宇津宮」が「討死」し、「余党」が「降参」した、との情報が京都に伝わっている。(65)

下野宇都宮氏は、応永三十年に当主持綱が京都扶持衆として持氏に滅ぼされたのち、その遺児藤鶴丸（のちの等綱）は幕府や篠川公方満直を後ろ盾に復権運動を展開した。(66)その間、鎌倉府方の一族家綱が宇都宮氏当主の地位にあったが、永享七年までに等綱が家督に復帰している。家綱は結城合戦で結城方として滅亡しており、永享の乱でも持氏方であったとも考えられる。

京都では虚報を含めて情報が錯綜しており、この伝聞記事も真偽は疑わしい。あるいは、「鎌倉宇津宮辻子の公方御所が焼き打ちされた」などといったことが誤って伝わったものだろうか。

那須氏

那須氏も、幕府方の惣領家（肥前守家）と鎌倉府方の庶子家（越後守家）が争っていた。先述のとおり、惣領家の太郎は永享十年八月に憲実とともに下国したとされ（『持氏記』）、越後守家の持資は同年九月に小山氏の祇園城を攻略し、持氏より賞されている（神五九七八）。永享の乱での両者の直接的な衝突は、いまのところ確認しがたいが、一族の分裂は乱の対立構図にも反映されていたのであろう。

茂木氏

常陸小田氏の一族茂木氏は、永享九年六月に持氏より勲功の賞として東茂木保の某村を充て行われており、[67]このときは持氏方だったことがわかる。その後も那須持資による小山祇園城攻めの際、持氏より持氏方としての活動を期待されている（神五九七六）。しかし、先述のとおり永享の乱後に持氏方の佐竹氏が茂木郷を侵略しており、茂木氏は乱の半ばで幕府・上杉方に転じたとされる。[68]

○下総

千葉氏

『持氏記』に持氏府中御陣からの離叛が描かれている千葉胤直だが、当初持氏方であったことは一次史料から確認できない。持氏自害の際にはその寄せ手となり、結城合戦勃発時にも幕府方から軍事力を期待されているため、永享の乱後半で幕府・上杉方となっていたことは確実であろう。[69]

結城氏

結城氏朝は、のち持氏遺児を擁して結城合戦を起こすことから、永享の乱でも持氏方であっただろうと推測されてきたが、一次史料からそのことが確認される。

結城合戦前夜の永享十二年三月二十九日、幕府政所執事伊勢貞国が結城氏朝へ宛てたとされる文書には、「其方様事自元無御不審被思食候処、殊更今度御罰文到来、相叶　上意下者、此分までも不可有候、御忠節所詮彼御息様（足利安王丸）御落居可為肝要候由、被下　御旗事、方々へ被仰付候間、定不日可行行候哉[70]」とあり、氏朝が幕府へ「御罰文」を提出し、幕府方であることを誓ったことがわかる。

しかし、氏朝の挙兵が明らかとなった四月二日、伊勢貞国は上杉持朝・同清方へ氏朝の活動について「致降参、不過一両年、罷成御敵候、及難儀候者、又可参　御方条、勿論候歟、此間捧告文、種々可致忠節之由、言上之間、神妙之由被思食候、結句一両日進上ひなた《日名田》致候、是御返事未出候最中、如此進退胡乱無比類候」（埼叢四七六）と書き送っており、氏朝が「告文」を提出して幕府への忠誠を誓っていたのに、「降参」してから「一両年」を経ずに「御敵」となったことを非難している。

これらから、永享の乱で持氏方であった結城氏朝が、乱後、幕府に「御罰文」＝「告文」を提出して許されたものの、その後ふたたび結城合戦で叛旗を翻したことがわかる。

○相模

相模守護は、永享の乱勃発時まで一色持家がつとめていたと考えられる。一色氏は相模国内に多数所領を持っており(71)、また、永享の乱後に旧持氏方の一色伊予守が鎌倉を逐電して相模今泉（現神奈川県秦野市今泉）で挙兵したとされる（『持氏記』）ことからも、一色氏が相模国内に相応の権力基盤を有していたことがうかがえる。

このほか、相模国内では西部の大森氏、三浦半島の三浦氏は乱勃発時に持氏方であり、海老名・曾我氏ら国内出身の武士も近習として持氏にしたがっていたとされる（『持氏記』ほか）。永享の乱序盤の永享十年八月には、大森氏が上杉方の河村城を攻略して（神五九七四）、足柄路の防衛を固めており、国内に持氏の支配が強く及んでいた様子がうかがえる。

しかし、箱根・足柄の防衛を担った大森氏は早々に敗北し、かつて守護を改替された三浦氏も半ばで裏切るなど、内乱が始まってみると相模国の権力基盤としての脆弱性が露呈した。勃発当初には鎌倉府方／幕府方、あるいは持氏方／憲実方の系列化が進んでいたことは見受けられないが、東海道方面の幕府軍の侵攻を真正面に受け、最も動揺が大きかったと考えられる。

○武蔵

『持氏記』には榎下上杉憲直の家人として、足立・荻窪・蒲田氏の名が見える。榎下上杉氏の本拠は武蔵国小机保であり、足立氏以下も武蔵南部を名字の地とする武士であることを考えると、榎下上杉氏が武蔵南部を権力基盤としていたことがうかがえる。また、鎌倉府奉公衆の木戸範懐は永享の乱で討死したらしく、その子藤寿丸はその菩提を弔うため、所領武蔵国稲毛新荘領家方木田見方郷を鎌倉桐谷の宝積寺豹隠庵に寄進している（神五九八八）。憲直や木戸氏に限らず、持氏方奉公衆の多くが武蔵南部を権力基盤としていたと推測される。

もとより、武蔵南部に鎌倉府の御料所や奉公衆領が多く分布したことについては、山田邦明氏の指摘があるが[72]、稲葉広樹氏はまた、武蔵南部には公方持氏の、北部に上杉氏の支配が強く及んでいたと、持氏期における武蔵支配に地域差を見いだしている[73]。永享の乱での動向からも、武蔵南部では持氏方への系列化が強く進んでいたと考えられる。

武州一揆は、一次史料からその去就はうかがいがたい。『持氏記』には憲実の下国を阻もうとしたと描かれており、また、一色直兼・持家の憲実追討軍が武蔵を縦断し、上武国境を越えて上野神流川まで進軍している（【史料5】）ことからしても、積極的にせよ消極的にせよ、当初は持氏方の態度をとっていたとも考えられる。その後、一色勢の撤退と憲実の進攻により、幕府・上杉方になったのであろうか。

〇奥羽

篠川公方足利満直

篠川公方満直の位置づけについては、杉山一弥氏の研究がある。(74)幕府より南奥・北関東における幕府方の結節点となることを期待された満直は、勃発当初の永享十年八月一日には「郡御勢」を催して憲実に合力することを幕府から命じられ（神五九三五）、石橋・懸田・伊達氏ら南奥勢力や常陸小田氏の統率者とされている（神五九三六・五九四〇）。十月には錦御旗を下され、(75)結城白河氏朝や小峰朝親、陸奥南山の長沼次郎らを率いて、某所を「御進発」した。(76)

幕府と憲実が持氏の処分をめぐって折衝している際には、武田信重とともに幕府から協力を命じられている（神五九六三）。杉山氏はこの両人を、「はからずも足利義教の個人的な志向性によって実力とは関係なくその政治的立場を獲得していた人物」としている。

長沼氏

当該期の長沼氏の動向については、江田郁夫氏の研究に詳しい。(77)陸奥南山に拠る長沼氏は、応永期に当主義秀が持氏に接近し、本領下野国長沼荘の回復と南山の維持につとめた。永享の乱のころには、義秀の嫡曾孫淡路守某（幼名彦法師、法名生空）が家督であったが、その叔父で一時家督を代行していた次郎が、自立的な動きを示していた。次郎は、篠川公方満直に属して「出陣」し、その戦功が満直から憲実へ伝えられたが、乱後に鎌倉に上ろうとしている淡路守は、満直から「不可有許容」と糾弾されている。(78)このことから、淡路守が持氏方、次郎が幕府・上杉方と一族が分裂していたとされている。持氏から那須持資への協力を期待された「長沼」（神五九七六）も、この持氏方の淡路守のこととされ、淡路守が下野長沼周辺で、次郎が陸奥南山周辺で活動していたことがうかがい知れる。

○甲斐

甲斐国は本来鎌倉府の管轄国であったが、甲斐守護武田信満が上杉禅秀の乱後、持氏に滅ぼされてのち、継嗣は幕府を頼って西上し、長く入国を果たせずにいた。幕府より甲斐守護に任命された武田信重は、永享十年八月、永享の乱の勃発にあわせて甲斐入国を命じられ、国人跡部氏の協力（推戴）によって入国を果たした。(79)おそらくこのときのことであろう、十二月十二日と某月一日に合戦があったとされ、(80)翌十一年閏正月までに「関東逸見」が「伏誅」されており、(81)禅秀の乱以降持氏方として武田氏に対抗してきた国人逸見氏の抵抗が、いちおうの終息を見たことがうかがえる。甲斐国内でも幕府方と持氏方の衝突があったのである。

○越後・信濃・駿河

先述のとおり、信濃守護小笠原氏は東山道から、駿河守護今川氏は東海道から関東に進軍したことが史料から確認される。また、越後守護上杉氏も憲実支援のため下国し、その重臣長尾実景（山内上杉氏被官の長尾実景とは別人）が憲実に合流して鎌倉街道上道を南下している。信濃・越後勢が持氏自害のころまで鎌倉にあったことは、

【史料13】からも確認される。このほか駿河では、永享の乱勃発に際して、幕府から守護一族の今川貞秋に東部への入国が命じられ、狩野・葛山氏以下国人八氏にはそれに対する協力が命令されている（静一八二五）。

鎌倉府管轄国に接する越後・信濃・駿河三ヶ国は、幕府に「国堺」と意識され、幕府と鎌倉府の関係が緊張するたびに警戒や情報収集、戦時体制の構築が命じられた[82]。永享の乱でも、真っ先に三ヶ国の軍勢が出陣を命じられたのであった。なお、応永三十年代から永享の乱の勃発直前までの間、三ヶ国のいずれにおいても、守護を巻き込んだ幕府方と鎌倉府方の対立が国内で起きていた（越後応永の乱、今川家家督争い、小笠原氏と国人村上氏の対立）が、永享の乱の際にはそのような動揺は史料上確認できない。

◯幕府軍

越後・信濃・駿河以外の幕府軍はどうであったろうか。

『持氏記』には、東海道方面の幕府軍として遠江国人横地・勝間田氏と大将四条上杉持房の名が見える。前章で見たとおり、古記録から土岐持益・斯波持種・甲斐将久・一色義貫・熱田大宮司千秋季貞・遠江国人大谷氏らの発向が見られる[83]ほか、伊予西園寺氏の一族立間公広・松葉熊満も進発したという[84]。土岐持益は美濃守護、一色義貫は三河守護で、斯波氏被官の甲斐将久は遠江守護代であった。斯波持種は斯波氏の庶流だが、幼少の斯波惣領家当主千代徳丸（義健）に代わって幕府儀礼をつとめるなど、一族の重鎮となっていた[85]。このときも、遠江守護であった惣領家の名代として出陣したのではないだろうか。

文書からは、犬懸上杉教朝（神五九四〇・五九四三）、今川中務大輔（神五九五五）、将軍近習の曾我教康（神

五九四七）、伊予河野教通（神五九六三）、赤松中務少輔（【史料11】）の東下がうかがえる。このうち赤松中務少輔は、義教より【史料11】のような全体の方針にかかわる指示を受けており、幕府・上杉方の軍監的な立場であったと考えられる。『東寺執行日記』は、「土佐方」が持氏の子を一人とらえたとしているが、これは土佐国（守護は幕府管領細川持之）の国人等も参加したことを示すものであろうか、それとも「土岐方」の誤写であろうか。(86)

以上のように、勃発当初の八～九月には、美濃・尾張・三河・遠江の東海勢、および上杉禅秀の遺児持房・教朝を大将とする軍勢が編制されて東下し、十一月以降になると伊予などの四国勢が追加派遣されたのであった。

おわりに　――二つの対立軸――

以上、経過復元と対立構図の分析から、永享の乱の実像解明を試みた。最後に、永享の乱における対立軸の所在について考えておきたい。

二章でみたように、常陸北部や下野中・北部、南奥では、上杉禅秀の乱以来、豪族・国人の多くが、一族内や地域社会で幕府方と鎌倉府方に分裂して争っていた。一方が幕府を頼んで京都扶持衆となれば、もう一方は鎌倉府を頼み、鎌倉府による京都扶持衆の討伐も行われて、戦乱が絶えなかった。一族内や周辺勢力との対抗上、永享の乱でもほぼその対立構図が引き継がれている。

一方、常陸・下野両国の南部以南の地域では、上杉禅秀の乱直後には存在した幕府方勢力がほとんど姿を消し、鎌倉府の強い影響下にあったと考えられる。ただし、地域社会内部の対立矛盾が解消されたわけではなく、水面下では、持氏方／憲実方の系列化がゆるやかに進行していた。永享の乱勃発当初、一族や周辺との対抗上、憲実に与した者もいたが、多くは鎌倉公方持氏にしたがった。このように、永享の乱には、幕府対鎌倉府と持氏対憲実という二つの対立軸が、地域差をもって存在したのである。

この二つの対立軸は、内乱の渦中にあった東国武士のことばからもうかがえる。常陸の真壁朝幹は、乱後に「都鄙御間事者、曾以不存知、持氏（足利）与安房守（上杉憲実）御間、為子細由承上者、国中同心仕、持氏江馳参条、勿論也、上与下非可令比量哉、国々軍勢参陣段、不限一人、雖然其以後為京都上命之由、承及間、自海老名鎌倉山内江馳越、長尾一類ト一味仕者也」（【史料10】）と述べている。この、幕府と鎌倉府の対立を知らず、持氏と憲実の対立と思っていたので、当然上位者である持氏に従ったが、その後持氏追討は「京都上命」であると知ったので、持氏から離叛し上杉方に投じた、との主張は、自己の行動を正当化するための弁ではあるが、「都鄙御間」と「持氏与安房守御間」の二つの対立軸があったという永享の乱の構造をよく示している。東国武士は、対立の所在を弁別してとらえていたのである。

当事者の持氏や憲実も同様であった。持氏は降服後、佐野越前守・同六郎[87]に宛てた感状（神五九六〇）で、「上杉安房守（憲実）於反謀、不思京・鎌倉及合戦候之処、味方之族布与敵対、未練候」と述べており、憲実との対立が期せずして京・鎌倉の対立となった、と二つの対立を別のものととらえている。憲実はさらに、対立の相手を持氏ではなくその近臣一色直兼ら「野心之軍士」ととらえ、彼らに責めを負わせて誅殺することで、鎌倉には持氏と「其外者房州許也」とし（【史料12】）、対立の解消と見ようとした。鎌倉府における持氏と憲実の対立は、正確には持氏近臣と憲実の対立というべきであろう（永享九年の騒動を想起されたい）。逆に憲実は、幕府と鎌倉府、義教と持氏の対立の重大性を見きれていなかったように思われる。

一方、幕府は当然ながら、幕府・鎌倉府間の対立をとらえていた。【史料12】からは、京都側が永享の乱の根底には、まず幕府と鎌倉府の対立があり、そのうえで鎌倉府内部に幕府に通じる憲実がいる、と認識していたらしいことがうかがえる。永享の乱を、鎌倉府の分裂とそれにともなう幕府の軍事介入、という構図ではなく、京都・関東の都鄙間対立ととらえていたのである。それゆえ、憲実と幕府が折り合わないとなると、再び京都と関東の関係が破綻し、今度は幕府と憲実の「合戦」になると予想されたのである。幕府の目標は、鎌倉府の長鎌倉公方の滅亡と、関東管領の完全な統制により、現行の鎌倉府を解体することにあり、執拗に持氏の処罰を憲実に迫ったのである。そのため、持氏方東国武士は、降服すれば本領を安堵するなどして赦免する方策をとった（【史料13】）。

以上のように、鎌倉府と南関東では、公方持氏対管領憲実の対立が主であったが、北関東と南奥および幕府では、幕府と鎌倉府の対立を重視した。憲実と幕府の結合は政治的な産物であったが、その結果、水面下の持氏方／憲実方の系列化も顕在化し、二つの対立軸が一つに収斂することで、永享の乱が勃発したのである。さらに、綸旨・錦御旗の登場が、幕府の意向を京都の意志へと拡大させて、持氏方の孤立化に拍車をかけ、持氏は敗北する。しかし、一族や地域社会の対立矛盾から持氏方となった東国武士の多くは、何らを解消せぬまま存続し、その後、持氏遺児を抱いて関東中央部より反幕府・反上杉闘争を展開する。南関東と北関東のそれぞれの対立矛盾が一つに凝縮したとき、その結集の核となったのが、下総結城・古河を中心とする関東中央部であったのである。

こうした系列化や対立軸が、結城合戦以降、足利成氏の鎌倉帰還を経て、江ノ島合戦・享徳の乱にいたるまで、具体的にどのように展開してゆくのかについては、今後の研究を期したい。

註

（1）菅原正子「上杉憲実の実像と室町軍記―『鎌倉大草紙』『永享記』をめぐって―」（黒田基樹編『関東管領上杉氏』戎光祥出版、二〇一三年、初出一九九七年）。本稿では、菅原氏の指摘はすべて同論文による。

（2）小国浩寿「永享記と鎌倉持氏記―永享の乱の記述を中心に―」（拙編『足利持氏』戎光祥出版、二〇一六年、初出二〇〇三年）。

（3）内山俊身「鳥名木文書に見る室町期東国の政治状況―永享の乱・結城合戦時の霞ヶ浦周辺と足利万寿王丸の鎌倉公方復権運動について―」（『茨城県立歴史館報』三一、二〇〇四年）。本稿では、内山氏の指摘はすべて同論文による。

（4）呉座勇一「永享九年の「大乱」―関東永享の乱の始期をめぐって―」（前掲註（2）拙編書、初出二〇一三年）。本稿では、呉座氏の指摘はすべて同論文による。

（5）黒田基樹『長尾景仲―鎌倉府を主導した陰のフィクサー―』（戎光祥出版、二〇一五年）。

（6）『神奈川県史 資料編三 古代・中世（三上）』六〇四五号の略、以下同。

（7）『埼玉県史料叢書一一 古代・中世新出重要史料一』四六三号の略、以下同。

（8）『師郷記』永享九年八月十八日条。

（9）前掲註（6）『神奈川県史』等には「合戦事必定之由」とあるが、東京大学史料編纂所所蔵写真帳で確認する限り、研究代表者桑山浩然『室町幕府関係引付史料の研究』（一九八八年度科学研究費補助金一般研究（B）研究成果報告書、一九八九年）のとおり、「合戦事必定候者」と読める。

（10）森田真一「山内上杉氏の拠点について―上野国板鼻を中心として―」（黒田基樹編著『山内上杉氏』戎光祥出版、二〇一四年、初出二〇〇八年）。

（11）鎌倉府の故実書『鎌倉年中行事』によれば、鎌倉公方が出陣する際には、諸宿老中に諮問したのち、陰陽師が吉日を選び、御陣奉行をつとめる鎌倉府奉行人が五～十日前に先発して陣所で待機する、という。同書の成立時期からして、このときもこうした一連の作法が行われた可能性が高い。とすれば、やはり持氏の迅速な発向は成立しがたいと考えられる。

(12)　石橋一展「小山氏の乱」(黒田基樹編『足利氏満とその時代』戎光祥出版、二〇一四年)。

(13)　佐藤博信「大森氏とその時代」(『中世東国足利・北条氏の研究』岩田書院、二〇〇六年、初出一九九八年)、杉山一弥「室町期の箱根権現別当と武家権力」(『室町幕府の東国政策』思文閣出版、二〇一四年、初出二〇〇四年)。

(14)　『静岡県史 資料編六 中世二』一八二五号の略、以下同。

(15)　『公名公記』(『管見記』のうち、以下同)永享十年八月二十八日条。

(16)　『看聞日記』永享十年九月二十四日条。

(17)　『看聞日記』永享十年十月七日・九日条、『公名公記』同月十日・十一日条、『師郷記』同月十三日条。なお、憲直息憲重の人名比定については、黒田基樹「持氏期の上杉氏」(本書収録)を参照されたい。

(18)　『公名公記』永享十年十月十一日条、『看聞日記』同月十三日・十一月二十一日条。

(19)　『公名公記』永享十年八月二十八日条。

(20)　『看聞日記』永享十年九月十日・十二日・十六日条、『公名公記』同月十八日条。

(21)　『看聞日記』永享十年九月十二日・十八日条。

(22)　「足利将軍御内書幷奉書留」(前掲註(9)桑山報告書)八二号。

(23)　『師郷記』永享十年十月五日条。

(24)　『看聞日記』永享十年九月五日条、『公名公記』同月七日条。

(25)　『看聞日記』永享十年九月十二日・十六日条。

(26)　この際の錦御旗調進の経緯は、杉山一弥「室町幕府における錦御旗と武家御旗―関東征討での運用を中心として―」(前掲註(13)杉山書、初出二〇〇六年)に詳しい。

(27)　杉山一弥氏は、『薩戒記目録』永享十年八月二十七日条に綸旨発給の記事があることから、錦御旗に先行して綸旨が出されたとしている。前掲註(26)杉山論文。しかし、【史料9】が示すように、綸旨と錦御旗の周知は同時であり、『薩戒記目録』の記述は発給日にさかのぼって記されたものと考えられる。古記録において、伝聞情報が認知した日ではなく発生した日にさかのぼって記されることは、まま見られる。後掲註(56)参照。
(28)『看聞日記』永享十年十月十日条。
(29)『真壁町史料 中世編Ⅰ』所収「真壁文書」一一七号。なお、真壁朝幹と対立する同族の氏幹も、「致 綸旨・御旗警固」と主張している。同文書一一九号。
(30)杉山一弥氏は、錦御旗の下賜が足利名字の者に限られたとしている。前掲註(26)杉山論文。しかし、「綸旨・御旗」の併記からして憲実に下されたのは錦御旗であったと考えられる。
(31)桜井英治『室町人の精神』(講談社、二〇〇一年)。
(32)『看聞日記』永享十年九月十二日・十八日条。
(33)伊藤喜良「室町期の国家と東国」(『中世国家と東国・奥羽』校倉書房、一九九九年、初出一九七九年)、富田正弘「嘉吉の変以後の院宣・綸旨―公武融合政治下の政務と伝奏」(小川信編『中世古文書の世界』吉川弘文館、一九九一年)等。
(34)『看聞日記』永享十年十月十日条。
(35)『師郷記』永享十年九月二十一日条、『看聞日記』同月二十二日条。
(36)真壁氏の相論については、清水亮「南北朝・室町期常陸国真壁氏の惣領と一族」(同編『常陸真壁氏』戎光祥出版、二〇一六年、初出一九九九年)を参照されたい。
(37)順に、『公名公記』永享十年十月十三日条、『師郷記』同日条、『看聞日記』同月十八日条。なお、このとき一色直兼の切腹と、持氏・直兼の妻子らの乗船が難破したとの報も京都に入っている。『看聞日記』同条。
(38)『群馬県史 資料編七 中世三』一四七八号の略、以下同。
(39)『看聞日記』永享十年十月三十日条。
(40)『看聞日記』永享十年十月十日・十一月十七日条。
(41)黒田基樹「史料紹介・上杉憲実文書集(二)―山内上杉氏文書集七―」(『駿河台大学論叢』四七、二〇一三年)四六号。
(42)前掲註(5)黒田書。
(43)『看聞日記』永享十年十一月十七日条。

(44)『看聞日記』永享十年十一月十九日条。
(45)順に、『看聞日記』永享十年十一月二十一日条、『公名公記』同日条。
(46)『看聞日記』永享十年十二月八日・九日条、『師郷記』同月八日条、『公名公記』同月九日条。
(47)『看聞日記』永享十年十二月十一日条、『師郷記』同日条、『公名公記』同日・十二日条。
(48)『師郷記』永享十一年正月二十三日条。
(49)『看聞日記』永享十年十一月二十九日条。
(50)『看聞日記』永享十年十二月八日条。
(51)山田邦明「鎌倉府の直轄領」(『鎌倉府と関東―中世の政治秩序と在地社会―』校倉書房、一九九五年、初出一九八七年)。
(52)『看聞日記』永享十年十二月八日条。
(53)『看聞日記』永享十年十二月十五日条。
(54)『師郷記』永享十一年閏正月二十五日条。「不知其故」とあるが、柏心周操下向の目的が憲実の督促であったことは、本論で述べたとおりである。
(55)『師郷記』永享十一年二月十日条。
(56)『師郷記』永享十一年二月十日条、『東寺執行日記』同日条、『建内記』同月十五日条。『師郷記』『東寺執行日記』が事件当日の条に記しているのは、後日さかのぼって記したものであろう。
(57)『建内記』永享十一年二月十八日条。
(58)黒田基樹「西谷岩松家文書について」(同編『上野岩松氏』戎光祥出版、二〇一五年)。
(59)『師郷記』永享十一年三月二日条、『公名公記』同月三日条。
(60)なお、持氏の子で五代鎌倉公方足利成氏の母も簗田氏であったとされる。成氏が嫡子義久の同母弟であるならば、他の庶兄をしりぞけて鎌倉公方の後継者となったのも故なしとしない。
(61)『師郷記』永享十一年七月四日条。
(62)『茨城県史料 中世篇Ⅳ』所収「秋田藩家蔵文書七「大山弥大夫義次幷組下院内給人家臣家蔵文書」」二四号。

(63) 松本一夫「南北朝・室町前期における茂木氏の動向―上級権力との関係を中心に―」(『下野中世史の世界』岩田書院、二〇一〇年、初出一九九一年)。
(64) 市村高男「鎌倉府体制の展開と結城・小山一族」(荒川善夫編『下総結城氏』戎光祥出版、二〇一二年、初出一九八四年)。
(65) 『看聞日記』永享十年十一月六日条。
(66) 江田郁夫「持氏政権期の宇都宮氏」(『室町幕府東国支配の研究』高志書院、二〇〇八年、初出一九八九年)。
(67) 『栃木県史 史料編 中世二』所収「茂木文書」四三号。
(68) 前掲註(63)松本論文。
(69) 石橋一展「総論 千葉氏の動向と研究史」(同編『下総千葉氏』戎光祥出版、二〇一五年)。
(70) 「政所方引付」、木下聡「結城合戦前後の扇谷上杉氏―新出史料の紹介と検討を通じて―」(黒田基樹編『扇谷上杉氏』戎光祥出版、二〇一二年、初出二〇〇九年)参照。
(71) 『史料纂集 熊野那智大社文書 米良文書三』一〇〇一号・ト。
(72) 前掲註(51)山田論文。
(73) 稲葉広樹「足利持氏専制の特質―武蔵国を中心として―」(前掲註(2)拙編書、初出二〇〇七年)。
(74) 杉山一弥「篠川公方と室町幕府」(前掲註(13)杉山書)。
(75) 『看聞日記』永享十年十月十日条。
(76) 前掲註(41)黒田史料紹介参考五三号。
(77) 江田郁夫「鎌倉府体制下の長沼氏」(前掲註(66)江田書、初出一九九七年)。
(78) 前掲註(41)黒田史料紹介五一号。
(79) 武田信重の甲斐入国については、秋山敬一「上杉禅秀の乱後の甲斐国情勢」(『甲斐武田氏と国人―戦国大名成立過程の研究―』高志書院、二〇〇三年、初出一九九一年)、杉山一弥「室町幕府と甲斐守護武田氏」(前掲註(13)杉山書、初出二〇〇一年)参照。
(80) 前掲註(22)「足利将軍御内書幷奉書留」一〇八号。

(81)　『薩戒記』永享十一年閏正月十三日条。
(82)　「国堺」の位置づけについては、佐藤博信「鎌倉府についての覚書」(『中世東国の支配構造』思文閣出版、一九八九年、初出一九八八年)を参照。
(83)　『公名公記』永享十年八月二十八日・九月十八日条、『看聞日記』永享十年九月十日・十二日・十六日・十八日・二十四日条。
(84)　『公名公記』永享十年十一月十六日条。
(85)　木下聡「総論　斯波氏の動向と系譜」(同編『管領斯波氏』戎光祥出版、二〇一五年)。
(86)　『東寺執行日記』永享十一年二月十日条。
(87)　『常陸遺文』所収の鹿島氏関係文書が、実際には桐生佐野氏のものであることについては、黒田基樹「桐生佐野氏の展開」(『古河公方と北条氏』岩田書院、二〇一二年、初出二〇〇七年)に指摘がある。

【付記】本稿執筆にあたっては、関東足利氏研究会の参加者の方々から多くの示唆を得た。記して謝したい。また、脱稿後、持氏治罰綸旨に関して田村航「揺れる後花園天皇―治罰綸旨の復活をめぐって―」(『日本歴史』八一八、二〇一六年)に触れた。併せて参照されたい。

Ⅴ　足利持氏の発給文書

清水　亮

はじめに

鎌倉公方の発給文書について、体系的な整理を行ったのは小林保夫氏である。(1) 小林氏は、基氏期から持氏期における鎌倉公方発給文書を通観して、①基氏期に書状形式・寄進状形式・御判御教書形式の公方発給直状の類型が形成されたこと、②幕府・鎌倉府間で交わされた文書のあり方から、室町幕府管領制の起点が斯波義将の第一回管領就任期、確立期が細川頼之期であったと考えられること、③第二代鎌倉公方氏満期に京都から鎌倉府への文書発給方式が整理され、それにともない、幕府管領・関東管領の地位・職権が明確化したこと、④持氏期には、従来「御教書」とされてきた寺社宛の御判御教書形式文書が「御判」と呼ばれるようになり、持氏自身も、官途名ではなく「従三位」と署名するなど、従来の鎌倉公方とは異なるあり方をとったことなどを指摘した。

また、足利持氏は、少なくとも二度の改判を行っており、とくに応永三三年（一四二六）正月改判後の個性的な花押のあり方からか、その花押形の推移と改判の意図などについて、研究が進められてきた。(2)

本稿では、これらの研究や近年の持氏期の鎌倉府研究に学びつつ、管見に入った足利持氏発給文書の全容を紹介するとともに、それらの形式・機能と推移を整理していく。

一、足利持氏発給文書の概要

現在、管見の限り、正文・案文・写・要検討文書をふくめて、足利持氏の発給文書を二二四例確認している。その全容を、本稿末尾の「表　足利持氏発給文書目録」にまとめた。

無年号文書は、政治状況や花押形等によって年次比定ができるものは、有年号文書とともに年代順に配列している。年未詳文書については、持氏の花押形の大きな変化（上杉様と足利様）に即して有年号文書の次に配列している。すなわち、上杉様花押の年未詳文書については、上杉様花押から足利様花押に花押形が変化した応永三三年（一四二六）正月の第二次改判より前に一括して月日順に配列した。また、足利様花押の年未詳文書についは、足利様花押の有年号文書の後ろに、やはり月日順に配列した。

表中の各文書には整理のために番号を付している。以下、本文中ではこの番号を数字で示す。なお、充所・差出書・書止文言は、文書中の表記をそのまま反映させている。

なお、表中の各文書については、形式を第一の分類基準とし、ついで内容・機能を分類の基準としている。以下、第一の分類基準とした文書形式に即して、足利持氏発給文書の概要を示しておく。

・御判御教書形式…一三七通（要検討文書をふくむと一四三通）
・寄進状形式…一八通（要検討文書をふくむと一九通）
・書状形式…五四通（要検討文書をふくむと五五通）
・袖判禁制…二通
・そのほか（勧進帳・願文・奉加帳・諷誦文）…五通

右のとおり、御判御教書形式が持氏発給文書の約六三・一％（要検討文書を除く）を占めており、この形式が持氏発給文書の基本形であることがわかる。次に多いのが書状形式であり、持氏発給文書の約二四・九％（要検討文書を除く）を占めている。

注意したいのは、持氏の遺児で初代古河公方となった足利成氏の文書発給に関わる近年の研究成果である。すなわち、享徳の乱勃発後、成氏は御判御教書形式から書状形式へと公方直状発給文書の比重を移し、以後、古河公方発給文書の基本形態が書状形式になったことが明らかにされている(3)。

なお、初代鎌倉公方足利基氏発給文書のうち書状形式は約一一・九％、第二代鎌倉公方氏満発給文書のうち書状形式は約一三・〇％、第三代鎌倉公方足利満兼発給文書のうち書状形式は約一三・五％である(4)。足利持氏が書状形式で発した文書の残存率は、基氏・氏満・満兼より有意に高い。すなわち、残存史料によるかぎり、足利持氏は、鎌倉公方四代（基氏・氏満・満兼・持氏）のなかで、書状形式文書をもっとも多く発給した人物であったことになる。

また、遺児成氏が享徳の乱勃発後、書状形式を主な発給文書としたことをふまえると、持氏による書状形式文書の使用については、成氏との連続面・断絶面を考慮する余地が生じるであろう[5]。

そこで、本稿では、足利持氏発給文書について、主に御判御教書形式と書状形式の用途・機能を分類し、それらの推移と政治的状況などとの関連から分析を進めていきたい。

二、足利持氏発給文書の花押形と政治史

（1）足利持氏花押形の分類試案

無年号文書をふくむ、ある人物の発給文書の年次比定や政治志向の分析にあたって、花押形の分類は不可欠の作業である。そこで、本稿では、足利持氏発給文書の花押形の編年について、私見を提示しておきたい。

足利持氏の花押形は、上杉様（応永一九～応永三三年正月）と足利様（応永三三年正月～永享一〇）の2種類に大きく分けられる。これまで、足利持氏の花押については、重永卓爾氏による縦二画採用型（上杉様に相当。応永二四年正月頃に当該形態の枠内での変改を認める）・新様式2区分説、佐藤博信氏による上杉様2区分・新様式説、上島有氏による上杉様2区分・足利様2区分説[6]が提示され、上島氏の2種類4区分説が現在の研究の到達点と評価できる。

これらの成果をふまえて私なりに検証を加えた結果、足利持氏の花押形は、上杉様4区分・足利様3区分に分類できると考えた。すでに検討結果のみは公表しているが、議論の前提として、それらの分類案を提示しておく[7]。

〈上杉様1〉…応永一九年（一四一二）三月五日（判始）～応永二二年（一四一五）一二月二〇日（№13・14）頃
〈上杉様2〉…応永二三年（一四一六）一〇月五日（№15）頃～応永二四年（一四一七）五月頃（第一次改判〈『喜連川判鑑』〉）
〈上杉様3〉…応永二四年（一四一七）五月頃～応永二五年（一四一八）八月一〇日頃（№59）（もしくは一〇月二九日頃（№60））
〈上杉様4〉…応永二五年（一四一八）一〇月二九日（№61）頃～応永三三年（一四二六）正月一五日
〈足利様1〉…応永三三年（一四二六）正月一六日（第二次改判〈『喜連川判鑑』〉）～応永三四年（一四二七）五月二日（№153）頃(8)
〈足利様2〉…応永三四年（一四二七）一二月二〇日（№155）もしくは正長元年（一四二八）八月一八日（№159）頃～正長二年（一四二九）一二月八日（№177）頃
〈足利様3〉…正長三年（一四三〇）六月二七日（№179）頃～永享一〇年（一四三八）九月一二日（№207）頃

表中の無年号文書の配列は、右の七分類をふまえている。第一次改判にともなう〈上杉様2〉と〈上杉様3〉の相違、第二次改判にともなう〈上杉様4〉と〈足利様1〉の相違は、画数・形状から明確に判断できる。だが、そのほかの時期については、どの時期に配列すべきか判断に迷うものがある。また、〈上杉様4〉と〈足利様3〉については、さらに細かい時期区分が可能かもしれない。これらの点については、今後、さらに検討を進めていきたい。

（2）足利持氏の文書発給開始

『喜連川判鑑』によると、足利持氏が家督を継承したのは応永一六年（一四〇九）九月であり、同一七年六月二九日には「御評定始」が行われた。しかし、「未だ御童体の間、御出あたわず」という状況であり、「御評定始」から、鎌倉府の政治に持氏が参加できたわけではない。

しかも、応永一七年の八月には、持氏の叔父満隆の謀叛疑惑がもちあがり、持氏は関東管領である上杉憲定（長基）の山ノ内の宿所に避難した。結局、持氏は九月三日に公方館に戻ったが、鎌倉府の政務運営と関東管領の地位をめぐって、足利満隆・犬懸上杉氏憲と山内上杉憲基の抗争は継続した。満隆・氏憲は、この抗争を優位に進め、応永一七年一〇月一一日には禅秀（氏

足利持氏足利様花押１（五大堂明王院所蔵「法華堂文書」）

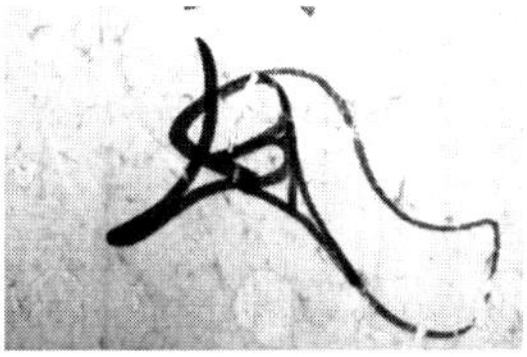
足利持氏足利様花押３（東京大学文学部日本史学研究室所蔵「相模文書」）

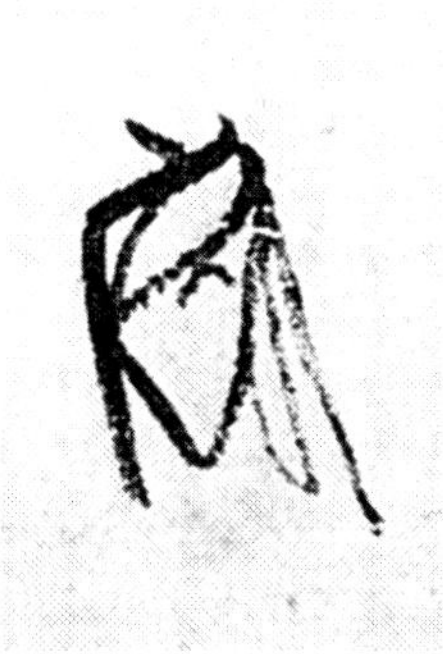
足利持氏上杉様花押１（『重要文化財指定記念　中世結城家文書』87頁、花押のみ）

足利持氏花押上杉様３（横浜市立大学学術情報センター所蔵）

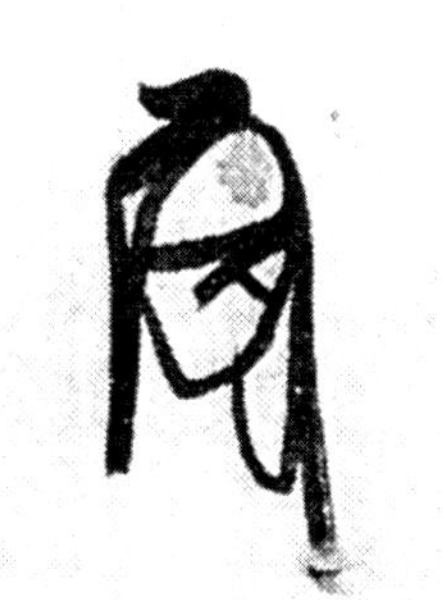
足利持氏上杉様花押４（『重要文化財指定記念　中世結城家文書』91頁、花押のみ）

憲）が、鶴岡八幡宮に対して沽却した社領を安堵する旨の奉書を発給している（神五四三〇）[9]。この時点で、上杉禅秀は関東管領としての職務を行使していた。応永一八年二月に禅秀が関東管領に任じられ、同二〇日に評定始を行ったとする『喜連川判鑑』の記事との整合性を考慮すると、江田郁夫氏が指摘するとおり、応永一七年一〇月までに、上杉禅秀は実質的に関東管領の地位にあり、翌年二月に正式に関東管領に就任したと考えられる[10]。

足利持氏の「御判始」は応永一九年三月五日であり（『喜連川判鑑』）、それは発給文書からもほぼ裏づけられる。

【史料1】「鶴岡八幡宮文書」応永一九年（一四一二）三月一七日足利持氏寄進状（神五四四三、№1）

寄進　鶴岡八幡宮

　武蔵国平井彦次郎跡事

右、為当社領所寄附也者、早守先例可被致沙汰之状如件、

　　応永十九年三月十七日

　　　左兵衛督源朝臣（足利持氏）（花押）

【史料1】は、足利持氏発給文書の初見事例であり、「御判始」とされる応永一九年三月五日から間もない時期のものである。しかし、応永一七年六月二九日の「御評定始」から同二一年三月五日の「御評定御意見始」（持氏による政務運営の事実上の始まり）の間は、足利満隆・上杉禅秀が鎌倉府の評定を主導し、政務運営を掌握していた時期[11]とほぼ重なっている。したがって、「御判始」から応永二一年三月五日までの持氏は、満隆・禅秀が評

定を主導する状況下で、主にその決定に基づいて文書を発給していたと考えられる。当該期における足利持氏の発給文書は、№1～10である。

（3）持氏の第一次改判とその背景

応永二二年三月五日の「御評定御意見始」からまもなく、足利持氏と上杉禅秀は、禅秀被官である常陸国小幡氏の所領没収をめぐって衝突し、禅秀が関東管領を辞職した。そして、山内上杉憲基が関東管領に就任し、持氏・憲基による鎌倉府の政務運営が始動する。

これに対して禅秀・満隆は、応永二三年一〇月に上杉禅秀の乱を引き起こし、持氏は駿河へ、憲基は越後に脱出する。その後、持氏は幕府の援助を受けて鎌倉に向けて進軍する一方、憲基も越後上杉氏の援助を受けて陣容を立て直し、南下して鎌倉に向かった。そして、禅秀らが自害した後、憲基は応永二四年正月一一日に鎌倉に入り、持氏は同月一七日に鎌倉に入った[12]。すなわち、持氏と憲基は、それぞれ独自の軍勢の大将として上杉禅秀の乱を鎮圧したのである。このことが、持氏と憲基の対立を引き起こす一因となる[13]。

『喜連川判鑑』によると、持氏は、応永二四年四月二八日に、新造された御所に移徙したが、同日に上杉憲基は関東管領を辞して伊豆国三島に引き籠もったとされる。この四月二八日から五月二九日の間に、第一次改判が行われたのである。

ちなみに、『満済准后日記』応永二四年五月四日条では「上杉房州（憲基）伊豆に下向の由注進、管領（足利持氏カ）の上意たりと云々」と述べられている。持氏と憲基が応永二四年四月末に衝突したことは事実であり、持氏の改判もこの事件と関わりを持っているとと考えるのが自然であろう。

従来、持氏の第一次改判については、上杉禅秀の乱の収束と関連づけた評価がなされており[14]、私もそれは妥当であると考える。ただ、憲基との衝突をふまえると、より踏み込んだ解釈が可能ではないだろうか。すなわち、第一次改判には、上杉氏と連携しつつ公方権力を確立させるという、持氏の志向が反映されていたと考えたいのである。

持氏と憲基の利害・政治志向が衝突した事案で確実なものは、上杉禅秀の乱後の恩賞問題である。さきに述べたとおり、持氏と憲基は、それぞれ独立した軍勢の大将として上杉禅秀の乱の鎮圧にあたった。したがって、憲基は、自身の被官や支持勢力への恩賞を実現する必要性に迫られていたと考えられる。

持氏は、憲基に対して、応永二四年閏五月二五日付で「上野・伊豆闕所分」の支配を認め（No.36）、同年八月二二日付で「被官の輩知行分〈文書を帯び訴訟を致す所々を除く〉の事、申し請うの旨に任せて充て行うところなり。この上は今度の過失につき、他人の競望あるべからざるの状、くだんの如し」（No.39）と、憲基被官知行分の給与と自身の過失を認めている[15]。『喜連川判鑑』によると、憲基が伊豆から鎌倉に帰参したのは応永二四年閏五月二四日であり、その翌日に持氏は「上野・伊豆闕所分」の支配を認めている。上杉禅秀の乱の恩賞問題が持氏と憲基の衝突の一因であったことはほぼ間違いない。

持氏の第一次改判には、公方の主導で、恩賞問題も含めた上杉禅秀の乱の戦後処理、その後の管国統治を進めようとする彼の志向が込められていたと考えられる。しかし、恩賞問題に関する限り、持氏は、憲基との駆け引きに破れた格好になった。以後、持氏は、禅秀の乱の戦後処理にあたって近臣を大将に任命するなど、関東管領の存在に必ずしも依拠しない権力基盤の形成に努めていくのである[16]。

（4）第二次改判の契機と足利様花押の推移

持氏が二度目の改判を行ったのは応永三三年（一四二六）正月一六日とされている（『喜連川判鑑』）。持氏の改判については、東国国家樹立の意志を示したものとする説[17]と将軍職就任の願いを含めたものとする説[18]に分かれている。

私は、持氏の第二次改判は、足利義持の後継者として将軍職に就任する願いを含めたものであったと考えている。応永三二年二月二七日に足利義持の嫡子で将軍の座にあった義量が死去したことにともない[19]、同年末、持氏が建長寺長老を使者として、義持の猶子として上洛する意志を示したという風聞が京都に流れたこと[20]をふまえると、持氏が将軍職を希求していた可能性は高いと考える。

ただ、足利義教が室町殿の座について以降、持氏が将軍職にこだわり続けたとは必ずしもいえない。義教と持氏が対立し続けた一四三〇年代、持氏は、京都御扶持衆の有力者であった常陸大掾氏の粛清[21]、鎌倉とつながる武蔵・相模・安房・上総の軍事的・経済的支配[22]などを進め、鎌倉府管国の統治を強化する志向を顕在化させている。

第二次改判で採用された足利様花押は、時期によって形状に変化が見いだされる。〈足利様1〉の時期には、花押の右部分が先細り気味である。この花押右部分は、時期の推移に応じて肥大化し、〈足利様3〉でもっとも大きくなる。〈足利様3〉が用いられた時期（永享年間）は、持氏が鎌倉府管国支配の強化を進めた時期と重なっている。持氏の東国統治やその背景にある政治志向と、足利様花押の変遷は関連している可能性がある。この点については、今後検討を深めていきたい。

三、御判御教書形式文書の概要

足利持氏が発給した御判御教書形式の文書は、非常に多くの用途に用いられている。以下、さきに提示した一三七例（要検討文書を除く）を分析対象として、御判御教書形式の文書の用途・機能を述べよう。分析・論述にあたっては、継続的に見いだされる用途・目的を主な対象とする。

（1）所領・所職等の安堵・給与に関わる用途

①安堵

寺社・武士への所領等の安堵は、一四例確認される。安堵の初見事例を【史料2】として掲出する。

【史料2】（神五四八六、№14）

別願寺領下総国相馬御厨内横須賀村・下野国薬師寺庄半分除福田・平塚両郷事、早任去永徳二年十月廿九日・明徳二年九月八日・去七年十二月卅日御寄進状之旨、知行不可有相違之状如件、

応永廿二年十二月廿日　（花押）（足利持氏）

【史料2】は、鎌倉別願寺に対して、祖父氏満・父満兼の「御寄進状」の趣旨にしたがって、下総国相馬御厨内横須賀村・下野国薬師寺庄半分（福田・平塚両郷を除く）の知行を認めたものであり、安堵状とみてよい。以後、御判御教書形式の文書による安堵は、永享八年（一四三六）七月二六日付で出された藤田美作守後家宛の譲与安堵（No.202）まで見いだされる。したがって、御判御教書形式による安堵は、持氏の公方在任期を通して行われたとみてよいであろう。

なお、武士宛の安堵の初見は、応永二五年（一四一八）三月八日付で、石川左近将監（幹国か）に常陸国吉田郡平戸郷・嶋田村内知行分を、宍戸持朝の推挙によって認めた事例（No.44）である。持氏が上杉禅秀の乱以降、武士に対する所領安堵を行使したことはすでに指摘されており、[23] No.44は、その具体例といえる。そのほか、武士に対する所領・家督の安堵の事例として、応永三〇年（一四二三）一二月二三日付で小山藤犬（持政）に父満泰の遺跡相続を認めた事例（No.129）、正長元年（一四二八）一二月二九日付で陸奥国の国人石川持光に父義光の遺跡・惣領職を安堵した事例（No.164）、正長二年一二月八日付で武蔵国白旗一揆の一員である別府幸忠に相博安堵を行った事例（No.177）、永享七年（一四三五）六月一一日付で常陸国の国人手賀又四郎に譲与安堵を行った事例（No.197）、さきにふれた藤田美作守後家に譲与安堵を行った事例（No.202）を確認できる。

②還補

還補の事例は二例確認できる。一つは、応永三一年（一四二四）七月五日付で武蔵国の別符幸忠に対して別符郷内の玉井寺古田和尚・玉井田中次郎らの押領地を還補した事例（No.138）である。応永三一年という時期からみて、持氏の京都御扶持衆追討に別符幸忠が参加し、隣郷の玉井氏から受けていた押領地の還補を獲得した可能性を想定できる（別府三四〜三六参照）。もう一つは、正長四年（一四三一）四月二七日付で鶴岡八幡宮神主である大伴持時に大蔵稲荷社神主職を還補した事例（№183）である。

③所領給与および預置

所領給与および預置の事例は八例確認できる。所領給与が七例、預置が一例である。初見は、上杉禅秀の乱に直面した持氏が、応永二三年（一四一六）一〇月五日付で、長沼義秀に「下野国長沼庄右衛門佐入道《禅秀、上杉氏憲》跡・同国大曽郷木戸駿河守跡・同国武田下条八郎跡・武蔵国小机保内長井次郎入道跡等」を充て行った事例（№15）であり、終見は、永享九年（一四三七）六月二七日付で茂木知政に「下野国東茂木□《保》」内の所領を勲功所領として与えた事例（下部欠、№203）である。所領給与の事例自体は多くないが、持氏は、遅くとも上杉禅秀の乱以降、永享の乱（あるいはその直前）までその権能を行使していたと考えられる。

④所職補任

所職補任の事例は四例確認される。いずれも、僧侶に宛てたものであり、鎌倉寺社の供僧職補任が三例（№13・57・152）、関東十刹の一つ長楽寺の住持職補任（公帖）（№78）が一例である。

⑤祈願所指定

祈願所指定の事例は三例見いだされる。すなわち、応永一九年（一四一二）七月一二日付の下総国大方郡今里郷内香取宮（№2）、応永二九年（一四二二）閏一〇月七日付の武蔵国足立郡内清河寺（№103）、応永二九年（一四二二）閏一〇月二一日付の武蔵国瀬崎勝福寺（№104）の三例である。

（2）軍事動員等に関わる用途

⑥軍勢催促

軍勢催促の事例は、二一例見いだされる。初見事例は応永二〇年（一四一三）であり、「甲州凶徒追討」を武州南一揆に命じた事例（№5）、同年一〇月二一日付で結城三河七郎（小峰朝親）に対して伊達松犬丸・懸田播磨入道の追討を命じた事例（№6）がそれにあたる。終見は、正長二年（一四二九）正月晦日付で、南奥の国人である石川一族中に対して、惣領石川持光に属して戦功を挙げるように命じた事例（№167・168）である。

軍事動員は、鎌倉公方が管国内武士に対して持つ基本的な権力の一つである。[24]この権力を御判御教書形式で行使した（現時点での）終見事例が、永享の乱（一四三八年）の九年前であることに注意したい。この点については、書状形式の軍勢催促状のあり方をふまえて後述しよう。

⑦褒賞（感状）

戦功への褒賞文言を持つ、いわゆる感状は、二五例（要検討文書を含めると二九例）見いだされる。初見は、上杉禅秀の乱に関わるものであり、応永二四年（一四一七）二月一六日付で常陸国の国人烟田幹胤に対して、前年一〇月の前浜合戦での軍功を賞した事例（№25）である。また、終見は、永享九年（一四三七）一二月一一日付で佐竹白石持義に対して常陸国鳥渡呂宇城での忠節を賞した事例（№204）である。

すなわち、感状としての機能を持つ御判御教書は、遅くとも上杉禅秀の乱以降、永享の乱頃まで使用されていたと考えられる。この点、軍勢催促状の機能を持つ御判御教書と大きく異なっている。

⑧祈禱命令

厳密には軍事動員ではないが、それに密接に関わる用途として寺社への祈禱命令があげられる。寺社への祈禱命令には、神々を呼び出し、合戦に参加させる寺社への軍事動員としてのケースもあったからである。(25)

祈禱命令は一七例見いだされる。初見は、応永二一年（一四一四）四月二五日付で覚園寺長老に建長寺泉龍院での祈禱を命じた事例（No.8）であり、軍事との関わりは見いだせない。終見は、永享一〇年九月六日付で、覚園寺真言院主に「凶徒退治祈禱」を命じた事例（No.205）であり、永享の乱に際して、持氏が寺社に軍事行動を命じたことがわかる。

ちなみに、持氏期の東国内乱に関わる祈禱命令の事例は八例確認できる。上杉禅秀の乱における「凶徒退治祈禱」・「天下安全祈禱」（No.23・27）、京都御扶持衆追討における「凶徒退治祈禱」・「天下安全祈禱」（No.112・114・116・117・133）、永享の乱における「凶徒退治祈禱」（No.205）である。

以上の事例から、持氏の公方在任期を通じて、「凶徒退治祈禱」を含めた祈禱命令に御判御教書形式が用いられていたことが明らかになる。

（3）所務沙汰、課役の賦課・免除、寺社造営等に関わる用途

⑨遵行命令

関東管領・守護に対して下地沙汰付の遵行を命じた事例は、九例見いだされる。初見は、応永二四年（一四一七）閏五月二四日付で、持氏母一色氏に進上（給与）した上総国千町荘内大上郷の沙汰付を「上総権介」(26)に命じた事例（No.

35）である。終見は、応永三〇年（一四二三）一二月八日付で、上杉定頼に対して安房国安東郷内朴谷村を極楽寺雑掌に沙汰し付けることを命じた事例（No.127）である。

⑩守護不入および諸公事免除特権付与（災害対応を除く）

これらの事案は所領給与に準じる面も有しているが、守護等を通した課役徴収の賦課・免除に直結しているため、（3）での検討対象とする。

公事免除特権付与の初見は、応永二四年（一四一七）一二月二六日付で、武州南一揆に対して政所方公事の納入を五年間免除した事例（No.43）である。時期からみて、この免除特権付与は上杉禅秀の乱およびその戦後処理に関わるもので、南一揆への事実上の恩賞と考えられる[27]。

以後、公事免除特権の付与・確認の事例として、下野国の旧族領主の長沼義秀に対して、応永二五年（一四一八）七月二一日付で陸奥国南山荘・下野国長沼荘の諸公事免除特権を与えた事例があげられる（No.56）。長沼義秀は、持氏期には鎌倉府の有力奉公衆化していたと考えられる[28]。

また、応永二七年（一四二〇）一二月九日付で、長沼義秀の所領長沼荘が守護不入地とされている（No.87）。この事例は、奉公衆化した長沼氏に対する持氏の厚遇と考えられている[29]。

その他、公事免除特権・守護使等不入特権を得た者の顔ぶれをみると、鎌倉浄光明寺（No.88）・伊豆国三嶋社供僧（No.97）・鎌倉永福寺別当（No.100）・鎌倉建長寺正統庵（No.130）・政所執事二階堂盛秀（No.157）・下野国鑁阿寺および樺崎寺（No.178、正長三年〈一四三一〉、終見）を見出せる。彼らは、南一揆・長沼氏と同じく、鎌倉公方持氏にとっての支持基盤か、支持基盤に取り込みたい存在であり、そのため、公事免除特権や守護等不入権を獲得しえたと考えられる。

⑪造営料等の寄進（および寄進状形式による所領寄進）

寺社に対する寄進は、恒常的な所領寄進と個別的（あるいは）時限的な造営料等の寄進に大別される。恒常的な所領寄進は、寄進状形式によってなされている。文書形式は異なるが、議論の都合上、寄進状形式の文書について概観を加えたい。

寄進状形式文書の初見事例は【史料1】、終見は、永享五年（一四三三）一一月二四日付で鶴岡八幡宮に甲斐国鶴（都留）郡内押野村半分（甘利近江入道跡）を寄進した事例（No.193）であり、管見の限り一九例検出される（うち、要検討文書は一例）。寄進状形式による寺社への所領寄進は、持氏の公方在任期を通じて行われていたと考えておきたい。

なお、所領寄進のうち、確実に政治状況と関連づけられるのは、No.21・31・139の三例である。No.21・31は上杉禅秀の乱によって、No.139は京都御扶持衆の追討によって没収した所領を寄進した事例と考えられる。

それに対して、御判御教書による個別的（あるいは）時限的な造営料等の寄進の事例は七例見いだされる。初見は応永二一年（一四一四）五月二五日付で、円覚寺造営用途に鎌倉中の酒壺銭を寄進した事例であり（No.9）、終見は永享四年（一四三二）一二月二三日付で六浦大道の関所を三ヶ年称名寺に寄進した事例（No.189）である。これらのうち、五例（No.175・176・182・186・189）が正長・永享年間に鎌倉寺社へ造営料等を寄進した事例である。このことから、当該期の持氏が、鎌倉寺社を介した管国支配の強化に意欲的であった可能性を指摘できる。[30]

四、書状形式文書の概要

足利持氏が発給した書状形式の文書も多くの用途に用いられている。前章での論述方式におおむね準拠して、主な用途・目的・使用時期について述べていきたい。また、当然のことながら、書状形式は、御判御教書形式よりも私的な傾向が強い。したがって、受給者の属性にも留意して論述・分析を行う。

(1) 所領・所職等の安堵・給与・保障に関わる用途

①武士の遺跡相続への関与

この用途は、御判御教書形式で見いだすことができず、管見では三例（下野長沼氏・陸奥石川氏）を確認した。すなわち、（応永三三年）六月二日付で長沼義秀に対して、長沼刑部少輔の遺跡を彦法師とするとともに、彼が十五才になるまでは次郎が差配することを命じた事例（No.146）、同じく（応永三三年）九月二日付で長沼淡路次郎に対して長沼義秀の死去を悼むとともに鎌倉への参上を命じた事例[31]（No.149）、（正長元年）一二月一九日付で、石川持光に対して、父石川義光の戦死にともない、持氏が「一途」の「成敗」を加えるまでは一族たちの「堪忍」を求めた事例（No.162）である。

下野長沼氏は鎌倉府の有力奉公衆であり、石川氏（特に駿河守系）は、室町幕府よりの政治姿勢をとっていた白河結城氏に隣接、対立していた国人である。持氏は長沼氏と親しい関係にあり、石川氏とも親しい関係にあったか、もしくは石川氏（駿河守系）の代替わりという機会をとらえて関係を強めようとしたと考えられる。[32]

②所領給与および代官職等への推薦

所領給与の事例は、四例確認できる。すなわち、応永二四年（一四一七）閏五月二四日付（№34）の上総国千町荘内大上郷（二階堂右京亮跡）、応永二四年一〇月一七日付（№41）の上総国天羽郡内萩生作海郷（皆吉伯耆守跡）、応永三一年（一四二四）六月二日付（№135）の青砥四郎左衛門尉跡（堀内を除く）、応永三一年六月一七日付（№137）の品河太郎跡（堀内を除く）であり、すべて持氏母一色氏への料所進上である。

№34・№41は上杉禅秀の乱の翌年の事例であり、しかも禅秀の守護分国であった上総[33]の所領である。したがって、これら二例は、上杉禅秀の乱の没収所領であったと考えるのが自然である。また、№135・№137は京都御扶持衆追討の翌年であり、やはり没収所領であった可能性が高い。これらの所領を持氏母に進上した事実をふまえると、持氏は、上杉禅秀の乱や京都御扶持衆追討などの機会をとらえて自己や親族の所領を確保する、直轄領の拡大方策をとっていたと考えられる[34]。

なお、右四例の形式は、書止文言が「あなかしく」で年月日を書き下している。所領給与は、通常、御判御教書形式で行う事案であるが、事実上、持氏の母が受益者であるため、より厚礼な書状形式を採用したと考えられる。

また、応永二四年のものと考えられる二月四日付、地蔵院大僧正宛の持氏書状では「那波上野介宗元申す、相州竹・林の事、かの仁に預け置き候わば、仰ぐところに候、恐惶謹言」（№24）と述べ、鎌倉府の有力奉公衆である那波宗元[35]に対して醍醐寺地蔵院領である相模国竹郷・林郷の預け置き（代官職への補任か）を要請している。この事例が上杉禅秀の乱の翌年であることをふまえると、禅秀の乱への恩賞と考えるのが妥当であろう。

③京都権門領の保障

【史料3】（神五七四八、№53）

嵯峨南芳庵領事、承候之間、則申付候訖、恐惶敬白、

六月二日　　　　持氏（足利）（花押）

大徳院侍衣禅師

【史料3】は、持氏が、室町殿ゆかりの禅院である嵯峨南芳庵の所領保障を行ったことを大徳院侍衣禅師（実質的には大徳院主在中）に伝えた書状である。(36)【史料3】の花押形は、その軸が右に傾いていることから、〈上杉様3〉と判断される。したがって、【史料3】は応永二四年もしくは同二五年のものと考えられる。この事例から、上杉禅秀の乱に際して、鎌倉府管国内の京都権門領が押領されていたこと、(37)持氏は、少なくとも幕府ゆかりの寺社領に対してはそれらの回復を図っていたことを読み取ることができる。

（2）軍事動員等に関わる用途

④軍勢催促

軍勢催促（軍事動員の初発）とみなされる事例は、七例確認される。初見は、応永二三年（一四一六）と推定される一二月一九日付の長沼義秀宛書状（№16）である。上杉禅秀の乱のさなか、駿河国に逃亡中であった持氏が長沼義秀に宛てて、近日の出馬に対応して参陣を促した事例であり、終見は永享一〇年（一四三八）と推定される九月八日付の那須五郎宛書状（№206）である。

書状形式による軍事動員は、上杉禅秀の乱に関わる事例が二例（№16・28）、京都御扶持衆追討に関わる事例が一例（№122）、南奥・常陸の紛争に関わる事例が三例（№172・198・199）、永享の乱に関わる事例が一例（№206）である。

書状形式の軍勢催促状の宛所は、下野長沼氏（№16・28・№122）、陸奥石川氏（№172・198・199）、下野那須氏（№206）に限定されている。彼らはいずれも親持氏派か、持氏がそのようにみなしている武士である。[38] そして、注意したいのは、七例中四例（№172・198・199・206）が、御判御教書形式の軍勢催促状を見いだせない時期にほぼ相当していることである。

事例が少ないため、確定的とはいえないが、以下のような見通しを提示することができるであろう。すなわち、一四二〇年代末・一四三〇年代の持氏は、鎌倉府管国全体の武士に御判御教書形式で軍勢催促を行う方策から、自身が信頼できる武士に書状形式で軍勢催促を行う方策へと、軍事動員のあり方を変化させた、という流れである。

⑤軍事動員に関わる指示

軍事動員に関わる指示（進行中の軍事行動に関する指示）とみなされる事例は、六例確認される。初見は正長二年と推定される、二月九日付の石川持光宛の事例（№169）であり、以後、石川氏宛の事例を計四例（№169・170・218・219）、佐竹大山氏宛の事例を二例（№222・223）確認できる。やはり、事例が少なく、受給者も限られているため、確言はできないが、正長二年頃から一四三〇年代を通して、持氏は軍事関係文書を書状形式で出していたことを指摘できる。

⑥褒賞（感状）

戦功への褒賞文言を持つ、いわゆる感状は、六例（要検討文書〈№208〉を含めると七例）確認される。初見は、応永二九年（一四二二）と推定される一二月二六日付の小山満泰宛書状である（№109）。京都御扶持衆追討が本格化した応永三〇年（一四二三）頃には、小峰朝親宛の感状が二通（№118・119）、南奥の紛争に関わる事例として石川持光宛の感状が三通（№166・198・199）見いだされる。

小山満泰は、小山氏の乱後、親鎌倉公方派の最有力武士の一人となった結城基光の実子と考えられている[39]。小峰氏は、白河結城氏の有力庶子家であり、幕府寄りの白河結城氏と連合しつつ、鎌倉府寄りの政治姿勢をとっていた[40]。また、河村城の攻撃に参加し、持氏から感状を受けた大森氏（№216）は鎌倉府奉公衆であった[41]。

さきにふれたとおり、御判御教書形式の感状は持氏の活動時期を通して用いられている。したがって、書状形式の感状は、やはり持氏に近い立場の武士か、持氏が重視している武士に対して出されたと考えられる。

（3）所務沙汰に関わる用途

⑦遵行命令

遵行命令の事例は四例見いだされる。すべて、長沼義秀の所領回復を下野守護結城基光もしくは宇都宮弾正少弼に命じた事例である（№52・55・61・99）。

№52では、「以前五ヶ度に及び御書を下され候」という状況下で、所領没収を受けた長沼式部大夫を排除し、長沼義秀に与えるよう、親鎌倉府派の有力者で下野守護の結城基光に命じている[42]。「御書」が御判御教書形式であるか、書状形式であるかは明確でない。No.55・61では、上杉禅秀の被官である下野長沼荘内の混布嶋下総入道跡について、持氏が「御使」を派遣して没収を命じ、長沼義秀に与えるように指示している。[43] No.99では、持氏から下野国三依郷を与えられたと思われる長沼義秀と宇都宮持綱の相論に際して、義秀に所領を交付するよう、宇都宮弾正少弼に命じている。この事例については、現地支配をめぐる宇都宮氏と長沼氏の対立に加えて、京都御扶持衆化した持綱を牽制し、長沼義秀を保護する持氏の意図があったことが指摘されている。[44]

以上、事例が少なく、しかも長沼氏に関わる案件に限定されているため、書状による遵行命令が広くなされたとはいえない。あえて推測するならば、相論の一方当事者や遵行担当者が持氏に近しい人物であった場合、書状による遵行命令がなされたのではないか。

（4）そのほかの用途

⑧巻数請取

寺社から祈禱報告を受けたことを証する巻数請取は九例確認され、いずれも鎌倉寺社関係者に宛てられている（No.12・142〜144・212〜215・221）。初見は、花押形と政治情勢（持氏が鎌倉寺社から巻数を請け取りうる状況）から応永二二年のものと推定される一一月一六日付の覚園寺長老宛の巻数請取である（No.12）。以後の事例の花押形は、上杉様4・足利様2か（下部欠）・足利様3であり、持氏の活動時期のほぼ全てにわたっていると考えられる。巻数請取の残存状況は、御判御教書形式による祈禱命令が持氏の活動期を通じて出されたことに対応しているのではないだろうか。

一方、書状による祈禱命令の事例は、管見の限り№102のみである。したがって、持氏による祈禱命令は、基本的に御判御教書形式で出されたものと考えられる。

⑨贈答

贈答の事例は七例見いだされる（№95・145・150・209～211・224）。初見は応永二〇年代の末頃と推定される正月二二日付の芹沢周防守宛の事例である（№95）。武士との贈答事例はこの事例と豊島三河守との贈答を示す№209・224の計三例であり、豊島三河守については、鎌倉府奉公衆であった可能性が指摘されている。(45) そのほかの四例は僧侶との贈答である。年次がほぼ確定できるのは、花押形から応永三三年と推定される地蔵院僧正との贈答事例（№145）のみである。

おわりに

以上、主に御判御教書形式と書状形式に大別して、足利持氏の発給文書の用途・機能とその推移を跡づけてきた。本稿で確認できた主な論点を整理し、むすびにかえたい。

①足利持氏の花押形は、上杉様四類型・足利様三類型の七形態に大別され、この形態分類に基づいて無年号文書を活用する手がかりを見いだすことができる。

②持氏が、永享の乱まで御判御教書形式を使用していたと考えられる事案は、所領安堵（還補もか）・所領給与（預

置）、武士への感状、寺社への祈禱命令、寺社への造営料等の寄進である。
③持氏の軍勢催促については、鎌倉府管国全体の武士に対する御判御教書形式による軍勢催促から、親しい武士に対する書状形式での軍勢催促に変化する傾向を見いだせる。このような文書形式・軍勢催促対象の変化は、一四三〇年代頃から顕著になる。
④御判御教書形式による遵行命令は応永三〇年（一四二三）頃、守護不入・公事免除特権等付与の事例は正長三年（一四三一）頃を終見とする。
⑤御判御教書形式による感状とは異なり、書状形式による感状は、持氏と親しい関係にあったか、持氏が重視していた武士に限定して発給されたと考えられる。

すでに市村高男氏は、（A）応永末年頃から持氏が自らの近臣団を充実させ、関東管領奉書から奉行人奉書・政所奉書による意志発動・支配体制を進め、御料所の拡充を図ったこと、（B）鎌倉府権力の中枢から排除された山内上杉氏も自らの直臣団を整備し、守護領国（分国）支配を強化するようになったことを指摘している。[46]所務沙汰に関わって発給される御判御教書は、基本的に関東管領奉書（施行状）の発給によって実効力を発揮する。したがって、本稿で整理した足利持氏発給文書のあり方は、市村氏が提示した持氏期の鎌倉府政治史におおむね対応しているといえるであろう。[47]

そして、持氏が、自身と近しい武士に書状形式で軍勢催促を行っていたという事実は、子息成氏が享徳の乱勃発以降にとった軍勢催促のあり方と共通している。足利持氏の発給文書は、当該期における鎌倉府政治のあり方を反映しているとともに、足利成氏の文書発給形態を規定したと見通しておきたい。

本稿では、足利持氏発給文書そのものの総体的把握をめざしたため、持氏期における鎌倉府の文書発給システム（あるいはシステムを外れた文書発給のあり方）やその推移については、今後の課題とせざるを得ない。(48)また、持氏の花押自体についても、それらの大きさの推移、大きさを規定する条件などについては検討に至らなかった。(49)これらの問題については、別の機会に考えてみたいと思う。

註

（1）小林「南北朝・室町期の京と鎌倉（上）（下）―鎌倉府発給文書の分析―」（『堺女子短期大学紀要』一七・一八、一九八二年）。

（2）重永卓爾「花押の中世的展開」（『日本古文書学論集8　中世Ⅳ』吉川弘文館、一九八七年、初出一九七五年）、佐藤博信「足利持氏の花押について」（同『中世東国の支配構造』思文閣出版、一九八九年、初出一九八三年）、上島有「解説」（『日本古文書学論集8　中世Ⅳ』吉川弘文館、一九八七年）、田辺久子『関東公方足利氏四代』（吉川弘文館、二〇〇二年）など。なお、「新様式」という用語は、重永氏・佐藤氏ともに使用していない。両氏とも、応永三三年正月改判以降の持氏の花押について明確な形態名を付していないため、便宜的に「新様式」と表現した。

（3）和氣俊行「古河公方袖加判申状からみる関東足利氏権力の変遷」（『古文書研究』五八、二〇〇四年）、阿部能久「享徳の乱と関東公方権力の変質」（同『戦国期関東公方の研究』第一章第二節、思文閣出版、二〇〇六年）、同「鎌倉公方から古河公方へ」（『古河の歴史を歩く』高志書院、二〇一二年）。

（4）これらのデータは、角田朋彦「足利基氏発給文書に関する一考察」（『関東足利氏の歴史第1巻　足利基氏とその時代』戎光祥出版、二〇一三年、原形初出一九九五年）、駒見敬祐「足利氏満の発給文書」（『関東足利氏の歴史第2巻　足利氏満とその時代』戎光祥出版、二〇一四年）、同「足利満兼の発給文書」（『関東足利氏の歴史第3巻　足利満兼とその時代』戎光祥出版、二〇一五年）を基礎とした。なお、基氏・氏満・満兼の書状形式文書の残存率を算出する際、要検討文書は除外している。

（5）この点、在地領主研究会例会での報告「鎌倉公方足利持氏発給文書の史料学的考察」（二〇一一年九月一〇日）での席上での討論で示唆を受けた。なお、古河を拠点とした成氏の軍政とその発給文書については、山本隆志「公方足利成氏の古河陣営」(『第92回企画展関東公方・足利氏の遺産　喜連川文書の世界』さくら市ミュージアム、二〇一五年)も参照。

(6) 註(2)の重永・佐藤・上島各氏の論文を参照。なお小国浩寿氏は、持氏の第一次改判について「自立の意志はあるものの、基盤を持たない持氏にとっては、鎌倉府体制の復旧には上杉氏の協力がまだ必要であったことを示していよう」と評価し、第二次改判(足利様)については、京都将軍への対抗心と将軍就任への希望の両面を見いだしている(同『動乱の東国史5　鎌倉府と室町幕府』一九七・一九八頁、吉川弘文館、二〇一三年)。私も、小国氏の評価(特に第二次改判)に基本的に賛同している。

(7) 拙稿「花押・筆跡分析による関東公方発給文書の史料学的研究〜足利持氏発給文書を中心に〜」(「学術情報発信システムSUCRA」でPDF公開〈KP23A11-06〉、埼玉大学総合研究機構研究プロジェクト研究成果報告書〈平成二三年度〉、二〇一二年作成、二〇一三年公開)。なお、足利持氏の花押写真掲載にあたって、所蔵機関である白河集古苑(上杉様1・上杉様4)・横浜市立大学学術情報センター(上杉様3)・五大堂明王院(足利様1)・東京大学文学部日本史学研究室(足利様3)のご高配を得た。記してお礼を申し上げたい。

(8) 註(2)重永論文・上島論文で示された足利様2区分(重永氏は新様式とする)の画期は、おおむねこの時期にあたる。

(9) 『神奈川県史資料編3古代・中世(3上)』五四三〇号。以下、同書所収史料の表記は神+番号とする。また、『熊谷市史資料編2　古代・中世本編』所収「別府文書」の表記は別府+番号とする。

(10) 江田郁夫「上杉禅秀の乱と下野」・「鎌倉公方連枝足利満隆の立場」(同『室町幕府東国支配の研究』高志書院、二〇〇八年、前者の原形初出一九九八年、後者の原形初出二〇〇五年)。

(11) 註(10)参照。

(12) 渡辺世祐『関東中心足利時代之研究〔改訂版〕』第三編第二章(新人物往来社、一九九五年、初版一九二六年)、植田真平「上杉禅秀の乱考」(『室町戦国期の社会構造』吉川弘文館、二〇一〇年)など。

(13) 山田邦明「犬懸上杉氏の政治的位置」(黒田基樹編著『シリーズ・中世関東武士の研究　第一一巻　関東管領上杉氏』戎光祥出版、二〇一三年、初出二〇〇三年)。

（14）註（2）・註（6）参照。なお、小林保夫氏は、持氏が新造なった公方館に移った「同じ日、関東管領上杉憲定《基―清水註》はその職を辞して、伊豆三島に引籠っている」ことを指摘し、その背景に、禅秀与党誅罰を推進しようとする持氏と、京都への配慮から寛宥な処置を主張した憲基との対立を想定している。そして、持氏の第一次改判については、鎌倉の秩序回復にともなう「気分一新」のために行なわれたと評価している（以上、註（1）小林論文）。これらの点についての私見は、本文を参照されたい。

（15）この間の経緯については、註（2）田辺著書一三〇・一三一頁参照。

（16）持氏の近臣については、風間洋「足利持氏専制の周辺―関東奉公衆一色氏を通じて―」（植田真平編著『シリーズ・中世関東武士の研究第二〇巻　足利持氏』戎光祥出版、二〇一六年、初出一九九七年）、註（2）田辺著書一三一〜一三六頁などを参照。

（17）註（2）佐藤論文。

（18）註（2）田辺著書一四一頁、註（6）小国著書一九八頁など。

（19）『看聞日記』同日条・応永三二年二月二八日条など。

（20）『看聞日記』応永三三年一一月三〇日条。

（21）拙稿「南北朝・室町期の常陸平氏と鎌倉府体制」（高橋修編著『シリーズ・中世関東武士の研究第一六巻　常陸平氏』戎光祥出版、二〇一五年、初出二〇〇一年）。

（22）小国浩寿「持氏期鎌倉府の守護政策と分国支配」（同『鎌倉府体制と東国』吉川弘文館、二〇〇一年、初出一九九一年）、註（6）小国著書一九二〜一九四頁。なお、阿部哲人氏は、京都御扶持衆追討の戦後処理と連動して、鎌倉府が常陸鹿島社の造営を推進したことを明らかにしている（同「鎌倉公方足利持氏期の鎌倉府と東国寺社―鹿島社造営を素材として―」（註（16）植田編著、初出一九九七年）。

（23）伊藤喜良「鎌倉府覚書」（同『中世国家と東国・奥羽』校倉書房、一九九九年、初出一九七二年）。なお、石橋一展氏は、鎌倉府（関東府）の還補・沙汰付がともなって東国武士の所領安堵が実現したことから、基氏期には鎌倉府（関東府）が東国武士の所領「安堵」に関与していたこと、東国武士もこのような鎌倉府（関東府）の機能を認識していたことを指摘している（同「関東公方の『安堵権』と東国」〈『千葉史学』五〇、二〇〇七年〉）。傾聴すべき見解であろう。

（24）註（12）渡辺著書三三・三四頁。

（25）川添昭二「蒙古襲来と中世文芸」（同『中世文芸の地方史』平凡社、一九八二年、初出一九七三年）、村井章介「蒙古襲来と鎮西探題の成立」（『史学雑誌』八七―四、一九七八年）、海津一朗『歴史文化ライブラリー32　蒙古襲来　対外戦争の社会史』（吉川弘文館、一九九八年）、下村周太郎「日本中世の戦争と祈祷」（『鎌倉遺文研究』一九、二〇〇七年）など。

（26）「上総権介」については、木下聡「結城合戦前後の扇谷上杉氏」（黒田基樹編著『シリーズ・中世関東武士の研究第五巻　扇谷上杉氏』戎光祥出版、二〇一二年、初出二〇〇九年）、石橋一展「享徳の乱前後における上総および千葉一族」（『千葉いまむかし』二七、二〇一四年）などを参照。

（27）武州南一揆については、佐藤博信「鎌倉府についての覚書」（註（2）佐藤著書、初出一九八八年）、註（22）小国論文、峰岸純夫「室町時代の動乱と多摩地域」（『日野市史　通史編二（上）中世編』第二章第一節三、一九九四年）、鎌倉佐保「上杉禅秀の乱と武州南一揆」（『多摩市史　通史編一』第五編第二章第三節1、一九九七年）、稲葉広樹「十五世紀前半における武州南一揆の政治的動向」（註（16）植田編著、初出二〇〇五年）、呉座勇一「あきる野の武州南一揆関連文書について」（『千葉史学』五〇、二〇〇七年）などを参照。

（28）佐藤博信「下野長沼氏と鎌倉府体制」（註（2）佐藤著書、初出一九七八年）、阿部能久「関東府体制下の長沼氏」（『日本史学集録』二六、二〇〇三年）など。

（29）註（28）参照。

（30）持氏による管国内の寺社支配、あるいは寺社を介した管国支配については註（22）阿部論文、小森正明『室町期東国社会と寺社造営』（思文閣出版、二〇〇八年）、杉山一弥「室町期の箱根権現別当と武家権力」（同『室町幕府の東国政策』思文閣出版、二〇一四年、初出二〇〇四年）、佐藤博信「鎌倉府による寺社支配の一様態―安房妙本寺・武蔵宝生寺を通じて―」（千葉大学『人文研究』四五、二〇一六年）、盛本昌広「瀬戸神社に来た足利持氏」（註（16）植田編著、初出一九九七年）などに学び、検討を深める必要があるだろう。

（31）江田郁夫「鎌倉府体制下の長沼氏」（註（10）江田著書所収、原形初出一九九七年）。

（32）当該期の白河結城氏については、佐川庄司「結城三河七郎宛文書に関する一考察」（白河市歴史民俗資料館・白河集古苑編集・発行『中世結城家文書』、一九九六年）、黒嶋敏「奥州探題考」（同『中世の権力と列島』高志書院、二〇一二年、原形初出二〇〇〇年）、山田邦明「白河結城氏と小峰氏」・山本隆志「室町時代の白河氏・那須氏と南奥政治情勢」（ともに村井章介編『中世東国武家文書の研究』高志書院、二〇〇八年）、石川氏については前掲山本論文、渡部正俊「室町時代の石川」（『石川町史第一巻　通史編Ⅰ　原始・古代・中世・近世』第二編第三章、二〇一二年）などを参照。

（33）註（13）山田論文など。

（34）鎌倉府の直轄領については、山田邦明「鎌倉府の直轄領」（同『鎌倉府と関東』校倉書房、一九九五年）、市村高男「鎌倉公方と東国守護」（『歴史公論』八一、一九八二年）を参照。

（35）那波宗元については、峰岸純夫「鎌倉府と那波氏」（『伊勢崎市史　通史編1　原始古代中世』第三章第四節一、一九八七年）を参照。

（36）【史料3】および嵯峨南芳院（南芳庵）の位置づけについては、山家浩樹「嵯峨南芳院とその文書」（『日本歴史』七三九、二〇〇九年）を参照。

（37）上杉禅秀の乱を契機とした東国の京都権門領の押領については、峰岸純夫「十五世紀東国における公家領荘園の崩壊」（同『中世荘園公領制と流通』岩田書院、二〇〇九年、初出一九七八年）を参照。

（38）長沼氏については註（28）、那須氏（那須五郎）については江田郁夫「持氏政権期の那須氏」（註（10）江田著書、原形初出一九九四年）、石川氏については註（32）山本論文・渡部論文などを参照。

（39）江田郁夫「小山若犬丸の乱について」（註（10）江田著書、原形初出二〇〇六年）。

（40）註（32）佐川論文。もっとも正長年間頃から永享年間には、小峰氏も幕府寄りの政治姿勢をとっていたと考えられる（註（32）山本論文、呉座勇一「白河結城文書の一揆契状」〈註（32）村井編著〉などを参照）。

（41）山田邦明「鎌倉府の奉公衆」（註（34）山田著書、初出一九八七年）、佐藤博信「大森氏とその時代」（同『中世東国 足利・北条氏の研究』岩田書院、二〇〇六年、初出一九九八年）、註（30）杉山論文など。

（42）結城氏については、市村高男「鎌倉府体制の展開と結城・小山一族」（荒川善夫編著『シリーズ・中世関東武士の研究　第

八巻　下野結城氏』戎光祥出版、二〇一二年、初出一九八四年）、山田邦明「関東武士と鎌倉府」（註（34）山田著書）。

(43)　註（28）佐藤論文。

(44)　江田郁夫「持氏政権期の宇都宮氏」（註（10）江田著書、原形初出一九八九年）。

(45)　市村高男「中世龍ヶ崎の歴史」（『龍ヶ崎市史別編Ⅱ　龍ヶ崎の中世城郭跡』龍ヶ崎市、一九八七年）、小林一岳「豊島氏系図について」（豊島区立郷土資料館編『豊島・宮城文書』豊島区教育委員会、一九八八年）、海津一朗「南北朝・室町時代の東国社会と豊島氏」（前掲『豊島・宮城文書』）など。一方、黒田基樹氏は、豊島氏を個別に鎌倉公方と結びつく外様の「国人」と評価している（同「室町後期の豊島氏」〈『扇谷上杉氏と太田道灌』岩田書院、二〇〇四年、初出一九九七・一九九八年〉）。豊島氏のあり方についての評価は、後述する持氏書状の位置づけとも関わるため、現状では判断を保留する。なお、豊島三河守との贈答を示す№209・224の差出書は「持氏判」（実名＋花押）となっている。管見に入った武士宛の持氏書状の差出書は、これら二例と南兵部大輔に宛てた№3を除いて、すべて花押のみとなっている。このことから二つの可能性が考えられる。一つは、三河守系豊島氏は、持氏との関係が深く、そのため「実名＋花押」という差出書が選択されたというものである。もう一つの可能性は、写しである№209・224を収録した「豊島泰盈本豊島系図」の成立（享保一一年〈一七二六〉五月以前）より前に、差出書に実名「持氏」が書き加えられたというものである。これらの点については、今後の検討課題としたい。

(46)　註（34）市村論文、同「京都将軍と鎌倉公方」（『古文書の語る日本史4　南北朝・室町』筑摩書房、一九九〇年）。なお、佐藤博信氏は、この点について「持氏の国政権行使を支える権力基盤が表面上の奉公衆の整備等とは裏腹に、きわめて限定されたものへ変質していったことは、否めないのである」と評価している（註（27）佐藤論文）。

(47)　松本一夫氏は、鎌倉府奉行人奉書と上杉氏奉行人奉書の役割や発給状況などの分析を通して、市村氏の見解を方向性としては認めつつも「鎌倉府奉行人奉書の増大を過大評価し、それを持氏の専制化と直接的に結びつけるべきではないのではないか」と指摘している（同「鎌倉府及び関東管領家奉行人奉書に関する一考察」〈佐藤博信編『関東足利氏と東国社会　中世東国論5』岩田書院、二〇一二年〉）。また、植田真平氏は、足利持氏をめぐる研究状況を整理するなかで、公方専制体制を支える人々のあり方に着目し、「これまでは管領上杉氏と公方近臣の対立的側面のみ強調されてきたが、この両者の補完的な関係はもっと注意されてよいだろう」と指摘している（同「足利持氏論」〈註（16）植田編著〉）。これらの成果と、本稿で示した足利持氏発給文書のあり方の関係については、あらためて考えてみたい。

（48）この点に関する近年の成果として、註（47）松本論文、亀田俊和「鎌倉府施行状の形成と展開」（同『室町幕府管領施行システムの研究』思文閣出版、二〇一三年、原形初出二〇〇九年）などがある。

（49）阿部能久氏は、鎌倉寺院関係文書に伝来した足利尊氏・直義兄弟、鎌倉公方四代（基氏・氏満・満兼・持氏）、関東管領（含関東執事）の花押と料紙本文（文字が書かれている範囲）の縦横を計測し、これらの花押が本文中に占める割合（「花押率」）を算出した。その結果、尊氏＞直義＞関東公方（鎌倉公方）＞関東管領という花押率の傾向を見いだし、花押の大きさと発給者の地位に相関関係が認められることを客観的な数値で示した。そして、足利持氏の花押については、応永三三（一四二六）の改判後に花押率が上昇していることを指摘し、この改判に「持氏が心中に期したものの大きさ」を示唆している（同「関東公方足利氏の花押―その「大きさ」について―」〈神奈川県立歴史博物館編集・発行『こもんじょざんまい―鎌倉ゆかりの中世文書―』二〇一三年〉）。この成果に学び、さらに持氏花押の法量データを蓄積していくこと、花押形の推移と「大きさ」の推移の関連（およびその限界）について検討を深めていくことが求められよう。

【付記】本論文は、平成二二～二四年度埼玉大学総合研究機構プロジェクト研究経費、平成二五～平成二七年度ＪＳＰＳ科研費若手研究（Ｂ）（課題番号二五七七〇二二九）による成果である。

表　足利持氏発給文書目録

№.	年月日	形式	差出書	充所	書止文言	内容	用途・機能	典拠	備考
1	応永19・3・17	寄進状	左兵衛督源朝臣（花押）	（鶴岡八幡宮）	之状如件	武蔵国平井彦次郎跡を鶴岡八幡宮に寄進する。	所領寄進	「鶴岡八幡宮文書」（神五四四三）	上杉様1
2	応永19・7・12	御判御教書	左兵衛督（花押）	当宮別当	之状如件	下総国大方郡今里郷内香取宮を祈願所とする。	祈願所指定	「円福寺文書」（茨Ⅲ―一六七頁）	上杉様1
3	（応永19カ）4・27	書状	持氏（花押）	南兵部大輔殿	謹言	足利七社神事代官の勤仕終了を賞する。	そのほか（神事勤仕の褒賞）	「鑁阿寺文書」（神五五一六）	上杉様1。花押形から応永19年もしくは20年に比定。
4	応永20・5・10	御判御教書（写）	（花押影）	武州南一揆中	可申達也	甲州の武士大矢蔵之輔の鎌倉府出仕の意志について実否確認を命じる。	そのほか（実否調査）	「武州文書十所収多摩郡宮本氏所蔵文書」（神五四五四）・呉座二〇〇七	要検討。
5	応永20・□（6カ）・10	御判御教書	（花押、右側欠）	武州南一揆中	之状□□（如件）	甲州凶徒追討を命じる。	軍勢催促	「武州文書十所収多摩郡宮本氏所蔵文書」（神五四五五）・呉座二〇〇七	上杉様1
6	応永20・10・21	御判御教書	（花押）	白河三河七郎殿（朝親）	之状如件	伊達松犬丸・懸田播磨入道の追討を命じる。	軍勢催促	「白河集古苑所蔵白河結城文書」（神五四六七）	上杉様1
7	応永20・12・29	御判御教書（写）	（花押影）	白河三河七郎殿（朝親）	之状如件	大仏城に逃げ込んだ伊達松犬丸・懸田播磨入道の追討・畠山国詮への合力を命じる。	軍勢催促	「結城古文書写」（神五四七〇）	上杉様1
8	応永21・4・25	御判御教書	（花押）	覚園寺長老	之状如件	建長寺泉龍院での祈禱を命じる。	祈禱命令	「建長寺文書」（神五四七三）	上杉様1。宛所は「相州文書」で補う。
9	応永21・5・25	御判御教書	欠・花押カ	当寺長□（老）	之状如件	鎌倉中の酒壺別銭20疋を円覚寺造営用途として寄進する。	造営料の寄進	「円覚寺文書」（神五四七六）	
10	応永21・8・20	寄進状	左兵衛督源朝臣（花押）	（鶴岡八幡宮）	之状如件	佐竹義憲跡の常陸国那珂東国井郷を鶴岡八幡宮に寄進する。	所領寄進	「鶴岡八幡宮文書」（神五四七七）	上杉様1

11	応永22・3・29	御判御教書	(花押)	長沼淡路入道殿(義秀)	之状如件	畠山国詮に合力して陸奥国太郎丸城に向かうように命じる。	軍勢催促	「皆川文書」(神五四八三)	上杉様1
12	(応永22カ)11・16	書状	持氏(花押)	覚園寺長老	恐惶敬白	祈禱巻数を請け取ったことを証する。	巻数請取	「相州文書所収覚園寺文書」(神五七五二)	上杉様1か。花押形と政治状況から応永22年に比定。
13	応永22・12・20	御判御教書	(花押)	助大僧都御房(快季)	之状如件	比企谷釈迦堂供僧職に補任する。	所職補任	「妙本寺文書」(神五四八五)	上杉様1
14	応永22・12・20	御判御教書	(花押)	欠	之状如件	別願寺領下総国相馬御厨内横須賀村・下野国薬師寺荘半分を安堵する。	安堵	「別願寺文書」(神五四八六)	上杉様1
15	応永23・10・5	御判御教書	(花押)	長沼淡路入道殿(義秀)	之状如件	上杉禅秀・木戸駿河守・武田下条八郎・長井次郎入道の跡所領を給与する。	所領給与	「皆川文書」(神五四九三)	上杉様2
16	(応永23)12・19	書状	(花押)	長沼淡路入道殿(義秀)	謹言	通路の難儀を案じつつ、近日の出馬を示し、参陣を促す。	軍勢催促	「皆川文書」(神五七五四)	切紙。上杉様2。
17	(応永23)12・21	書状	(花押)	長沼淡路入道殿(義秀)	謹言	孫の五郎太郎に充てて御教書を出すことを承諾する。	そのほか	「皆川文書」(二宮―六七六頁)	小切紙。上杉様2。
18	応永23・12・24	御判御教書	(花押)	長沼淡路入道殿(義秀)	之状如件	上杉禅秀追討を命じる。	軍勢催促	「皆川文書」(神五四九六)	小切紙。上杉様2。
19	応永23・12・29	御判御教書(写)	(花押影)	佐竹彦四郎入道殿	之状如件	「凶徒」(上杉禅秀とその与党)の追討を命じる。	軍勢催促	「白石家古書」(神五四九七)	上杉様2か。
20	応永23・12・29	御判御教書(写)	(花押影)	池沢四郎殿	之状如件	那須資重に従い入江荘で軍功を挙げたことを褒賞する。	褒賞(感状)	「沢瀬貫一氏所蔵文書」(神五四九八)	要検討(花押形が足利様)。
21	応永24・1・1	寄進状	左兵衛督源朝臣(花押)	(鶴岡八幡宮)	之状如件	鶴岡八幡宮に岩松満国跡の上総国周東郡大谷村を寄進する。	所領寄進	「鶴岡八幡宮文書」(神五四九九)	上杉様3。応永24・4・28頃の改判(第一次改判・「喜連川判鑑」以後の作成か(田辺二〇〇二)。

22	応永24・1・11	御判御教書（写）	（花押影）	当社神主殿（大伴時連）	之状如件	社頭警固を命じる。	警固命令	「鶴岡神主家伝文書」（神五五〇〇）	
23	応永24・1・13	御判御教書（写）	（花押影）	鶴岳八幡宮神主山城守殿（大伴時連）	之状如件	凶徒退治祈禱を命じる。	祈禱命令	「鶴岡神主家伝文書」（神五五〇一）	
24	（応永24カ）2・4	書状	持氏（花押）	地蔵院大僧正御房	恐惶謹言	「相州竹・林」を那波上野介宗元に預け置くよう要請する。	そのほか（代官職等補任の口入）	「尊経閣文庫所蔵東寺法菩提院文書」（神五七四六）	上杉様2。花押形により応永24年に比定。
25	応永24・2・16	御判御教書（案）	御判（足利持氏）	烟田遠江守殿（幹胤）	之状如件	応永23年10月6日の前浜合戦での軍功を賞する。	褒賞（感状）	「烟田文書」（神五五〇九）	
26	応永24・2	願文（案写）	持氏		敬白	上杉禅秀与党の滅亡を願い、某所に医王像前灯光料75貫文を寄進する。	寄進	「後鑑所収相州文書」（神五五一三）	
27	応永24・2・16	御判御教書	（花押）	鹿嶋大禰宜殿（中臣憲親）	之状如件	天下安全祈禱を命じる。	祈禱命令	「羽生氏所蔵鹿島大禰宜家文書」（『茨城叢書』「羽生大禰宜家文書」二九）	上杉様2
28	（応永24）3・1	書状	（花押）	長沼淡路入道殿（義秀）	謹言	岩松満純一類の追討を命じる。	軍勢催促	「皆川文書」（二宮―六六八・六六九頁）	上杉様2
29	応永24・3・20	御判御教書（写）	（花押影）	石川左近将監殿（幹国カ）	之状如件	応永24年正月9日の武州瀬谷原での合戦を賞する。	褒賞（感状）	「石川氏文書」（神五五一九）	上杉様2か（上杉様3に類似）
30	応永24・3・20	御判御教書（写）	（花押影）	信太藤九郎殿	之状如件	応永24年正月9日の武州瀬谷原での合戦を賞する。	褒賞（感状）	「諸家文書」（神五五二〇）	要検討。
31	応永24・閏5・2	寄進状	左兵衛督源朝臣（花押）	（松岡八幡宮）	之状如件	上杉禅秀跡の常陸国北条郡宿郷を松岡八幡宮に寄進する。	所領寄進	「鶴岡八幡宮文書」（神五五二二）	上杉様3。第一次改判後の初見史料。
32	応永24・閏5・9	御判御教書	（花押）	結城弾正少弼入道殿（基光）	之状如件	上杉禅秀家人を捕縛したことを賞する。	褒賞（感状）	「松平基則氏旧蔵文書」（神五五二四）	上杉様3

33	応永24・閏5・12	御判御教書	(花押)	安保信濃守殿(宗繁)	之状如件	岩松満純一類追討のために出陣したことを賞する。	褒賞(感状)	「横浜市立大学学術情報センター所蔵安保文書」(神五五二五)	上杉様3
34	応永24・閏5・24	書状	もち持(花押)	あの、御局申させ給へ	あなかしく	「あの、御局」を通じて母一色氏に対して、二階堂右京亮跡の上総国千町荘大上郷を御料所として進める。	所領給与	「上杉家文書」(神五五二八)	上杉様3
35	応永24・閏5・24	御判御教書	(花押)	上総権介殿	之状如件	母一色氏の御料所とした上総国千町荘大上郷を沙汰付けるよう命じる。	遵行命令	「上杉家文書」(神五五二九)	上杉様3
36	応永24・閏5・25	御判御教書	(花押)	安房前司殿(上杉憲基)	之状如件	上野・伊豆闕所の支配を認める。	そのほか(闕所地処分権付与)	「上杉家文書」(神五五三〇)	上杉様3
37	応永24・7・20	御判御教書(写)	(花押影)	石川左近将監殿(幹国カ)	之状如件	2月7日・4月24日の常陸国稲木城での戦功を賞する。	褒賞(感状)	「石川氏文書」(神五五三六)	上杉様3か
38	応永24・7・20	御判御教書(写)	(花押影)	二階堂伊賀入道殿	之状如件	去年十月以来の軍功を賞する。	褒賞(感状)	「秋田藩家蔵文書四六」(茨V―二〇七頁)	上杉様3ならん
39	応永24・8・22	御判御教書	(花押)	安房前司殿(上杉憲基)	之状如件	被官の知行分を充て行い、他人の競望を排除する。	そのほか(被官知行分付与)	「上杉家文書」(神五五三八)	上杉様3
40	応永24・10・14	寄進状	左兵衛督源朝臣(花押)	(三嶋社)	之状如件	伊豆国三嶋社に明石左近将監跡の武蔵国比企郡大豆戸郷を寄進する。	所領寄進	「三嶋神社文書」(神五五四二)	上杉様3
41	応永24・10・17	書状	もち氏(花押)	あの、局申させ給へ	あなかしく	母一色氏に対して、皆吉伯耆守跡の上総国天羽郡内萩生作海郷を御料所として進める。	所領給与	「上杉家文書」(神五五四四)	上杉様3
42	応永24・11・27	御判御教書(案)	御判(足利持氏)	筥根山別当御房	之状如件	熊野堂造営用途上総国段別銭10疋を箱根山造営方に寄進する。	造営料の寄進	「金沢文庫文書」(神五五五九)	
43	応永24・12・26	御判御教書	(花押)	南一揆中	之状如件	政所方公事の納入を五カ年免除する。	公事免除	「武州文書十所収多摩郡宮本氏所蔵文書」(神五五五四)・呉座二〇〇七	上杉様3

44	応永25・3・8	御判御教書（写）	（花押影）	石川左近将監殿（幹国カ）	之状如件	石川左近将監（幹国か）に常陸国吉田郡平戸郷・嶋田村内知行分を、宍戸持朝の推挙によって認める。	安堵	「石川氏文書」（神五五五八）	上杉様3か
45	応永25・3・28	御判御教書	（花押）	横瀬美作守殿	之状如件	安保宗繁・満春の訴えに応じて、武蔵国児玉郡内・秩父郡内の所々を岩田中務丞入道とともに交付するよう命じる。	遵行命令	「横浜市立大学学術情報センター所蔵安保文書」（神五五五九）	上杉様3。裏花押あり（神五七九六の散位某、植田二〇一二）。
46	応永25・4・20	御判御教書（写）	（花押影）	武州南一揆中	之状如件	新田・岩松の残党を上杉持定の指揮下で追討するよう命じる。	軍勢催促	「三島神社所蔵文書」（埼六九八）・呉座二〇〇七	上杉様3か
47	応永25・4・26	御判御教書（案写）	（花押影）	白石彦四郎入道殿	之状如件	上総国の狼藉を一色左近大夫将監の指揮下で収めるように命じる。	軍勢催促	「白石家古書」（神五五六一）	
48	応永25・4・28	御判御教書	（花押）	武州南一揆中	之状如件	新田・岩松の残党の追討を命じる。	軍勢催促	「武州文書十所収多摩郡宮本氏所蔵文書」（神五五六二）・呉座二〇〇七	上杉様3
49	応永25・4・29	御判御教書	（花押）	武州南一揆中	之状如件	新田・岩松の残党を上杉持定の指揮下で追討するよう命じる。	軍勢催促	「武州文書十所収多摩郡宮本氏所蔵文書」（神五五六三）・呉座二〇〇七	上杉様3
50	応永25・5・6	袖判禁制	（袖花押）	（円覚寺）	状如件	円覚寺領上総国畔蒜荘内亀山郷への軍勢の乱入を禁じる。	禁制（濫妨停止）	「円覚寺文書」（神五五六四）	上杉様3。上総本一揆討伐と関連か。
51	応永25・5・10	御判御教書	（花押）	長沼淡路入道殿（義秀）	之状如件	京都御扶持衆桃井宣義・小栗満重の追討を命じる。	軍勢催促	「皆川文書」（神五五六六）	上杉様3
52	（応永25）5・19	書状	（花押）	結城弾正少弼入道殿（基光）	謹言	長沼式部大夫跡の違乱人排除を命じる。	遵行命令	「皆川文書」（神五七四七）	上杉様3
53	（応永25カ）6・2	書状	持氏（花押）	大徳院侍衣禅師	恐惶敬白	大徳院侍衣禅師に嵯峨南芳庵領の維持を保証する。	そのほか（所領知行の保証）	「古文書集」（京都大学総合博物館所蔵、神五七四八）	上杉様3。花押形から応永24年しくは同25年に比定。

54	応永25・6・20	御判御教書（写）	（花押影）	完戸弥五郎殿	之状如件	小栗城での負傷を賞する。	褒賞（感状）	「諸家家蔵文書所収中村・西村・一木氏所蔵文書」（神五五六八）	
55	（応永25）7・12	書状	（花押）	結城弾正少弼入道殿（基光）	謹言	下野国長沼荘内を違乱する混布嶋下総入道を排除し、その権益を長沼義秀に交付するよう命じる。	遵行命令	「皆川文書」（神五五六九）	上杉様3
56	応永25・7・21	御判御教書	（花押）	長沼淡路入道殿（義秀）	之状如件	長沼義秀の所領陸奥国南山荘・下野国長沼荘の諸公事を免除する。	公事免除	「皆川文書」（神五五七〇）	上杉様3
57	応永25・7・29	御判御教書	（花押）	助大僧都御房	之状如件	五大堂稲荷社供僧職に補任する。	所職補任	「明王院文書」（神五五七一）	上杉様3
58	応永25・7・29	御判御教書	（花押）	結城弾正少弼入道殿（基光）	之状如件	混布嶋下総入道を排除し、その権益を長沼義秀に交付するよう命じる。	遵行命令	「皆川文書」（神五五七二）	上杉様3
59	応永25・8・10	御判御教書	（花押）	関々地頭等中	之状如件	鶴岡八幡宮神供運送船三艘の津・関通過を認める。	過所	「鶴岡八幡宮文書」（神五五七六）	上杉様3
60	応永25・10・29	御判御教書	（花押影）	由比左衛門入道殿	之状如件	上総国加津社内三佐古東西村地頭職を村上民部丞とともに進士九郎左衛門尉に交付するよう命じる。	遵行命令	「古文書集」（神五五八〇）	上杉様3か
61	（応永25）10・29	書状	（花押）	結城弾正少弼入道殿（基光）	謹言	下野国長沼荘内を違乱する混布嶋下総入道を排除するよう命じる。	遵行命令	「皆川文書」（神五五八一）	上杉様4
62	応永25・12・11	御判御教書	（花押）	鹿嶋社護国院長老	之状如件	長日祈禱護摩を命じる。	祈禱命令	「護国院文書」（『茨城叢書』「護国院文書」一三）	上杉様4
63	応永25・12・13	寄進状	左兵衛督源朝臣（花押）	（武州西雲寺）	之状如件	武蔵国豊嶋郡千束郷鳥越村・浅草村内田畠在家を寄進する。	所領寄進	「神田孝平氏旧蔵文書」（神五五八四）	上杉様4
64	応永25・12・20	御判御教書（写）	（花押影）	完戸弥四郎入道殿	之状如件	竜崎修理亮とともに常陸国佐都東郡大窪郷内介河村半分（佐竹民部丞跡）を、去年10月20日下文にしたがって、石河伊勢守に交付するよう命じる。	遵行命令	「秋田藩家蔵文書五一」（茨Ⅴ－二六八頁）	上杉様4ならん
65	応永25（以下欠）	御判御教書	欠	当寺□（長）老	之状如件	円覚寺敷地内での塔頭新造を禁じる。	そのほか	「円覚寺文書」	

66	応永26・1	勧進帳	左兵衛督源朝臣（花押）	（光勝寺）	仍勧進帳如件	光勝寺再興の勧進帳に奉加交名と花押を加える。	勧進	「八菅神社所蔵文書」（海―七一頁・口絵）・神五五八五	上杉様4
67	応永26・5・8	御判御教書（案）	御判（足利持氏）	鹿嶋烟田遠江守殿（幹胤）	之状如件	上総国坂水城の合戦での負傷を賞する。	褒賞（感状）	「烟田文書」（神五五八六）	
68	応永26・5・26	御判御教書	（花押）	長沼安芸守殿	之状如件	応永24年正月9日武州瀬谷原および雪下の合戦での家人負傷を賞する。	褒賞（感状）	「長沼文書」（神五五八八）	上杉様4
69	応永26・6・3	御判御教書	（花押）	欠	之状如件	覚園寺領相模国散田郷に対して水源の河入郷が井料催促を行うことを禁じる。	そのほか（裁許）	「建長寺文書」（神五五八九）	上杉様4
70	応永26・7・17	御判御教書	（花押）	長楽寺長老	之状如件	天下安全祈禱を命じる。	祈禱命令	「長楽寺文書」（神五五九一）	上杉様4
71	応永26・7・19	御判御教書	（花押）	八幡宮小別当	之状如件	天下安全祈禱を命じる。	祈禱命令	「鶴岡八幡宮文書」（神五五九二）	上杉様4
72	応永26・7・24	御判御教書（写）	（花押影）	武州南一揆中	□（之）状如件	禅秀与党の蜂起に備え、警固を命じる。	軍勢催促	「三島神社所蔵文書」（埼七〇七）・呉座二〇〇七	上杉様4か
73	応永26・8・15	御判御教書	（花押）	南一揆中	之状如件	禅秀与党の恩田美作守・同肥前守を守護代とともに追討するよう命じる。	軍勢催促	「武州文書十所収多摩郡宮本氏所蔵文書」（神五五九四）・呉座二〇〇七	上杉様4
74	応永26・8・17	御判御教書	（花押）	武州南一揆中	之状如件	禅秀与党の恩田美作守・同肥前守を守護代とともに追討するよう命じる。	軍勢催促	「武州文書十所収多摩郡宮本氏所蔵文書」（神五五九五）・呉座二〇〇七	上杉様4
75	応永26・8・23	御判御教書	（花押）	相承院弁法印御房	之状如件	天下安全祈禱を命じる。	祈禱命令	「相承院文書」（神五五九六）	上杉様4
76	応永26・8・24	御判御教書	（花押）	武州南一揆中	之状如件	「陰謀之族」に備えて「符内」（武蔵府中ヵ）を順番に警固するよう命じる。	軍勢催促	「武州文書十所収多摩郡宮本氏所蔵文書」（神五五九七）・呉座二〇〇七	上杉様4
77	応永26・9・15	御判御教書	（花押）	社務権少僧都御房（尊運）	之状如件	鶴岡八幡宮領下河辺荘彦名河関への狼藉を排除するよう命じる。	そのほか（裁許）	「鶴岡八幡宮文書」（神五五九八）	上杉様4

78	応永26・9・20	御判御教書	左兵衛督（花押）	省文首座（錦江）	之状如件	長楽寺住持職に補任する。	所職補任（公帖）	「仏日庵文書」（神五五九九）	上杉様4ならん
79	応永26・10・29	御判御教書	（花押）	鹿嶋護国院長老	之状如件	長日祈禱護摩を命じる。	祈禱命令	「護国院文書」（『茨城叢書』「護国院文書」一四）	上杉様4
80	応永26・12・15	御判御教書	（花押）	宇都宮右馬頭殿（持綱）	之状如件	進士九郎左衛門尉重行に加津社内三佐古村東西を交付するよう命じる。	遵行命令	「京都大学文学部所蔵文書」（神五六〇三）	
81	応永26・12・17	御判御教書	（花押）	円（覚寺）	之状如件	関東に散在する円覚寺領を安堵する。	安堵	「円覚寺文書」（神五六〇四）	上杉様4か
82	応永27・閏1・11	御判御教書（案写）	持氏御判	佐野帯刀左衛門尉殿	之状如件	正月26日下野国家中合戦の戦功を賞する。	褒賞（感状）	「喜連川家御書案留書」（神五六〇六）	
83	応永7（27）・閏1・11	御判御教書（案写）	御判（足利持氏）	鹿島越前守殿	之状如件	正月26日下野国家中合戦の戦功を賞する。	褒賞（感状）	「常陸遺文二」（神五六〇七）	要検討か。
84	応永27・2・19	寄進状	左兵衛督源朝臣（花押）	（名越別願寺）	状如件	名越別願寺に対し、同所門前畠などを寄進する。	所領寄進	「相州文書所収別願寺文書」（神五六〇九）	上杉様4
85	応永27・3・25	寄進状（写）	左兵衛督源朝臣（花押影）	（龍江寺）	之状如件	龍江寺（龍興寺か）に武蔵国児玉郡梅原村〈埇谷孫太郎入道跡〉を寄進する。	所領寄進	「集古文書巻四十四所収鎌倉別願寺文書」（神五六一〇）	
86	応永27・7・20	御判御教書	（花押）	小山左馬助殿（満泰）	之状如件	上杉禅秀残党の追討を命じる。	軍勢催促	「松平基則氏旧蔵文書」（神五六一九）	上杉様4
87	応永27・12・9	御判御教書	（花押）	長沼淡路入道殿（義秀）	之状如件	下野国長沼荘を守護不入地とする。	守護不入権付与	「皆川文書」（神五六二四）	上杉様4
88	応永27・12・21	御判御教書	（花押）	当寺長老	之状如件	関東に散在する浄光明寺領の諸公事を免除し、守護代・検断方の介入を禁じる。	諸公事免除・守護不入権付与など	「浄光明寺文書」（神五六二七）	上杉様4
89	応永27・12・21	御判御教書	（花押）	上椙三郎殿（定頼）	之状如件	上総国内浄光明寺領への介入を禁じる。	そのほか（裁許）	「浄光明寺文書」（神五六二八）	上杉様4

90	応永28・6・25	御判御教書（案写）	持氏御判	二階堂信濃守殿（盛秀）	之状如件	佐竹義憲と庶子（山入氏か）の対立を宍戸持朝とともに調停するよう命じる。	そのほか（政治調停）	「喜連川家御書案留書」（神五六一九）	
91	応永28・9・5	御判御教書（写）	（花押影）	鶴岡別当御房（尊運）	之状如件	上総国伊南荘榎沢郷地頭職を安堵する。	安堵	「松雲公採集遺編類纂」（神五六二五）	上杉様4か
92	応永28・10・13	御判御教書（案写）	持氏御判	佐野帯刀左衛門尉殿	之状如件	10月9日、佐貫荘で桃井宣義・小栗満重らと合戦したことを賞する。	褒賞（感状）	「喜連川家御書案留書」（神五六二六）	
93	応永28・12・13	御判御教書（案）	御判（足利持氏）	当寺長老	之状如件	浄光明寺領相模国金目郷の流失地について役夫工米以下の諸役を免除し、残った所領の知行を保証する。	そのほか（災害にともなう諸公事免除など）	「浄光明寺文書」（神五六四〇）	
94	応永28・12・29	寄進状	従三位源朝臣（花押）	（龍興寺）	之状如件	武蔵国龍興寺に安房国長狭郡上村・下村内の所領を寄進する。	所領寄進	「保坂潤治氏所蔵文書」（神五六四一）	上杉様4
95	年未詳1・22	書状	（花押）	芹沢周防守殿	謹言	白鳥の到来の返礼をする。	贈答	「芹沢文書」（神五七四五）	上杉様4。『茨城県史料中世編Ⅰ』の同文書の註で、応永25～28年に比定されている。
96	（応永29）・2・15	書状	持氏（花押）	正続院主禅師（学海帰才）	恐惶敬白	無学祖元を追慕して法衣・法華経を寄進する。	そのほか（物品の寄進）	「円覚寺文書」（神五六四三）	上杉様4
97	応永29・5・10	御判御教書	（花押）	欠	之状如件	伊豆三嶋神社供僧領の役夫工米を免除する。	公事免除	「三嶋神社文書」（神五六四七）	上杉様4
98	応永29・6・13	御判御教書	（花押）	小山左馬助殿（満泰）	之状如件	京都御扶持衆小栗満重の追討を命じる。	軍勢催促	「松平基則氏旧蔵文書」（神五六四九）	上杉様4
99	年未詳9・9	書状	（花押）	宇都宮弾正少弼殿	謹言	長沼義秀の所領下野国三依郷に対する宇都宮持綱の押領を排除するよう命じる。	遵行命令	「皆川文書」（神五七五〇）	上杉様4

100	応永29・9・15	御判御教書（写）	従三位（花押影）	永福寺別当法印御房	之状如件	武蔵国春原荘内別当領の役夫工米以下諸公事を免除する。	公事免除	「相州文書所収足柄上郡最明寺文書」（神五六五四）	上杉様4ならん
101	応永29・9・23	寄進状（写）	従三位源朝臣（花押影）	（大山寺本宮）	之状如件	相模国大山寺本宮に対し、武蔵国小山田保山崎郷内今井郷〈今井四郎跡〉を持氏母の寄進状に従って寄進する。	所領寄進	「相州文書所収大住郡八大坊文書」（神五六五五）	上杉様4ならん
102	年未詳9・26	書状	持氏（花押）	若宮別当大僧都御房（尊運）	謹言	鶴岡八幡宮仁王講の始行を命じ、所領寄進を約する。	祈禱命令	「鶴岡八幡宮文書」（神五六八九）	上杉様4。「所願」の内容が京都御扶持衆討伐だとすると、応永29もしくは30年。
103	応永29・閏10・7	御判御教書	従三位（花押）	当寺長老	之状如件	武蔵国足立郡内清河寺を祈願所とする。	祈願所指定	「清河寺文書」（神五六五七）	上杉様4
104	応永29・閏10・21	御判御教書（案写）	従三位判（足利持氏）	当寺長老	之状如件	武蔵国瀬崎勝福寺を祈願所とする。	祈願所指定	「喜連川家御書案留書」（神五六五九）	
105	応永29・閏10・21	御判御教書（案写）	持氏御判	欠	之状如件	武蔵国瀬崎勝福寺が文書を紛失したことにつき、鎌倉府奉公衆から当知行の証言を取り、それを保証する。	安堵	「喜連川家御書案留書」（神五六六〇）	
106	応永29・11・21	寄進状	従三位源朝臣（花押）	（武蔵国清河寺）	之状如件	武蔵国清河寺に足立郡内長井実基とその父紹旭蔵主の寄進地を寄附する。	所領寄進	「清河寺文書」（神五六六一）	上杉様4
107	応永29・11・21	御判御教書	（花押）	安房四郎殿（上杉憲実）	之状如件	武蔵国清河寺に寄附した足立郡内長井実基とその父紹旭蔵主の寄進地の下地を交付するよう命じる。	遵行命令	「清河寺文書」（神五六六二）	上杉様4
108	応永29・11・26	御判御教書	（花押）	安房四郎殿（上杉憲実）	之状如件	浄妙寺雑掌の違乱を排除し、安保宗繁に秩父郡長田郷半分の下地を交付するよう命じる。	遵行命令	「横浜市立大学学術情報センター所蔵安保文書」（神五六六三）	上杉様4
109	（応永29か）・12・26	書状	（花押）	小山左馬助殿（満泰）	謹言	12月21日の合戦で一族・家人が忠節を尽くしたことを賞する。	褒賞（感状）	「松平基則氏旧蔵文書」	上杉様4

110	応永30・1・22	御判御教書	(花押)	小山左馬助殿(満泰)	之状如件	小栗城攻めで、家人が凶徒を討ち取り、負傷・討ち死にしたことを賞する。	褒賞(感状)	「松平基則氏旧蔵文書」(神五六六四)	上杉様4
111	応永30・3・8	御判御教書(写)	(花押影)	完戸弥五郎殿	之状如件	常陸国坂戸合戦で自身・家人が負傷したことを賞する。	褒賞(感状)	「諸家家蔵文書所収中村・西村・一木氏所蔵文書」(神五六六六)	上杉様4か
112	応永30・4・28	御判御教書(案写)	判(足利持氏)	金沢大宝院	之状如件	天下安全祈禱を命じる。	祈禱命令	「新編武蔵風土記稿七十五所収」(神五六七二)	
113	応永30・5・26	曼荼羅供諷誦文(案)	源朝臣敬白(足利持氏)		敬白	足利基氏の曼荼羅供に諷誦文を寄せる。	父祖の供養	「金剛三昧院文書」(神五六七五)	
114	応永30・6・17	御判御教書	(花押)	稲荷社神主殿	之状如件	凶徒退治祈禱を命じる。	祈禱命令	「鶴岡八幡宮文書」(神五六七六)	上杉様4
115	応永30・6・25	袖判禁制(写)	(袖花押影)	(大蔵稲荷社)	之状如件	鎌倉大蔵稲荷社領への軍勢の濫妨を停止する。	濫妨停止(禁制)	「鶴岡神主家伝文書」(神五六七七)	上杉様4か
116	応永30・6・25	御判御教書	(花押)	瀬崎勝福寺長老	之状如件	凶徒退治祈禱を命じる。	祈禱命令	「喜連川文書」(神五六七八)	上杉様4
117	応永30・8・3	御判御教書	(花押)	鹿嶋護国院	之状如件	凶徒退治祈禱を命じる。	祈禱命令	「護国院文書」(『茨城叢書』「護国院文書」一五)	上杉様4
118	(応永30か)・8・9	書状	(花押)	小峰参河守殿(朝親)	謹言	那須越後守資之に合力したため、親類家人に損害が出たことを賞する。	褒賞(感状)	「結城神社所蔵白河結城文書」(白四七九)	上杉様4
119	(応永30か)8・18	書状	(花押)	小峰三河守殿(朝親)	謹言	宇都宮持綱に対するため那須に逗留したことを賞する。	褒賞(感状)	「結城神社所蔵白河結城文書」(白四四八)	上杉様4
120	応永30・8・19	御判御教書	(花押)	安保信濃守殿(宗繁)	之状如件	京都御扶持衆追討のために一族を率いて参陣したことを賞する。	褒賞(感状)	「横浜市立大学学術情報センター所蔵安保文書」(神五六八三)	上杉様4
121	応永30・9・13	御判御教書(写)	(花押影)	宍戸弥五郎殿	之状如件	真壁城攻めでの忠節を賞する。	褒賞(感状)	「諸家所蔵文書所収中村・西村・一木氏所蔵文書」(神五六八六)	上杉様4か

122	（応永30か）・9・18	書状	（花押）	長沼淡路入道殿（義秀）	謹言	一族親類を動員して忠節を尽くすこと、在国の者たちにもこの趣旨を伝えることを命じる。	軍勢催促	「皆川文書」（神五七五一）	上杉様4
123	応永30・9・30	御判御教書	（花押）	白河弾正少弼殿（氏朝）	之状如件	佐竹依上三郎跡の陸奥国依上保を料所として預け置く。	所領給与（預置）	「東京大学白川文書」（白四四九）	上杉様4
124	応永30・11・11	寄進状（写）	持氏（花押影）	太井宮神主別当坊	仍如件	相模国西郡太井宮に85貫文の所領を寄進する。	所領寄進	「諸国古文書抄」（神五六九二）	要検討。
125	応永30・11・16	御判御教書	（花押）	長沼淡路入道殿（義秀）	之状如件	越後国上田荘で、上杉憲実の代官とともに軍事行動を行うよう、命じる。	軍勢催促	「皆川文書」（神五六九四）	上杉様4
126	応永30・11・30	御判御教書	（花押）	欠	之状如件	祈禱を賞し、さらに懇ろな祈禱を期待する。	そのほか（祈禱への礼）	「米良文書」（神五六九九）	上杉様4
127	応永30・12・8	御判御教書	（花押）	上椙三郎殿（定頼）	之状如件	安房国安東郷内朴谷村に対する真田刑部左衛門尉の違乱を排除して下地を極楽寺雑掌に交付するよう、命じる。	遵行命令	「極楽寺文書」（神五七〇〇）	上杉様4ならん
128	応永30・12・14	御判御教書	（花押）	長沼淡路入道殿（義秀）	之状如件	小栗城攻めで、長沼義秀の代官で親類の皆河六郎が負傷し、家人・一族が分捕・負傷・討死したことを賞する。	褒賞（感状）	「皆川文書」（神五七〇一）	上杉様4
129	応永30・12・23	御判御教書	（花押）	小山藤犬殿（持政）	之状如件	父である小山満泰の遺跡相続を認める。	安堵	「松平基則氏旧蔵文書」（神五七〇二）	上杉様4
130	応永31・3・8	御判御教書	（花押）	当庵主	之状如件	建長寺正統庵領所々について、卵塔昭堂造営のため、諸公事を免除する。	諸公事免除	「神田孝平氏旧蔵文書」（神五七〇六）	上杉様4
131	応永31・4・26	御判御教書	（花押）	小峰三河守殿（朝親）	之状如件	常陸国小佐都郡〈佐竹尾張守跡〉・町田郷〈佐竹刑部大輔跡〉を給与する。	所領給与	「白河集古苑所蔵白河結城文書」（白四五六）	上杉様4
132	応永31・4・27	御判御教書	（花押）	別符尾張太郎殿（幸忠）	之状如件	玉井駿河入道父子の追討を命じる。	軍勢催促	「別符文書」（神五七〇九）	上杉様4
133	応永31・4・28	御判御教書	（花押）	欠	之状如件	天下（安全祈禱か）を某に命じる。	祈禱命令	「土方文書」（神五七一〇）	上杉様4

134	応永31・5・2	御判御教書	(花押)	欠	之状如件	武蔵国六浦荘釜利屋郷白山堂を称名寺末寺として安堵する。	安堵	「金沢文庫文書」(神五七一一)	
135	応永31・6・2	書状	持氏(花押)	女房達御中申させ給へ	あなかしく	青砥四郎左衛門尉跡(堀内を除く)を持氏母に御料所として進める。	所領給与	「上杉家文書」(神五七一五)	上杉様4
136	応永31・6・13	御判御教書	(花押)	白河弾正少弼殿(氏朝)	之状如件	陸奥国依上保内の佐竹依上三郎庶子分を給与する。	所領給与	「東京大学白川文書」(白四五八)	上杉様4
137	応永31・6・17	書状	持氏(花押)	女房達御中申させ給へ	あなかしく	品河太郎跡(堀内を除く)を持氏母に御料所として進める。	所領給与	「上杉家文書」(神五七二〇)	上杉様4
138	応永31・7・5	御判御教書	(花押)	別符刑部丞殿(幸忠)	之状如件	別符郷内の玉井寺古田和尚・玉井田中次郎らの押領地を還補する。	還補	思文閣古書資料目録一七三(埼叢四四四)	上杉様4
139	応永31・10・10	寄進状(案)	従三位源朝臣御判	(鹿嶋太神宮)	之状如件	常陸国真壁郡白井郷〈真壁秀幹跡〉を鹿嶋神宮に寄進する。	所領寄進	「鹿島神宮文書」(神五七三〇)	
140	応永32・6・21	寄進状	従三位源朝臣(花押)	(松岡八幡宮)	之状如件	武蔵国河越兵庫助跡半分(渇命分を除く)を松岡八幡宮に寄進する。	所領寄進	「鶴岡八幡宮文書」(神五七三七)	上杉様4
141	応永32・9・5	御判御教書	(花押)	般若梵篋寺	之状如件	祈禱を命じる。	祈禱命令	「内海文書」(神五七四〇)	上杉様4
142	年未詳1・8	書状(写)	持氏(花押影)	覚園寺長老	恐惶謹言	祈禱巻数を請け取ったことを証する。	巻数請取	「相州文書所収鎌倉郡覚園寺文書」(神五七五六)	上杉様4
143	年未詳7・28	書状	持氏(花押)	欠	恐々謹言	祈禱巻数を請け取ったことを証する。	巻数請取	「浄妙寺文書」(神五九七二)	上杉様4
144	年未詳11・21	書状(写)	持氏(花押影)	浄光明寺長老	恐惶謹言	祈禱巻数を請け取ったことを証する。	巻数請取	「相州文書所収鎌倉郡浄光明寺文書」(神五七五三)	上杉様4
145	(応永33カ)3・27	書状	持氏(花押)	地蔵院僧正御房	恐々謹言	贈答への礼を述べる。	贈答	「尊経閣文庫所蔵東寺法菩提院文書」(神五九六八)	足利様1。第二次改判後の初見史料。花押形から応永33年に比定。

146	（応永33カ）・6・2	書状	（花押）	長沼淡路入道殿（義秀）	謹言	（長沼）刑部少輔の遺跡は彦法師であるが、15才になるまでは次郎が遺跡を差配することを了承する。	遺跡相続の承認	「皆川文書」（神五九七一）	足利様1。花押形により応永33年に比定。
147	応永33・7・26	御判御教書	（花押）	長楽寺長老	之状如件	凶徒退治祈禱を命じる。	祈禱命令	「長楽寺文書」（神五七六二）	足利様1
148	応永33・8・11	御判御教書	（花押）	江戸大炊助殿（憲重）	之状如件	甲州田原での忠節を賞する。	褒賞（感状）	「江戸文書」（北一一三六・一一三七頁）	足利様1
149	（応永33ヵ）・9・2	書状	（花押）	長沼淡路次郎殿	謹言	入道（長沼義秀か）の死去を悼み、参上を促す。	参上命令（家督交代と関連）	「皆川文書」（神五九七五）	足利様1。花押形により応永33年に比定。
150	（応永33ヵ）9・9	書状	持氏（花押）	浄光明寺長老	恐惶謹言	節句の贈答を行う。	贈答	「浄光明寺文書」（神五九七七）	足利様1か。花押下部欠。
151	応永33・9・18	御判御教書（案写）	御判持氏将軍	安房守殿（上杉憲実）	之状如件	下総国葛西御厨の上分米の懈怠を譴責し、上納復活を代官に下知するよう命じる。	そのほか（荘園年貢の納入督促）	「鏑矢記」（神五七六七）	
152	応永33・12・9	御判御教書	（花押）	淡路律師御房（良助）	之状如件	右大将家法華堂供僧職一口に補任する。	所職補任	「法華堂文書」（神五七七一）	足利様1。裏花押あり。
153	応永34・5・2	御判御教書	（花押）	（鹿嶋社大禰宜憲親）	之状如件	鹿嶋社大禰宜憲親に年紀沽却地を祈禱の賞として給与する。	所領給与	「塙不二丸氏所蔵文書」（『茨城叢書』「塙不二丸氏所蔵文書」七三）	足利様1（足利様2に近い）
154	応永34・5・30	御判御教書	（花押影）	石川三郎左衛門尉殿	之状如件	鎌倉での軍功を賞して、太刀・馬を給与する。	褒賞（感状）	「宇塚茂氏所蔵文書」（神五七八九）	要検討。
155	応永34・12・20	御判御教書（案）	（花押影）	本願寺長老	之状如件	武蔵国中茎郷を安堵する。	安堵	「相州文書所収雲頂庵文書」（神五七九四）	足利様2か
156	応永35・3・6	御判御教書（写）	（花押影）	溝井六郎殿	之状如件	依上城での忠節を賞する。	褒賞（感状）	「白河古事考下」（神五七九九七）	

157	応永35・5・22	御判御教書（写）	持氏御判	二階堂信濃守殿（盛秀）	状如件	勲功を賞して、知行分所々の臨時課役を免除する。	褒賞（課役免除）	「喜連川家御書案留書」（神五八〇六）	
158	正長1・7・16	御判御教書（写）	持氏御判	信濃前司殿（二階堂盛秀）	之状如件	武蔵・相模・安房・上総日供炭油の催促を厳重にするよう命じる。	課役徴収命令	「喜連川家御書案留書」（神五八〇八）	
159	正長1・8・18	御判御教書（写）	（花押影）	佐竹因幡入道殿（大山義俊）	之状如件	高久右馬助入道・檜沢助次郎を討ち取った旨、里見家基が注進したため、勲功を賞する。	褒賞（感状）	「秋田藩家蔵文書七」（茨Ⅳ―二二一頁）	足利様2
160	正長1・8・19	寄進状	従三位源朝臣（花押）	（金陸寺）	之状如件	武蔵国大里郡大江・小泉郷三分一方半分を金陸寺に寄進する。	所領寄進	「円覚寺文書」（神五八〇九）	足利様2
161	正長1・10・7	寄進状	従三位源朝臣（花押）	当寺供僧中	之状如件	下野国足利荘名草郷三分一〈名草兵部大輔入道跡〉を鑁阿寺に寄進する。	所領寄進	「鑁阿寺文書」（神五八一一）	足利様2
162	（正長1）12・19	書状	（花押）	石川駿河孫三郎殿（持光）	謹言	駿河守（石川義光）の死去に伴い成敗を加えるまでは一族で談合することを指示する。	遺跡相続への指示	「角田石川文書」（石一四七）	切紙。足利様2。
163	正長1・12・27	御判御教書	（花押）	茂木式部丞殿	之状如件	下野国東茂木保内林・飯野を勲功賞として給与する。	所領給与	「茂木文書」（神五八一六）	足利様2
164	正長1・12・29	御判御教書	（花押）	石川駿河孫三郎殿（持光）	之状如件	石川駿河守（義光）遺跡と惣領職を安堵する。	安堵	「角田石川文書」（石一四八）	足利様2
165	正長1・12・29	御判御教書	（花押）	石川駿河孫三郎殿（持光）	之状如件	勲功所領を給与する。	所領給与	「角田石川文書」（石一四九）	足利様2
166	（正長2か）1・29	書状	（花押）	石川中務少輔殿（持光）	謹言	合力の意志を示したことを賞して太刀を送る。	褒賞（感状）	「角田石川文書」（石一五〇）	切紙。足利様2か。
167	正長2・1・30	御判御教書	（花押）	石川一族中	之状如件	惣領中務少輔（石川持光）の手に属して戦功を挙げることを命じる。	軍勢催促	「板橋文書」（石一五三）	小切紙。足利様2。
168	正長2・1・30	御判御教書	（花押）	石川一族中	之状如件	惣領中務少輔（石川持光）の手に属して戦功を挙げることを命じる。	軍勢催促	「角田石川文書」（石一五二）	小切紙。足利様2。写か。

169	(正長2か)2・9	書状	(花押)	石川中務少輔殿(持光)	謹言	伊達氏・懸田氏が石川氏に合力することを喜び、忠節を尽くす者には恩賞を与えることを周知することを命じる。詳細は周蔵主が述べることを伝える。	軍事行動に関する指示	「板橋文書」(石一五八)	切紙。足利様2。
170	(正長2か)2・21	書状	(花押)	石川中務少輔殿(持光)	謹言	南奥の情勢を訪ね、懸田氏と談合して計略を立てることを指示する。詳細は周蔵主が述べることを伝える。	軍事行動に関する指示	「角田石川文書」(石一五九)	切紙。足利様2。
171	正長2・2・17	御判御教書	(花押)	溝井六郎殿	之状如件	陸奥国依上城での忠節を賞する。	褒賞(感状)	「神奈川県立歴史博物館所蔵文書」(神五八二五)	足利様2。『神奈川県史』は3月とする。
172	(正長2か)5・26	書状	(花押)	石川中務少輔殿(持光)	謹言	白河結城氏を攻めるために里見家基を派遣したことを伝え「四郡仁」が出陣しないことを難詰する。また、相馬氏・懸田氏が持氏方であることを喜び、詳細は周蔵主が述べることを伝える。	軍勢催促	「角田石川文書」(石一六一)	小切紙。足利様2。
173	正長2・7・28	御判御教書	(花押)	小野崎越前三郎殿	之状如件	小野崎越前三郎に対して、常陸国羽黒合戦で父が戦死したことを賞する。	褒賞(感状)	「阿保文書」(神五八三五)	足利様2
174	正長2・8・23	御判御教書(写)	(花押影)	佐竹因幡入道殿(大山義俊)	之状如件	7月11日の佐竹小里での合戦での忠節を賞する。	褒賞(感状)	「秋田藩家蔵文書七」(茨Ⅳ・二二一頁)	足利様2
175	正長2・8・5	御判御教書(写)	(花押影)	鶴岡八幡宮神主殿(大伴持時)	之状如件	武蔵国豊嶋郡岩淵関所を鎌倉稲荷社の造営料所として寄附する。	造営料の寄進	「大伴家伝文書写」(神五八三七)	
176	正長2・11・3	御判御教書(写)	成氏(持氏)判	欠	之状如件	武蔵国豊嶋郡岩淵関所を鎌倉稲荷社の造営料所として寄附する。	造営料の寄進	「鶴岡神主大伴氏蔵文書」(神五八三九)	№175と同文。
177	正長2・12・8	御判御教書	(花押)	別符尾張守殿(幸忠)	之状如件	木戸持季と相博した武蔵国波羅郷別符郷安枝名内荒野・田地の知行を保証する。	安堵	「別符文書」(神五八四四)	足利様2

178	正長3・5・3	御判御教書（案）	御判（足利持氏カ）	当寺別当御房	之状如件	足利荘鑁阿寺・樺崎寺々領は恒例臨時諸役免除であり雑務検断についても（足利荘）惣政所不入であることを確認する。	公事免除・不入の確認	「鑁阿寺文書」（神五八四八）	
179	正長3・6・27	寄進状	従三位源朝臣（花押）	供僧中	之状如件	上総国周西郡内大山名上村・同郡浜子田畠・同郡春木村内田畠を寄進する。	所領寄進	「鶴岡八幡宮文書」（神五八四九）	足利様3
180	正長3・9・3	寄進状	従三位源朝臣（花押）	（伊豆国河津林際寺）	之状如件	武蔵国都筑郡市尾郷内片山彦次郎跡を、二階堂盛秀の申請によって寄進する。	所領寄進	「林際寺文書」（神五八五二）	足利様3
181	正長3・12・20	御判御教書	（花押）	助法印御房	之状如件	命令に従って明王院で五壇護摩を遂行したことを賞する。	そのほか（祈禱賞）	「明王院文書」（神五八五七）	足利様3
182	正長4・3・6	御判御教書	（花押）	安房守殿（上杉憲実）	之状如件	建長寺仏殿造営用木を、仏神領を問わず採って造営を遂行すること、但し以前からの免除対象地・神木は除くことを命じる。	造営料の調達	「神田孝平氏旧蔵文書」（神五八五八）	足利様3
183	正長4・4・27	御判御教書（写）	（花押影）	鶴岡八幡宮神主殿（大伴持時）	之状如件	大蔵稲荷社神主職を還補する。	還補	「鶴岡神主家伝文書」（神五八五九）	
184	永享4・3・20	御判御教書	（花押）	小野崎越前三郎殿	之状如件	常陸国石上城で分捕の功績を挙げたことを賞する。	褒賞（感状）	「阿保文書」（神五八六九）	足利様3
185	永享4・4・28	奉加帳（写）	従三位源朝臣（花押影）			大山寺の造営に際して、近臣たちとともに奉加する。	奉加	「相州文書所収大住郡大山寺八大坊文書」（神五八七一）	足利様3
186	永享4・10・14	御判御教書	（花押）	信濃守殿（大森氏頼カ）	之状如件	松岡八幡宮修理要脚として相模国小田原関所を寄進し三ヶ年関賃を社殿修理に充当することを命じる。	造営料の寄進	「鶴岡八幡宮文書」（神五八七八）	足利様3
187	永享4・11・15	御判御教書	（花押）	別当法印御房（尊仲）	之状如件	鶴岡八幡宮への寄進地に変動がないことを保証する。	安堵	「鶴岡八幡宮文書」（神五八七九）	足利様3

188	永享4・11・15	御判御教書	(花押)	別当法印御房(尊仲)	之状如件	鶴岡八幡宮社内・近所の秩序を乱す行動を列挙し、禁制の対象とする。	禁制	「鶴岡八幡宮文書」(神五八八〇)	足利様3
189	永享4・12・23	御判御教書	(花押)	称名寺長老	之状如件	六浦大道関所を三ヶ年(称名寺に)寄進することを伝える。	造営料の寄進	「金沢文庫文書」(神五八八二)	足利様3
190	永享5・5・30	御判御教書	(花押)	若宮神主殿(大伴持時)	之状如件	「若御料」(賢王丸)のための祈禱を賞する。	そのほか(祈禱の賞)	「鶴岡八幡宮文書」(神五八八四)	足利様3
191	永享5・7・20	御判御教書	(花押)	雪下弁法印御房(珍誉)	之状如件	尊勝護摩衆として祈禱を行うことを命じる。	祈禱命令	「相承院文書」(神五八八五)	足利様3
192	永享5・11・3	御判御教書(写)	(袖花押影)	(鶴岡八幡宮役者之舞々大夫)	仍如件	鶴岡八幡宮役者の舞々大夫を相州八郡の頭とする。	そのほか	「相州文書所収大住郡舞舞鶴若孫藤次所蔵文書」(神五八八八)	要検討。
193	永享5・11・24	寄進状	従三位源朝臣(花押)	(鶴岡八幡宮)	之状如件	甲斐国鶴郡押野村半分〈甘利近江入道跡〉を寄進する。	所領寄進	「神田孝平氏旧蔵文書」(神五八八九)	足利様3
194	永享6・3・18	願文	従三位行左兵衛督源朝臣持氏(花押)	(鶴岡八幡宮)	奉造立之也	武運長久・子孫繁栄などに加え怨敵(足利義教ヵ)を呪詛する。	血書願文	「鶴岡八幡宮文書」(神五八九二)	足利様3
195	永享6・11・21	御判御教書	(花押)	小野崎越前三郎殿	之状如件	常陸国鳥渡呂宇城攻めでの忠節を賞する。	褒賞(感状)	「阿保文書」(神五八九五)	足利様3
196	永享7・4・20	御判御教書(案写)	持氏御判	二階堂信濃守殿(盛秀)	之状如件	武蔵国多東郡菅生郷内の流失田地・荒野が甚大であることから政所日供を除き諸役を免除し、残った田地には先例通り役を賦課することを命じる。	そのほか(災害にともなう諸公事免除など)	「喜連川家御書案留書」(神五九〇二)	
197	永享7・6・11	御判御教書(写)	(花押影)	手賀又四郎殿	之状如件	父中務少輔時兼の譲状にしたがって、行方郡内の知行分を安堵する。	安堵	「静嘉堂文庫所蔵常陸国行方郡諸家文書」(『玉造町史』一二三一頁)	足利様3か

198	年未詳6・11	書状	(花押)	石川中務少輔殿(持光)	謹言	那須口へは一色直兼、佐竹口へは上杉定頼を派遣することを伝え、彼らと談合して軍事行動を起こすことを命じ、詳細は周首座が述べることを伝える。	軍勢催促	「角田石川文書」(石一六三)	足利様3か。『神奈川県史』は永享7年、『石川町史』は正長2年と推定。切紙。
199	年未詳7・22	書状	(花押)	石河中務少輔殿(持光)	謹言	「面々」に軍勢催促を行い、忠節に励むことを命じ、関東からは上杉三郎(定頼)を派遣すること、詳細は周蔵主が述べることを伝える。	軍勢催促	「角田石川文書」(石一六五)	足利様3か。『石川町史』は正長2年と推定。切紙。
200	永享7・8・29	御判御教書	(花押)	若宮別当法印御房(尊仲)	之状如件	下野国足利荘八幡宮別当職と末社贄田宮を安堵する。	安堵	「神田孝平氏旧蔵文書」(神五九〇九)	足利様3
201	永享7・11・16	御判御教書	(花押)	小野崎越前三郎殿	之状如件	常陸国和田城合戦で負傷したことを賞する。	褒賞(感状)	「阿保文書」(神五九九四)	足利様3
202	永享8・7・26	御判御教書	(花押)	藤田美作守後家(紀春)	之状如件	武蔵国比企郡竹沢郷内西方などを安堵する。	安堵	「円覚寺文書」(神五九二一)	足利様3
203	永享9・6・27	御判御教書	料紙欠損のため不明	茂木式部丞(知政)	之状□□(如件)	下野国東茂木保内の地を勲功所領として充行う。	所領給与	「茂木文書」(茨V—三五五頁)	
204	永享9・12・11	御判御教書(写)	(花押影)	佐竹白石中務丞殿(持義)	之状如件	常陸国鳥渡呂宇城での忠節を賞する。	褒賞(感状)	「白石家古書」(神五九二七)	足利様3か
205	永享10・9・6	御判御教書	(花押)	(覚園寺)真言院主	之状如件	凶徒退治祈禱を命じる。	祈禱命令	「覚園寺文書」(神五九四四)	足利様3
206	(永享10)・9・8	書状	(花押)	那須五郎殿	謹言	長沼・茂木とともに祇園城を攻め落とすことを命じる。	軍勢催促	「那須文書」(神五九七六)	小切紙。足利様3。
207	(永享10)・9・12	書状	(花押)	那須五郎殿	謹言	祇園城の落城を賞する。	褒賞(感状)	「那須文書」(神五九七八)	小切紙。足利様3。
208	永享10・11・27	書状(案写)	(花押影)	鹿島越前守殿・同六郎殿	謹言	味方の未練を歎き、鹿島父子の忠節を賞する。	褒賞(感状)	「常陸志料所収文書」(神五九六〇)	要検討。花押形は上杉様4。

209	年未詳1・26	書状（写）	持氏判	豊島参河守殿（泰秀ヵ）	謹言	白鳥・鯉以下の到来への礼を述べる。	贈答	「豊島泰盈本豊島系図」（埼叢四五九）	
210	年未詳3・4	書状	持氏（花押）	別願寺聖	恐々謹言	桜花の到来への礼を述べる。	贈答	「別願寺文書」（神五九六五）	足利様3か
211	年未詳3・10	書状（写）	持氏（花押影）	藤沢上人	恐惶謹言	贈答の礼などを述べる。	贈答	「相州文書所収鎌倉郡清浄光寺文書」（神五九六六）	
212	年未詳3・23	書状	持氏（花押）	別当僧正御房	恐々謹言	五大尊護摩の巻数を請け取ったことを証する。	巻数請取	「明王院文書」（神五九六七）	足利様2か。花押下部欠。
213	年未詳4・8	書状	持氏（花押）	助法印御房	恐々謹言	鶴岡八幡宮ヵ社頭での大威徳法執行の巻数を請け取ったことを証する。	巻数請取	「相模文書」（神五九六九）	足利様3
214	年未詳5・18	書状	持氏（花押）	弁法印御房（珍誉）	恐々謹言	鶴岡社頭で行った五壇護摩の巻数を請け取ったことを証する。	巻数請取	「相承院文書」（神五九七〇）	足利様3
215	年未詳8・12	書状	持氏（花押）	称名寺長老	恐々謹言	瀬戸社頭で行った本地護摩の巻数を請け取ったことを証する。	巻数請取	「金沢文庫文書」（神五九七三）	足利様3
216	年未詳8・21	書状	（花押）	大森伊豆守殿	謹言	河村城の落城に関わる軍功を賞する。	褒賞（感状）	「三村文書」（神五九七四）	足利様3
217	年未詳9・23	書状	持氏（花押）	極楽寺方丈	恐惶敬白	十壇護摩の遂行を感謝するとともに道可（鎌倉の僧侶か）の祈禱態度に苦言を呈する。	そのほか（祈禱の礼ほか）	「極楽寺文書」（神五九七九）	足利様3か
218	年未詳10・10	書状	（花押）	石川中務少輔殿（持光）	謹言	佐竹氏（山入氏）を追討することを告げ、「不慮の時」は追討に参加することを命じる。	軍事行動に関する指示	「板橋文書」（石一七七）	切紙。足利様3か。『石川町史』は永享7年と推定。
219	年未詳10・10	書状	（花押）	石川治部少輔殿	謹言	佐竹氏（山入氏）を追討することを告げ、「不慮の時」は追討に参加することを命じる。	軍事行動に関する指示	「角田石川文書」（石一七八）	切紙。足利様3か。『石川町史』は永享7年と推定。
220	年未詳10・13	書状（写）	（花押影）	石川中務少輔殿（持光）	謹言	那須愛千代丸の相論に際して懸田に飛脚を下したことを伝える。	相論の調停か	「集古文書巻六十三所収石川文書」（石一七〇）	

221	年未詳10・19	書状	持氏（花押）	弁法印御房（珍誉）	恐々謹言	鶴岡社頭で行った五壇護摩の巻数を請け取ったことを証する。	巻数請取	「相承院文書」（神五九八一）	足利様3
222	年未詳11・6	書状（写）	（花押影）	佐竹因幡入道殿（義俊）	謹言	「彼の状」の案文を進上したことを賞し、今後の忠節を求めるとともに、委細は「右京大夫（佐竹義憲ヵ）」に仰せ遣わしたことを知らせる。	軍事行動に関する指示	「秋田藩家蔵文書七」（茨Ⅳ―二二二頁）	足利様3
223	年未詳11・21	書状（写）	（花押影）	佐竹因幡入道殿（義俊）	謹言	馬二疋進上に太刀一腰を返礼として遣わすとともに「右京大夫（佐竹義憲ヵ）」と談合して忠節を尽くすよう、海老名尾張入道を通じて命じる。	軍事行動に関する指示	「秋田藩家蔵文書七」（茨Ⅳ―二二一・二二二頁）	足利様3か
224	年月日未詳	書状（写）	持氏判	豊島参河守殿（泰秀ヵ）	謹言	雁の到来に返礼をする。	贈答	「豊島泰盈本豊島系図」（埼叢四六〇）	

史料出典略号：神…『神奈川県史史料編3』／茨＋ローマ数字…『茨城県史料中世編』／石…『石川町史第3巻』第二編／北…『北区史資料編古代・中世1』／『茨城叢書』：『茨城県立歴史館史料叢書12』／二宮…『二宮町史　史料編Ⅰ』／埼…『新編埼玉県史資料編5』／埼叢…『埼玉県史料叢書11』／白…『白河市史第5巻』第二編／海…『海老名市史2』／呉座二〇〇七…呉座勇一「あきる野の武州南一揆関連文書について」（『千葉史学』50、2007）／田辺二〇〇二…田辺久子『関東公方足利氏四代』（吉川弘文館、2002）／植田二〇一二…植田真平「鎌倉府奉行人の基礎的研究」（『関東足利氏と東国社会』岩田書院、2012）。文書群名は筆者の判断で適宜改めている。花押形については、原本・写真・影写本で未確認のもの、写本の花押で検討の対象外としたものについては記載していない。

Ⅵ　足利持氏期の関東管領と守護

木下　聡

本稿では、足利持氏が父満兼から家督を受け継いだ応永十六年（一四〇九）七月から、自害する永享十一年（一四三九）までの、約三十年間の関東管領と、鎌倉府管轄国の守護についてみていく。

一、関東管領

まず、持氏期の関東管領の沿革をまとめると次のようになる。(1)

上杉憲定　～応永十二年十月～同十七年七月～（辞職）
上杉氏憲　～応永十七年十月～同二十一年十二月～（同二十二年五月か）（辞職）
上杉憲基　（応永二十二年五月?）～応永二十三年十月～同二十四年四月（辞職）
　　　　応永二十四年六月～同二十五年正月（死去）

上杉憲実　～応永二十六年～永享十一年十一月（辞職）

足利持氏の父満兼は、応永十六年七月に死去した。そのため子の持氏が跡を継承するが、この時に関東管領であったのは、山内上杉憲定である。憲定の関東管領としての初見は、応永十二年十月二十九日付の奉書写である。[(2)] そして憲定の関東管領としての活動の下限は、応永十七年七月二十八日付の奉書写になる。[(3)]『鎌倉大日記』[(4)]には、応永十八年正月十六日に辞職したとあるが、以下で述べるように、それ以前に次の関東管領である犬懸上杉氏憲（入道禅秀）の、管領としての徴証が十月に見えることから、七月末から十月初めまでの間に交替が行われたようである。

憲定の次に関東管領となったのは、前述のとおり氏憲である。『鎌倉大日記』・「喜連川判鑑」[(5)]では、応永十八年二月九日に就任したとあるが、関東管領としての初見は、応永十七年十月十一日付奉書[(6)]である。

この交替について、応永十七年八月十五日に起きた、足利満隆（満兼弟、持氏叔父）の謀反騒動が影響しているとする見方がある。[(7)] この一件は、鎌倉新御堂に屋敷を構える満隆に陰謀があるとの雑説が流れたことを受け、持氏が管領憲定の邸宅へ移ったもので、謀反が虚説である（『鎌倉大日記』・「喜連川判鑑」）、あるいは憲定が間に入って取り持ち、満隆も陳謝した（「鎌倉大草紙[(8)]」）ことで落着し、九月三日に持氏が御所に戻ったというものである。

この一連の騒動について語る史料として、次の大石道伯書下がある。[(9)]

於鎌倉御用心御事候哉、不質時任先規、殊可被致御祈祷状如件、

　　応永十七

　　　八月廿四日　　　沙弥（花押）

鑁阿寺衆徒御中

山内上杉氏家臣の大石が下野の鑁阿寺に祈祷を依頼したもので、鎌倉において御用心のことがあると述べているので、大石の主である憲定にとって警戒すべき何かがあったことが想定される。ただしそれ以上のことは判然としない。

騒動後に満隆が特に咎められた様子のないこと、関東管領が憲定から氏憲に交替したこと、後の禅秀の乱で満隆と氏憲が結託したことからすると、この騒動は幼主持氏を補佐する立場をめぐって、関東管領である憲定と、持氏叔父という立場を持つ満隆との間で起きた争いであり、交渉によって憲定が譲歩して（または自らに非がある、もしくは利が無いと見て）、関東管領の座を氏憲に明け渡す結果になったと言えよう。

ところで幕府将軍足利義持から、次のような御内書(10)が出されている。

入道隠遁事驚入候、早速帰参候之様、被廻籌策候者、可悦喜候、委趣大用可被申候也、

八月六日　（花押）

上椙右衛門入道殿

ここで見える上椙右衛門入道とは、当時の上杉一族で右衛門尉・右衛門佐であったのが、右衛門佐であった氏憲しかいないことからすれば、氏憲に比定される。氏憲はすでに応永十七年十月に奉書を出した時点で入道しているので、この「入道隠遁」は、「帰参」が求められていることからすると、氏憲が関東管領を辞職したことを指したものとして、年代を応永二十二年に比定する見方もできるだろう。しかし署名の義持の花押形を見ると、義持の花押は応永十七年末頃から下部が膨らみ、右側に突き出た部分の突端が四角くなるなどの特徴があるが、

右の文書の花押はそのように変化する前の形で、応永十五年から十七年の間のものである。また、「入道隠遁」は必ずしも氏憲を指すのではなく、別人が隠遁したのを、氏憲から帰参させるよう籌策を廻らせよという解釈ができる。応永十五年から十七年の間で隠遁し、氏憲が連れ戻せるような鎌倉府の要人といえば、満兼の死で遁世した氏憲の父朝宗が該当する。つまり幕府は、新しい公方持氏が幼少であり、管領憲定もまだ若いため、経験豊富な朝宗の存在を重視して、このような文書を出したと言えるだろう。そして幕府の危惧は、憲定の早期の管領交替という形で現出してしまったのである。

こうして管領の座についた氏憲は、『鎌倉大日記』・「喜連川判鑑」などによると、応永二十二年五月二日に辞職したとある。これは「喜連川判鑑」・「鎌倉大草紙」によれば、その前月での政所評定における、家人越幡六郎に対する裁決を不服としてのものとされている。しかし、これらはあくまで編纂史料であり、文書や古記録からわかる終見は、応永二十一年十二月十五日付の管領細川満元施行状(11)である。なお、禅秀が挙兵したとの関東からの注進が、京都の幕府にもたらされたことを記す『看聞日記』応永二十三年十月十三日条には、「前管領上杉金吾」・「当管領上杉房州」とあるので、交替はこれ以前に済んでいたことは確実である。

氏憲の代わりに関東管領となったのは、憲定の子憲基である。その初見は前述の『看聞日記』応永二十三年十月十三日条であるが、これは禅秀の乱がすでに起きた後になるので、実際にはもっと早くに就任していたであろう。『鎌倉大日記』では氏憲が辞職した同月十八日に就任したとある。

憲基は禅秀の乱によって、持氏と共に鎌倉を一度は没落したが、幕府の支援もあって、なんとか勝利を収めた。しかし憲基は、応永二十五年正月四日に二十七歳の若さで死去した(『大日本史料』同日条)。

『鎌倉大日記』には、憲基が応永二十二年に管領に就任してすぐに評定始が行われたものの、憲基が病に伏していたため、出仕は三ヶ月後の八月になったこと、禅秀の乱後、応永二十四年四月二十六日に管領を辞して伊豆三島へ赴き、閏五月二十四日に戻って、六月晦日に再任したことを記している。実際に『満済准后日記』応永二十四年五月四日条には、「上椙房州下向伊豆由注進、為管領上意云々」とあり、上椙房州＝憲基が伊豆に下向したことが幕府に注進され、それが管領（ここでは鎌倉公方持氏を指す）の上意によるとある。憲基の伊豆下向の理由は記されていないため、確定できないが、「上意」によるという注進からすると、持氏と何らかの行き違いが生じたことが想定できよう。

小要博氏は、この応永二十四年に憲基が管領職を離れていたとされる間に、文書の受給・発給が憲基にあり、外題安堵もしており、根拠は弱いが引き続き関東管領の座にあったとしている。[12] しかし、その文書のうちわけを見ると、発給は、伊豆三島社への所領寄進[13]と、同じく三島社での犯過人の成敗についての命令[14]、受給は、持氏からの上野・伊豆両国闕所分の安堵[15]、そして外題安堵としているものは、被官常陸臼田氏の勘解由左衛門尉所望を承認するものである[16]。つまり、守護として上野・伊豆に関わるもの、または自身・家中に関わるもので、いずれも関東管領とは無関係である。そうなると、関東管領を一時的に辞していたとしても問題はない。

憲基が管領就任早々に病で出仕できなかったとする『鎌倉大日記』の記述や、実際に若死したことからすると、どうやら病弱だったようで、関東管領を一時的に辞職したのも、政治的な理由の他に、禅秀の乱を経て体調が悪化したのも一因で、三島に下向したのも、温泉などの療養のためであったかもしれない。

在任中に若くして死去した憲基には、まだ男子がおらず、後継に誰を迎えるかが問題となった。そこで迎え入れられたのが、山内上杉氏の分流である越後上杉房方の子憲実[17]である。とはいえ憲実は、この時まだ元服前の幼少であったため、管領職をただちに継承することはなく、関東管領は不在となる。憲実が関東管領に就任するのは、彼が元服してからで、その初見は応永二十六年二月一日付の奉書[18]になる。なお、この文書には疑義を呈する意見がある[19]。文書の字体や文章に不審があり、また、応永三十年の時点で憲実が「未能判形」と言われているため[20]、花押のある文書をそれ以前に出しうるか疑問があるとの理由からである。ただ応永二十六年八月時点で「上杉四郎憲実」とあるので[21]、年齢的には早いが、判始はしていなくとも、この年までに元服していたのは確実である。関東管領職も、後に憲実の子憲忠が、元服する前の龍忠丸の時点で関東管領に任じられていることからすれば[22]、憲実も幼少で関東管領とされた可能性がある。むしろ憲実の先例があったため、元服以前の憲忠を関東管領にしても問題がなかったとも言える。いずれにせよ、応永二十六年には憲実は関東管領になっていたと推測される。

その後の憲実の動向については周知のように、持氏と将軍義教との関係の改善に奔走しながらもうまくいかず、挙げ句持氏との関係が決裂して起きた永享の乱の結果、永享十一年二月十日に、主持氏を心ならずも自害させることになる。「喜連川判鑑」によると、憲実はこの年の十一月二十日に隠遁し、弟清方[23]を越後から呼んで、管領職を譲ったという。憲実の出家時期は、同年十月二十九日以前であることが指摘されており[24]、管領職も遠くない時期に辞していたと推測されるので、やはりこの十一月頃に家督・管領職の委譲がなされたと思われる。

ただ憲実は、翌永享十二年三月に結城合戦が起きたことで政務に復帰せざるを得なくなり、関東管領・武蔵守護としての文書を出している。京都の幕府は憲実を関東管領にしたがっていたこともあって、関東管領は清方と憲実が並立しているような状況になった。

持氏期の関東管領は、禅秀の乱で犬懸上杉氏が没落したことにより、山内上杉氏のみが継承するようになる。これは以後も踏襲され、後に山内上杉氏が「上杉之棟梁[25]」と呼ばれるもととなった。

二、守護

持氏期の鎌倉府管轄国に該当するのは、武蔵・相模・上野・下野・常陸・下総・上総・安房・伊豆・甲斐・陸奥・出羽の十二ヶ国であるが、このうち陸奥と出羽には守護が置かれなかったので、残りの国の沿革についてここでは見ることとする。[26]

武蔵

上杉憲定……～応永十二年十月～同十七年七月～（管領辞職）
上杉氏憲……（～応永十七年十月～）～応永十九年七月～応永二十一年十一月～（管領辞職）
上杉憲基……～応永二十四年正月～（四月辞す～六月再任～）応永二十五年正月（死去）
上杉憲実……～応永二十六年三月～永享十一年十一月（管領辞職）

憲定の武蔵守護としての初見は、応永十二年十二月二十五日付の守護代長尾憲忠の請文[27]である。そして前守護朝宗同様に、管領辞職と同時に武蔵守護も交替したと思われるので、管領在職の終見である応永十七年七月から、禅秀の初見である十月までの間に、武蔵守護職も移動したのであろう。なお憲定の守護期間中には、鎌倉府の遵行命令関係の文書が見当たらないが、憲定の支配期間が特別なものであったというよりも、おそらく文書残存の蓋然性によるものであろう。

憲定の次に守護となった氏憲は、管領就任と同時に武蔵守護になったと思われるが、史料上の初見は、応永十九年七月五日付施行状写[28]になる。ただ、その後守護としての徴証は見えず、関東管領辞職と共に、守護も明け渡したと見られる。

氏憲の次の関東管領は上杉憲基で、就任と同時に武蔵守護になるが、守護としての活動は、禅秀の乱後になってようやく見え、応永二十四年正月二十日付施行案状写[29]が初見になる。前章で見たように、応永二十五年正月に憲基は死去するが、それまで在職していたようである。また、もし一時的に関東管領を辞していたとすれば、その間は武蔵守護も辞していたと見られる。

憲基から関東管領と守護職を継承した憲実の、武蔵守護としての活動初見は、応永二十六年三月である。[30]憲実が関東管領になる以前の応永二十五年三月には、持氏から横瀬美作守・岩田中務丞入道に対して、下地沙汰付の命令が直接下っていて、[31]武蔵守護不在のようであるので、いまだ関東管領と武蔵守護が直結していたことがうかがえる。そして憲実は、前述のように永享十一年十一月に管領を辞職しているので、それに付随する武蔵守護も同時に辞したことになる。

相模

三浦高明……～応永十四年三月～応永二十四年～
上杉定頼……～応永二十八年十二月～
一色持家……～応永三十三年十二月～永享十年十一月

相模守護は、満兼期から三浦高明が務めている。守護としての初見は、応永十四年三月十五日付上杉憲定奉書[32]で、小田原・関所の糺明を命じられている。高明は禅秀の乱で相模国の兵を率いるなど、守護であり続けたようだが、応永二十八年十二月に上杉定頼が相模守護として見えるので[33]、これ以前に改替されたようである。高明が改替された理由は、禅秀の乱で当初敵対したために没収された、あるいは乱で当主氏定が討死した扇谷上杉氏へ恩賞として与えるため改替された、などの理由が挙げられようが、確たる理由は不明である。

上杉定頼は扇谷上杉氏の庶流小山田上杉氏の出で、扇谷上杉持定が応永二十六年五月一日に死去した後、家督はその弟持朝が継ぐことになるが、持朝が幼少であったため、定頼がその名代となったという。しかし、定頼が事実上の家督として、文書発給や守護としての活動を行っていることが指摘されている[34]。定頼はその後、持氏近臣として様々に活躍するが、相模守護としての動きは見えなくなり、代わりに守護として現れるのが一色持家である[35]。

持家の守護としての初見は、応永三十三年十二月十四日付上杉憲実施行状である[36]。翌年六月に相承院へ相模富田郷を返付した後は[37]、相模守護としての徴証は無いが、持氏近臣としての活動はあるので、おそらく永享の乱で没落するまで守護であり続けたと思われる。

なお、定頼・持家ともに持氏の近臣であることから、持氏が相模を御料国にして、近臣に運営を任せていたとも解せる。ただ、一色持家書状[38]の端書に「関東一色殿〈相州守護〉」とあるように、持家を守護とみなす徴証もあり、定頼・持家の相模国内の活動が重ならず、他に持氏の近臣で相模に関わる者も現状見当たらないので、本稿では定頼・持家を守護として捉えることとする。

上野

上杉憲定……応永二年七月～応永十九年十二月（死去）
上杉憲基……応永十九年十二月～応永二十五年正月（死去）
上杉憲実……応永二十六年八月～永享十一年十一月（譲与）

上野守護は憲顕子孫の山内上杉家が代々相承しており、持氏期では、満兼期から引き続き憲定が守護となっている。憲定は父憲方が応永元年十月二十四日に死去した（『大日本史料』同日条）ことで守護職を継承したと見られるが、文書による補任は、翌年七月二十四日付の足利義満袖判御教書[39]で、安堵の形でなされている。その後憲定は、応永十九年十二月十八日に死去する（『大日本史料』同日条）が、その時まで在職していたと考えられる。

憲定の次の守護は、その子憲基である。憲基は応永十九年十二月二十九日付足利義持袖判御教書[40]で伊豆・上野両国守護職を補任されており、父の死後すぐに安堵がなされていることがわかる。憲基は前述のように応永二十五年正月四日に死去するが、守護職は関東管領共々それまで持っていたと思われる。

憲基の死後、養子に迎えられた憲実は、まだ元服していなかったためか、すぐに守護及び関東管領を継承したわけでなく、応永二十六年八月二十八日付足利義持袖判御教書[41]で伊豆・上野守護に補任されている。前述の通り、憲実は永享十一年十一月頃に、弟清方へ管領職と家督を譲与したようなので、上野・伊豆の守護職も同時に譲り渡したのであろう。

下野

結城基光………～至徳四年（一三八七）八月?～応永六年十一月～永享二年五月（死去）

（結城光秀……応永三十年七月～）

結城氏朝ヵ……永享二年五月～永享十二年三月～

下野守護は満兼期より引き続き結城基光である。基光は至徳四年八月五日付で軍勢催促状を出している（「早稲田大学所蔵下野島津文書」関南四三六四）が、この時の基光は大将としての立場から軍勢催促をしただけであるとも考えられる。基光の明確な下野守護としての活動徴証は、応永六年十一月九日付上杉朝宗施行状案[42]である。その後は正長元年（一四二八）十二月[43]まで断続的に在職の徴証が確認でき、おそらくは死去する永享二年五月十一日[44]まで守護であったと思われる。

なお、『満済准后日記』（以下、『満済』と省略）応永三十年七月十日条に、「結城上野介光秀下野国守護職可被仰付由被仰」とあるように、基光の在職期間中に、幕府から結城光秀なる人物が下野守護に補任されている。この光秀は、結城氏の系図や関係資料に見えず、全く不明な人物[45]で、そのためなぜ幕府から下野守護に補任されたかも明らかでない。

基光の次に守護となったのは、その子氏朝と思われる。守護としての活動は、現在史料上に見えないが、他に守護になりうる宇都宮・小山両氏を見ても、宇都宮氏は応永三十年に持綱が持氏に敗死し、その子等綱は永享三年になって持氏と和し（『満済』同年三月二十日条など）、ようやく惣領の地位を回復している状態で、その間惣領の座にあった家綱も、日光山の重宝探索の命を受けるなど[46]、持氏から信頼されてはいるが、守護としての活動は見えない。小山氏にしても、小山義政の乱後、当主として結城基光の子が入り、当該期はいまだ勢力を回復しきれておらず、結城氏の下にあった。そうすると、氏朝が父の跡を受けて、そのまま守護にあったと理解するのが自然であろう。そして氏朝は、永享十二年三月に足利春王・安王を擁して挙兵し、翌年四月に敗れて自害する。下野守護がその間どうなっていたか不明だが[47]、乱後は幕府方に寝返った小山持政に与えられたと見られる。

常陸

佐竹義人…………～応永十五年十月～永享十二年十二月以前

（山入祐義……応永三十年六月～応永三十二年七月～）

常陸守護は満兼期から引き続き佐竹義人（初名義憲）である。義人は家督と共に守護職も継承したようで、応永十五年十月の上杉憲定奉書[48]により、いまだ元服前でありながら、鹿島社領の沙汰付命令を受けている。義人はその後持氏期までを通じて守護であったが、応永十四年に義人を佐竹家に迎え入れた時に、一族内でも有力庶家山入氏をはじめ多くの反対があり、これが持氏期に多くの問題をはらむきっかけとなった。

それが噴出したのが、山入与義の常陸半国守護就任問題である。山入氏は南北朝期に分派した佐竹氏の有力一族で、禅秀の乱では禅秀方に与して持氏に抗している。乱後に禅秀与党が持氏によって多く討たれる中で、山入与義は幕府に通じ、『満済』応永二十五年十月十二日条では、幕府が宇都宮持綱を上総守護に、山入与義を常陸守護にするよう鎌倉府に働きかけていることが見える。持綱に関しては、後述のように持氏は了承しているが、与義を常陸守護にすることは肯んじえなかった。これは持綱が禅秀の乱に際して、当初の動きこそ定かでないが、乱の平定に貢献していたのに対し、与義は一貫して反持氏であったことが大きい。結局、この時の与義への補任は沙汰止みとなるが、幕府はその後度々持氏に対して与義を常陸守護にするよう伝えている（『満済』応永二十八年四月二十八日条）。

そして応永二十九年十月、与義は鎌倉で持氏によって討たれる（『満済』応永二十九年十一月二日条など）。これを受けてその子祐義は挙兵し、幕府も翌年「常陸国守護職佐竹刑部大輔佐〔祐〕義ニ被宛行、御判被出之」とあるように（『満済』応永三十年六月五日条）、持氏の同意無く祐義を守護に補任している。とはいえ現地では、祐義の勢力は劣勢であったので、義人が実質的に守護の役割を果たしていたと思われる。

この状況に変化が訪れるのが、応永三十二年閏六月である。持氏と幕府との関係はすでに前年修復していたが、この月に持氏から、義人と祐義の両人で常陸を半国知行して、両佐竹が和睦するように幕府から仰せてもらえるよう提案している（『満済』応永三十二年閏六月十一日条）。半国ずつといっても、実際に半分に分割するというよりは、和泉国のように、二人で統治するような形であろうが、幕府は、持氏が祐義を討つために派遣した軍勢を召し返すのが先だと返答している（『満済』同年七月五日条）。

これ以後、守護職に関わる話は持氏―幕府間ではなされなくなり、おそらく棚上げされたまま、義持の死で立ち消えたのだろう。ただ山入氏の処遇については、以後も両者の間で問題の一つであり続け、また佐竹氏にとっても最大の脅威であった。そして、持氏が山入氏を攻撃し続けたことは、義人を持氏方に強く引きつけることに繋がり、義人が山内上杉氏出身であったにも関わらず、永享の乱から結城合戦、そして享徳の乱と、山内上杉氏に敵対して公方側となった大きな要因となったのであろう。義人は永享十二年十二月以前に息子義俊へ家督を譲るが[49]、守護の座も同時に渡したとみられる。

下総

千葉満胤……貞治四年（一三六五）九月?～同年十二月～応永二十四年（隠居?）
千葉兼胤……～応永二十四年十一月～永享二年六月（死去）
千葉胤直……永享二年六月～文安三年（一四四六）四月以前

千葉満胤は、家督継承が幼少であったこともあり、基氏期より守護を務めている。元服前でありながら、貞治四年十二月に守護として見える（「香取大禰宜家文書」関南三三八一）。満胤元服後は、満胤が守護である徴証がある一方で、余人の在職はうかがえない。終見としては、前稿[50]では応永三十三年に死去するまで守護にいたとしたが、応永二十七年十二月に息子兼胤が守護として安堵状を出しているので[51]、それ以前に守護の座を明け渡していたことがわかる。家督委譲は、禅秀の乱に際し、満胤・兼胤父子が当初禅秀方へついたことの責任を満胤がとる形でしたと思われ、応永二十四年十一月に兼胤が安堵の文書を出していることからすると[52]、応永二十四年に乱が終結してから程ない時期に委譲がされたのだろう。

兼胤は永享二年六月十七日に死去するが、[53]それ以前に息子胤直が守護として活動している徴証は無いので、死ぬまで在職していたといえる。その胤直は、同年十一月には活動を始めている。その後、永享の乱を経ても在職し続けていたが、文安三年四月に息子胤将が安堵状を出し、[54]以後胤直が文書を出していないことからすると、それ以前に家督を譲り、守護職も胤将に移ったと見るべきか。

上総

上杉氏憲……応永十六年七月～～応永二十四年正月（自害）
（千葉上総権介……～応永二十四年閏五月～）
宇都宮持綱……応永二十五年九月～応永二十七年十二月～
上杉定頼……～応永二十七年十二月～（永享元年七月～）
上杉持朝……～永享十一年二月～

上総守護は、氏満期から守護であった上杉朝宗が、満兼の死と共に遁世したことをきっかけに、息子氏憲（入道禅秀）へ譲ったものと思われる。その後氏憲は関東管領となり、辞職した後に禅秀の乱を起こし、応永二十四年正月に自害するが、守護職自体はその時まで保持していたと思われる。

禅秀の乱後上総守護となった可能性があるのは、千葉上総権介である。応永二十四年閏五月二十五日付足利持氏御教書[55]で、大御所御料所を代官に沙汰付するよう命じられている「上総権介」がそれで、苗字は無いが、千葉一族と見られる。[56]ただし御料所の沙汰付であるので、守護としての立場から行ったのではなく、現地の者が起用されただけとも解せる。ここでは可能性があるだけにとどめておきたい。

同年八月になると、幕府で宇都宮持綱を上総守護に推挙することが決まり（『満済』同年八月七日条）、十月にも持氏へ対し、重ねて持綱を上総守護にするよう下知を出すことが決まっている（『満済』同年十月十七日条）。ただし、度々の幕府からの伝達を持氏は無視していたようで、翌二十五年九月になって、持綱の正式な守護補任が幕府から出されている（『満済』同年九月十五日条）。ここに至り、持氏も承認して、持綱が守護となったと見られ、実際の活動として、応永二十六年十二月十五日付足利持氏御教書などが挙げられる。[57]そして、翌年十二月二十日付遵行状を出しているが、[58]その翌日、足利持氏から上杉三郎（定頼）宛に御教書が出されている。[59]これについて、ここで守護が切り替わったと見るべきか、幕府の認定した持綱とは別に、持氏が定頼を任命していたか両様の見方があるが、先行研究が述べるように、後者と捉えるのが自然であろう。

しかし、定頼の上総守護としての徴証はその後無く、また定頼自身の活動も永享元年七月を最後に途絶えている。[60]その後しばらく間が空き、永享の乱後の永享十一年二月に、扇谷上杉持朝が法華堂領上総飯富庄飯富社領加納・本納などについて清浄光院に保証を伝えており、[61]持朝がこの時守護にあったことが想定される。定頼は前述のように、扇谷上杉家督を代行する形であったので、持朝の成人によって、定頼から持朝へ守護が継承されたと考えるのが自然である。そうすると、定頼は持朝に守護を引き渡すまで、その座にあったと見るべきだろう。

安房

（千葉兼胤……〜応永二十四年十一月〜）

上杉定頼……～（応永二十八年七月～）応永三十年十二月～
（上杉持朝……？～？）

満兼期の安房守護は不明で、持氏期になっても、鎌倉府の直接管理か、山内上杉氏などがしている可能性はあるものの、禅秀の乱までその状態が続く。それが禅秀の乱後になると、応永二十四年十一月に、千葉兼胤が安房龍興寺に対して、足利基氏・氏満の御判に任せての所領安堵をしている。(62)千葉氏が安房に対していかなる権益を有していたかが不明であるため、これが守護としての権限によるものか、個別的なものなのか定かでなく、更なる史料の発掘と、後考を俟ちたい。

明らかに安房守護であると言えるのが上杉定頼で、これは応永三十年十二月八日付足利持氏御教書による。(63)ただ黒田基樹氏が指摘するように、(64)応永二十八年七月二十六日付で定頼は安房三原郷内の地を常岡源左衛門に宛行っており、(65)安房国内で定頼が所領を獲得した契機に、守護補任があったと想定することが可能であるので、守護となったのはそれ以前に遡らせることができよう。

その後安房守護の徴証は、永享の乱後まで見えず、不明である。ただ、宝徳元年に扇谷上杉顕房（持朝子）が安房国内の闕所地を与えているので、(66)上総守護同様に、定頼から上杉持朝が継承していた可能性が高い。

伊豆

上杉憲定……応永二年七月～応永十九年十二月（死去）
上杉憲基……応永十九年十二月～応永二十五年正月（死去）

上杉憲実……応永二十六年八月～永享十一年十一月（譲与）

伊豆守護は、上杉憲定が上野と兼帯している。伊豆守護職も上野同様に父憲方の死後継承し、翌応永二年七月二十四日付の足利義満袖判御教書[67]で安堵されている。その後はこちらも応永十九年十二月十八日に死去する（『大日本史料』同日条）まで在職した。以降の憲基・憲実についても、補任と在職下限は上野国と同じである。

甲斐

武田信春……～至徳二年三月～応永二十年十月（死去）

武田信満……～応永二十四年二月（自害）

武田信元……～応永二十四年六月～応永二十八年以前（死去）

武田信重……応永三十年六月～応永三十二年十二月

（武田伊豆千代丸）

武田信重……～永享十年八月～宝徳三年十一月（死去）

武田信春の守護の初見は至徳二年三月二十五日付関東管領上杉憲方施行状（「円覚寺文書」関南四二五七）で、棟別銭徴収の命令を受けている。その後、信春の守護職在職の徴証は少ないが、おそらく応永二十年十月二十三日に死ぬ（『大日本史料』同日条）まで在職していたと思われる。

信春の跡は子である信満が継ぎ、守護職も継承したであろうが、守護としての活動を示す徴証は無い。信満は娘を上杉氏憲（禅秀）の室としていたため、応永二十三年の禅秀の乱でも禅秀方に与した。乱中の動向は不明だが、持氏に協力することは無かったため、乱の終結後すぐに持氏によって攻められ、応永二十四年二月に自害した。

信満の死後、幕府は京都に逃げ込んでいた信満の弟信元を新守護に補任していたようで（『満済』応永二十四年六月八日条）、それを受けて信元は甲斐への入部を果たすが、いまだ甲斐は混乱状態にあり、「地下一揆蜂起」という有様であった（『満済』応永二十五年二月十五日条）。そのため幕府は信濃の小笠原政康らに命じて、度々信元を支援させている。一方持氏は、幕府の補任した信元を承認せず、重用していた武田一族の逸見有直を守護にすべく、幕府に働きかけている（「鎌倉大草紙」）が、幕府はこれを容れなかった。

甲斐で持氏方勢力と戦っていた信元は、応永二十八年以前に死去したようである。これは応永二十七年十二月に従三位に上階した持氏が、足利義持へその御礼をしたことに返答する、翌年四月二十八日付の足利義持御内書[68]に、「甲州事、中付武田三郎入道之間、悉属無為之処」とあり、武田三郎入道＝信重に甲斐を申付けたとあるので、これ以前に信元が死去したか、守護でなくなったことがわかる。

武田信重は信満の子で、信元同様に禅秀の乱後京都に逃れていた。入道とあるように、高野山で出家していたという。前述のように、応永二十八年に幕府から甲斐を申付けられているが、正式に守護に補任されたのは、応永三十年六月五日のことである（『満済』同日条）。二年の間が空いたのは、杉山一弥氏が指摘するように[69]、幕府が持氏に配慮していたが、持氏の禅秀の乱後処理に不信を抱いていたところに、幕府扶持衆への攻撃を始めたことが大きく、また持氏の推す逸見有直の存在があったことも影響していたのであろう。

しかし、幕府から守護に補任された信重は、甲斐に下向したくないと主張し、現地へ下ろうとせず、幕府もその主張を容れた（『満済』応永三十二年十二月三日条など）が、その代償として守護を解任され、三年後には四国に隠居していると言われている（『満済』正長元年九月二十二日条）。

ところで甲斐国内では、信重の弟信長が禅秀の乱後から在国し続けて、持氏方や逸見氏と戦い、応永三十三年に降伏して、持氏に出仕している。「鎌倉大草紙」でこの頃の甲斐守護として挙げている武田伊豆千代丸は、この信長の子であるが、守護としての徴証は無い。信長は永享五年三月に鎌倉を逐電し（「喜連川判鑑」）、翌年甲斐で跡部氏と戦って敗れている。この跡部氏が、同年幕府に対して信重を下国させるよう求め（『満済』永享六年十一月二日条）、翌年正月に、信重は下国するための暇乞いを将軍足利義教にしているが（『満済』永享七年正月五日条）、結局この時は帰国しなかった。そして永享十年に永享の乱が勃発するにあたって、ようやく信重は甲斐に入国した。この時様々な「御判」が信重に出されているので、おそらく守護補任の文書も出されたのであろう。[70]その後の信重は、甲斐で敵対勢力と戦いつつ、宝徳三年十一月二十四日に死去している。[71]おそらく守護職も死ぬまで保持していたと見られる。

持氏期の守護は、従来の守護で固定されている国～武蔵・上野・下野・下総・伊豆と、持氏の近臣が新たに守護に補された国～安房・上総・相模、及び幕府からの干渉を受けた国～常陸・上総・甲斐とに大別される。こうした違いが出たのは、禅秀の乱が大きく影響している。

また、守護を補任するのは鎌倉公方なのか、室町殿なのかという問題もある。山内上杉氏が幕府から伊豆・上野守護を安堵され続けていることはよく知られているが、こうした補任のあり方は山内上杉氏のみにしか見られないので、そこが山内上杉氏の特異な政治的位置を示すとも語られがちであるが、佐竹氏が「故御所・当御代安堵御判」（『満済』応永三十二年閏六月十一日条）を受けて常陸守護であったことや、幕府が山入祐義を常陸守護にする御判を出したことなどを鑑みれば、文書として補任するのは幕府であり、鎌倉公方は補任される人を幕府に伝える、幕府の打診を受けて承認するのが通常であったと言えよう。

註

（1）持氏期の関東管領については、小要博「関東管領補任沿革小稿―その（二）―」（芥川龍男編『日本中世の史的展開』文献出版、一九九七年、後に黒田基樹編著『関東管領上杉氏』戎光祥出版、二〇一三年）、黒田基樹「関東管領上杉氏の研究」（同編著『関東管領上杉氏』戎光祥出版、二〇一三年）参照。
（2）上杉憲定奉書写（「相州文書」『神奈川県史資料編3上』〈以下、『神3上』と略す〉五三六九号）。
（3）上杉憲定奉書写（「鶴岡神主家伝文書」『神3上』五四二八号）。
（4）『神奈川県史編集資料集　第4集』（一九七二年）。
（5）『続群書類従第五輯上』。以後、「喜連川判鑑」はこれに拠る。
（6）上杉氏憲奉書（「神田孝平氏旧蔵文書」『神3上』五四三〇号）。
（7）江田郁夫「鎌倉公方連枝足利満隆の立場」（同『室町幕府東国支配の研究』高志書院、二〇〇八年）。
（8）『群書類従』第二十輯。以後、「鎌倉大草紙」はこれに拠る。
（9）「鑁阿寺文書」（『栃木県史史料編中世一』九〇号）。
（10）東京大学史料編纂所架蔵影写本「相国寺文書」。
（11）「円覚寺文書」（『神3上』五四七九号）。
（12）前註（1）小要氏論文。
（13）上杉憲基寄進状（「三島神社文書」『静岡県史資料編6中世二』一五七九号）。
（14）上杉憲基書下（「三島神社文書」『静岡県史資料編6中世二』一五八三号）。

(15) 足利持氏御教書（『大日本古文書　上杉家文書之二』八五号）。
(16) 上杉憲基官途状（「臼田文書」『茨城県史料中世編Ⅰ』三五号）。
(17) 憲実の生涯や政治的動向については、田辺久子『上杉憲実』（吉川弘文館、一九九九年）を参照。
(18) 上杉憲実奉書（「結城家文書」『白河市史五古代・中世資料編2』四三七号）。
(19) 小要博「関東管領上杉憲実の初見文書について」（『埼玉地方史』七二号、二〇一六年）。
(20) 鳥名木国義軍忠状（「鳥名木文書」『神3上』五六八四号）。
(21) 足利義持袖判御教書（『大日本古文書上杉家文書之二』九一号）。
(22) 『建内記』文安四年七月十日条。
(23) 清方については、黒田基樹「上杉清方の基礎的研究」（同編著『関東管領上杉氏』戎光祥出版、二〇一三年）参照。
(24) 『神奈川県史通史編Ⅰ』百瀬今朝雄氏執筆「主なき鎌倉府」、前註（19）黒田氏論文。
(25) 大森奇栖庵書状写（「古今消息集」『群馬県史資料編7中世3』一八〇三号）。
(26) 本稿で主に参考としたものは、武蔵…杉山博「室町時代の武蔵守護（上）」（『府中市史史料集第十二集』一九六六年）・杉山博「室町時代の武蔵守護（下）」（『府中市史史料集第十四集』一九六七）・阿部哲人「鎌倉府料国武蔵国にみる守護支配—遵行体制を手懸りとして—」（『文化』六二—一・二号、一九九八年）、相模…佐藤博信「室町時代の相模守護」（同『中世東国の支配構造』思文閣出版、一九八九年）・湯山学「南北朝・室町時代の三浦一族—永享の乱まで—」（同『相模国の中世史〔増補版〕』岩田書院、二〇一三年）・山田邦明「三浦氏と鎌倉府」（石井進編『中世の法と政治』吉川弘文館、一九九二年、後に同『鎌倉府と関東』校倉書房、一九九五年）・風間洋「足利持氏専制の周辺—関東奉公衆一色氏を通して—」（『国史学』一六三、一九九七年）、上野…勝守すみ『長尾氏の研究』（名著出版、一九七八年）、下野…新川武紀「下野国守護沿革小考」（『栃木県史研究』二一号、一九八一年）、常陸…杉山一弥「室町幕府と常陸「京都扶持衆」」（同『室町幕府の東国政策』思文閣出版、二〇一四年）、下総…石橋一展「室町期下総千葉氏の動向—兼胤・胤直・胤将—」（『千葉史学』六六号、二〇一五年）、上総…湯山学「禅秀の乱後における房総三国の守護—上杉定頼の動向を中心として—」（同『関東上杉氏の研究』岩田書院、二〇〇九年）・小国浩寿「持氏期鎌倉府の守護政策と分国支配—上総守護補任問題を契機として—」（同『鎌倉府体制と東国』

吉川弘文館、二〇〇一年）・山家浩樹「上総守護宇都宮持綱―満済と義持―」（『日本歴史』四九〇号、一九八九年）・松本一夫「上総守護の任免状況とその背景」（同『東国守護の歴史的特質』岩田書院、二〇〇一年）、黒田基樹編著『扇谷上杉氏』（戎光祥出版、二〇一二年）など、安房…『千葉県の歴史通史編中世』・湯山学「禅秀の乱後における房総三国の守護―上杉定頼の動向を中心として―」（同『関東上杉氏の研究』岩田書院、二〇〇九年）、伊豆…勝守すみ『長尾氏の研究』（名著出版、一九七八年）、湯山学「室町時代伊豆国に関する予察前編―山内上杉氏の守護領国支配形成過程―」（同『鎌倉府の研究』岩田書院、二〇一一年）、甲斐…『山梨県史通史編2中世』、磯貝正義『武田信重』（戎光祥出版、二〇一〇年）、杉山一弥『室町時代の東国政策』（思文閣出版、二〇一四年）などである。

(27)「相州文書」（『新編埼玉県史資料編5』六五三号）。

(28) 上杉氏憲施行状写（「鶴岡等覚相承両院蔵文書」『新編埼玉県史資料編5』六七三号）。

(29) 上杉憲基施行状案写（「立川文書」『神3上』五五〇二号）。

(30) 山内上杉氏奉行人連署奉書案（「東福寺文書」『群馬県史資料編7中世3』一三八三号）。

(31) 足利持氏御判御教書（「横浜市立大学図書館所蔵安保文書」『神3上』五五五九号）。

(32)「神田孝平氏旧蔵文書」（『神3上』五三九四号）。

(33) 上杉定頼書状案（「浄光明寺文書」『神3上』五六三七号）。

(34) 黒田基樹「扇谷上杉氏の政治的位置」（同編著『扇谷上杉氏』戎光祥出版、二〇一二年）。

(35) 持家については、風間洋「足利持氏専制の周辺―関東奉公衆一色氏を通して―」（『国史学』一六三号、一九九七年）、谷口雄太「関東足利氏の御一家（一）」（黒田基樹編著『足利氏満とその時代』戎光祥出版、二〇一四年）などがある。

(36)「法華堂文書」（『神3上』五七七二号）。

(37) 一色持家書状（「相承院文書」『神3上』五七五九号）。

(38)「前田家所蔵文書」（『神3上』五七七五号）。なおこれについては、すでに前註(22)佐藤論文「室町時代の相模守護」で言及されている。

(39)『大日本古文書　上杉家文書之二』五八号。

(40)『大日本古文書　上杉家文書之一』八二号。
(41)『大日本古文書　上杉家文書之一』九一号。
(42)「皆川文書」(『神3上』五二四三号)。
(43)上杉憲実施行状(「茂木文書」『神3上』五八一七号)。
(44)東京大学史料編纂所架蔵謄写本「結城系図」など。
(45)式部阿闍梨祐実に対して、某義胤と共に安房長狭郡平塚村を補任すると伝えた「上総守光秀」(「常福院文書」『千葉県の歴史資料編中世3』二号)が、同一人物の可能性もあるが、それらしい人物は京都にも関東にも現在見当たらない。
(46)鎌倉府奉行人連署奉書案(「輪王寺文書」『神3上』五八七五号)。
(47)嘉吉元年九月五日付で小山持政を下野守護にする口宣案(「松平基則氏所蔵文書」『栃木県史史料編中世二』二三号)があるが、口宣案で守護の補任がなされることはないので、後世の偽作である。おそらく持政の守護補任を補強するために後世作成されたものであろう。
(48)「鹿島神宮文書」(『神3上』五四一〇号)。
(49)佐竹義頼安堵状写(「水府志料所収文書」『茨城県史料中世Ⅱ』一八〇号)。これについては、佐藤博信「十五世紀中葉の常陸佐竹氏の動向—特に義憲(義人)・義頼(義俊)・義治をめぐって—」(同『続中世東国の支配構造』思文閣出版、一九九六年)に詳しい。また、家督を譲る少し前に義憲から義人へと改名もしている。
(50)拙稿「足利満兼期の関東管領と守護」(『足利満兼とその時代』戎光祥出版、二〇一五年)。
(51)千葉兼胤安堵状(「中山法華経寺文書」『千葉県の歴史資料編中世2(県内文書)』六一号)。
(52)千葉兼胤書下写(『後鑑第二篇』六三二頁)。この文書は安房へ出したもので、下総守護在職を示すものではないが、家督に付随したであろうから、文書が出された時点で守護職も改替していたと見る。
(53)『千葉縣史料中世篇　本土寺過去帳』一七三頁など。
(54)千葉胤将安堵状(「円福寺文書」『千葉県の歴史資料編中世3』一五号)。
(55)『大日本古文書　上杉家文書之一』八四号。

(56) 拙稿「結城合戦前後の扇谷上杉氏─新出史料の紹介と検討を通じて─」(『千葉史学』五五号、二〇〇九年)、石橋一展「享徳の乱前後における上総および千葉一族」(『千葉いまむかし』二七号、二〇一四年)。
(57) 「京都大学文学部文書」(『千葉縣史料中世篇縣外文書』一三二頁)。
(58) 「尊経閣古文書纂」(『千葉県の歴史資料編中世4(県外文書1)』一五号)。
(59) 「浄光明寺文書」(『神3上』五六二八号)。
(60) 足利持氏書状(「宮城県図書館所蔵石川家文書」『石川町史第三巻資料編1考古・古代・中世』一六五号)。
(61) 上杉持朝書状(「尊経閣古文書纂」『千葉県の歴史資料編中世4(県外文書1)』一六号)。
(62) 前註(48)文書。
(63) 「極楽寺文書」(『神3上』五七〇〇号)。
(64) 前註(30)黒田氏論文。
(65) 上杉定頼宛行状写(「常陸誌料雑記」『板橋区史資料編2』四九四号)。
(66) 上杉顕房宛行状写(「常陸誌料雑記」『北区史資料編古代中世1』一三九号)。
(67) 前註(35)文書。
(68) 「昔御内書符案」(『神3上』五六七三号)。
(69) 杉山一弥「室町幕府と甲斐守護武田氏」(同『室町時代の東国政策』思文閣出版、二〇一四年)。
(70) 細川持之書状案(「足利将軍御内書并奉書留」『山梨県史資料編5』二六〇四号、表題は足利義教御内書案となっているが、書札礼から細川持之である)。
(71) 「一蓮寺過去帳」(『山梨県史資料編6上』三九九頁)。なお、「鎌倉大草紙」や系図類は宝徳二年十一月二十四日没としている。

Ⅶ

持氏期の奉行人

植田真平

本稿に与えられた課題は、本シリーズ既刊分の拙稿「基氏期の奉行人」「氏満期の奉行人」「満兼期の奉行人」[1]に引き続き、公方持氏期に活動した鎌倉府奉行人の分析である。応永十六年（一四〇九）、足利持氏が父満兼の病没により鎌倉公方になってから、永享十一年（一四三九）二月に永享の乱で自害するまでの間、活動が見られる鎌倉府奉行人を一人ずつとりあげてその活動を検証していく。

前稿以下の繰り返しとなるが、これまでの鎌倉府奉行人の研究については、湯山学氏の分析[2]があり、またそれをふまえて筆者がさきにその全貌を素描した[3]。また、奉行人が発給する奉行人奉書については、松本一夫氏によって関東管領上杉家奉行人奉書とともに収集、分析され、両奉書の区別が議論されている[4]。この点については、依然として課題の残されている部分もあるため、前稿同様、本稿でも上杉家奉行人と考えられる人物も各個に検証し、鎌倉府奉行人であることが明確な者は見出しを「○」で、上杉家奉行人であることが明確な者は「◎」で、それ以外の者およびいずれとも確証のない者は「●」で記した。また、末尾に持氏期奉行人の編年順の活動一覧を付した。適宜参照されたい。

持氏期の奉行人をめぐっては、持氏の専制体制における位置づけも論点となっている。奉行人制の整備や奉行人奉書の増加は、公方権力の強化、すなわち公方専制体制のメルクマールのひとつとされているのである。[5]公方専制体制を提唱した市村高男氏は、「応永末以降関東管領奉書がいちじるしく減少する一方、鎌倉府奉行人奉書や鎌倉府政所執事（二階堂盛秀）の文書が増加」するとして、これを「鎌倉公方持氏は、これまで鎌倉府権力の中核となっていた関東管領上杉氏を排除しつつ、直臣団・奉行人を権力中枢に配置したあらたな支配体制＝持氏専制体制の構築を推進していた」と見なした。[6]また、佐藤博信氏は「権力の意志表示方式の改革――関東管領上杉氏を媒介とする文書下達方式（関東管領奉書）から鎌倉府政所執事（二階堂氏）奉書や鎌倉府奉行人（連署）奉書による下達方式へ――」を公方近臣の守護登用、奉公衆・御料所の整備・拡充とともに公方専制体制の特徴としている。[7]

ただし、松本氏が「鎌倉公方の御判御教書や書状、関東管領奉書なども混然と存在したことは事実であって、鎌倉府奉行人奉書の増大を過大評価し、それを持氏の専制化と直接的に結びつけるべきではないのではないか」と注意を促しているように、位置づけはなお議論を要する段階にある。持氏期鎌倉府の発給文書や奉行人の動向は、持氏期鎌倉府権力のありかたを考えるうえで避けては通れない課題であるといえる。

○雑賀常金

満兼期で詳しく述べたとおり、満兼・持氏交代期に雑賀常金の次の活動が見られる。応永十六年七月、鶴岡八

図1　大炊助花押（『鎌倉市史　史料編第一』より）

図2　民部丞花押（『鎌倉市史　史料編第一』より）

幡宮の供僧たちが灌頂堂の建立を鎌倉府に訴えたが、担当奉行が決まらぬうちに公方満兼が病没してしまった。翌八月、関東管領山内上杉憲定のもとで「雑賀隼人佐入道常金」が担当奉行に指定され、幼公方持氏は判始前であったため、管領憲定の奉書で御教書が発給された[8]。常金は満兼期より活動の見える奉行人で、管見の限りこれが終見となる。

〇大炊助（花押：図1）
〇民部丞（花押：図2）

大炊助某と民部丞某は、次の連署奉書を発給している。

【史料1】鎌倉府奉行人ヵ連署奉書写（「鶴岡神主家伝文書」、神五四二七[9]）

鶴岡　八幡宮末社熱田領相模国出縄郷内役夫工米事、内談落居之間、可被止催促之由候、仍執達如件、

応永十七年五月廿六日

大炊助（花押影）
民部丞（花押影）

土屋上総介殿
河村三郎殿

この【史料1】は、「内談落居」の結果、鶴岡八幡宮末社領相模国出縄郷の役夫工米が免除されることとなったとして、相模国人土屋・河村両氏にその催促の停止を命じたものである。東国における役夫工米の免除は鎌倉府の権限とされ、(10)発給者の大炊助・民部丞は鎌倉府奉行人と考えられる。

鎌倉府の「内談」については、応永十五年三月十日付鎌倉府奉行人（雑賀常金・明石章行）連署奉書案（神四九八七）に官庁・円覚寺造営要脚の段銭が「内課〔談カ〕□落居」により免除となったことが見え、また同件にかかわる烟田氏宛鹿嶋憲幹書状にも「料足之事、面々令談合候て、急速可有御上候、御内談以前、頭人又奉行所へも遣候て、御免状を可取候」（鉾田一〇七）(11)と見える。(12)臨時課役の賦課・免除においては、被賦課者が「頭人」や「奉行所」に訴え出ることで、「内談」の場で免除の可否が決定されたことがうかがえる。その結果は、鎌倉府奉行人連署奉書で発せられたのであり、「頭人」（引付頭人か、あるいは内談方頭人なるものが鎌倉府に存在したか）と「奉行所」は鎌倉府の職制・組織上のものであったと見てよいだろう。

【史料1】の大炊助・民部丞とも、名字・実名は明らかでない。民部丞はその官途名から明石氏（氏満期の道可、氏満・満兼期の章行など）が想起されるが、不詳とせざるをえない。

●布施聖超

応永十八年九月付の烟田幹胤申状写（鉾田八七）に「布施出羽入道聖超于時在俗」が奉公衆海老名氏季の訴訟を担当したことが記されている。海老名氏季の訴訟は嘉慶元年（一三八七）の小田孝朝の乱にからんだもので、明徳元年（一三九〇）八月には棄却の旨の御教書が出されているので、布施聖超の鎌倉府奉行人としての活動もその間のことと考えられる。以上のことは、氏満期の際にも述べたが、右の記され方からすると、その後に出家して応永十八年段階にも存命であったことが推測される。

しかし、右の文書以外に布施聖超の活動を示す史料はなく、応永十八年前後に鎌倉府奉行人として活動していたかどうかは定かではない。また、受領出羽守を名乗る布施氏の系統も不明である。

○明石利行（花押：図3）

明石加賀入道（法名利行）の活動については、湯山氏の研究に詳しい。(13)湯山氏は、満兼期の鎌倉府奉行人明石加賀守の後身に明石利行を位置づけている。

応永十九～二十年の鹿嶋社領常陸国行方郡内小牧村をめぐる訴訟において、明石利行は担当奉行であった。以下、湯山・山田邦明氏の分析(14)によりつつ、訴訟の過程を見ておきたい。

応永十九年九月、鹿嶋社大禰宜中臣憲親は、小牧泰国による社領内小牧村の押領を鎌倉府に訴えた（塙六三(15)）が、「当奉行人明石加賀入道」が「管領所存《（犬懸上杉氏憲）》」に背いて「出仕」せず、評定への「披露」が遅れていた（塙六四）。同月二十一日、このことを大禰宜憲親に伝えた佐々木濫誉は、鎌倉府御所奉行であり、評定衆の一員であったと考えられる。同日、管領上杉氏憲（禅秀）はそのことに触れず、大禰宜憲親へ「御訴訟事、不可有等閑候」と伝えている（塙六九）。翌二十二日、明石利行は大禰宜憲親へ三問三答が終わったらすぐに「申沙汰」することを伝え、神訴であるのでどうして「疎略」があろうかと述べている（塙六七）。

その後、十一月二十五日の評定でようやく「衆中（評定衆）・間領《（ママ）》（管領禅秀）・上方（公方連枝足利満隆(16)）御一同御落居」となり、近々に「御判」が出されることとなった（塙六五）。十二月、遵行使が常陸国人東条・嶋崎両氏と決定し[17]、翌二十年の二月、沙汰付が行われたようで、明石利行から大禰宜憲親へ「御請取」への祝意のほか、「異儀之在所」について「申沙汰」すること、「社家御文書」をすべて代官に引き渡したことが伝えられている（塙六六）。

以上の訴訟の過程から山田氏は、式日評定の開催や、担当奉行人のもとでの三問三答、担当奉行人から評定への披露、公方・管領・評定衆による評定での裁定など、鎌倉府の評定システムを明らかにしている。なかでも右の例で、管領と担当奉行人の意向の相違により訴訟が遅滞していることは、奉行人の主体的な行動を示しており興味深い。

このほか、明石利行の発給文書として、年未詳書状計三通が確認されている。一通は十月五日付長尾帯刀左衛門入道宛で、鹿嶋社領下野国大内荘東田井郷に鑁阿寺造営段銭を賦課することを命じている（塙六八）。公方持氏―管領禅秀期に鑁阿寺造営段銭が下野国にかけられたことが史料上に見え[18]、書状もその頃のものと推測される。

ほか二通はいずれも香取社大禰宜宛で、一通は大御堂殿（鎌倉勝長寿院）雑役船の通行に関して「御教書」と下総守護千葉氏の遵行状が発給されたことを伝えるもの[19]、もう一通は香取社造営役所に関する訴訟にかかわるもの[20]である。いずれも、鎌倉府奉行人の立場から発給されたものであろう。

図３：明石利行花押（筆者作図）

年未詳文書が残されているものの、利行の活動はおおよそ上杉禅秀の乱以前であり、それ以降は見いだせない。利行は何らかの形で禅秀の乱に巻き込まれ、活動を終えたのであろうか。

◎島田泰規（花押：図4）

山内上杉家の奉行人島田治部丞泰規については、佐藤博信氏の専論がある。[21]佐藤氏は、関係史料より島田泰規の人名比定を行ったうえで、泰規が常陸国人烟田氏の訴訟の担当奉行を担うなど、上杉家奉行人でありながら鎌倉府の訴訟に深く関与していたことを指摘した。以下、佐藤氏の成果によりつつ、島田泰規の活動を追ってみる。

泰規の初出は、応永二十二年十一月九日付伊豆守護代寺尾憲清宛連署奉書（静一五四四）[22]である。奥署判者「沙弥」は法名道春（道俊）を称した山内上杉家家宰長尾満景[23]と見られ、日下に奉行人、奥に家宰が連署する山内上杉氏被官の発給文書の様式[24]にのっとっている。続いて、上杉禅秀の乱後の応永二十四年五月十八日に、同じく寺尾憲清宛遵行状（静一五八〇）を家宰長尾定忠[25]とともに奉じている。

同二十六年三月六日、家宰長尾定忠とともに東福寺領武蔵国多西郡船木田荘領家職における平山三河入道の年貢銭対捍を停止すべき旨の連署奉書（群一三八三）[26]を、武蔵守護代長尾忠政宛に発給している。これ以前、武蔵国内の施行は管領奉書か鎌倉府奉行人連署奉書でなされることはあったが、上杉家家宰・奉行人連署奉書で出されたことは確認されていない。[27]この例外的な措置の背景にあるのは、応永二十五年正月の管領山内上杉憲基の病没とそれにともなう幼主憲実の嗣立であろう。憲実は応永二十六年二月一日以前に判始めを済ませていたが、[28]伊豆・上野守護補任は同年八月二十八日（静一六二一）、関東管領（武蔵守護兼帯）補任は同年十一月六日とされている（『鎌倉大日記』等）。であるとすれば、二十六年三月六日時点では憲実の補任が既定路線であったものの、関東管領・武蔵守護正員は不在であり、そうした状況下で上杉家家宰・奉行人連署奉書が発給されたと考えられる。では、なぜ鎌倉府奉行人連署奉書で出されなかったのか。年貢銭を対捍していた平山三河入道を公方方勢力と見なし、武蔵国支配をめぐる公方と上杉氏の対立を見出す見解[29]もあるが、第一の要因としては、本件が後述のとおり室町幕府の命令に基づくものであったことがあるだろう。さらに、禅秀の乱後の鎌倉府奉行人連署奉書の初見が、応永三十四年六月（神五七九〇）である点も考えなければならない。後述する（明石左近将監・皆吉伯耆守の項）ように、鎌倉府奉行人の一部は禅秀の乱によって分裂、滅亡するなど、奉行人組織自体が大きな打撃を被ったことが推測される。それによって、乱後に鎌倉府の奉行人組織が一定の機能不全を起こしていたと考えることもできよう。そのため、比較的被害の少なかった上杉氏被官によって文書が発給されたのではないだろうか。ただし、この間に鎌倉府奉行人の活動そのものが見えなくなるわけではなく、なお検討を要する。

島田泰規に話を戻すと、応永二十八年十二月付の浄光明寺領流失に関する一連の校正案文（神五六三七〜五六四〇）の紙継目に泰規の裏花押が確認される。公方持氏および政所執事二階堂行崇のもとでの案件であり、泰規が鎌倉府の執務の一部を担っていたことがうかがえる。

島田泰規の活動のなかでも特に興味深いのは、応永三十年の小栗満重の乱鎮圧に従軍した東国武士の軍忠状の裏書である。公方持氏・管領憲実も自ら出陣した常陸小栗城攻めに参加した常陸国人鳥名木国義の軍忠状の裏に、島田泰規と鎌倉府奉行人明石行実が次のように記している。

【史料2】鳥名木国義軍忠状（「鳥名木文書」、神五六八四）の裏書

管領（上杉憲実）為大将御発向之処、未能判形之間、任被仰下之旨、所封裏也、

応永卅年十一月廿八日

（明石）行実（花押）
（島田）泰視（規）（花押）

管領憲実が大将として発向しており証判が据えられないので、公方持氏の命令に従って裏封したという。【史料2】は鳥名木国義の軍忠状のものだが、同じ常陸平氏の鹿島烟田幹胤の軍忠状（案文写、神五六八五）にも同両人による同文の裏書が見え、管領憲実に従って[30]小栗氏討伐に参加した多くの武士の軍忠状に同様の裏書がなされたと考えられる。管領の不在を、鎌倉府奉行人と上杉家奉行人が補完していたのである。

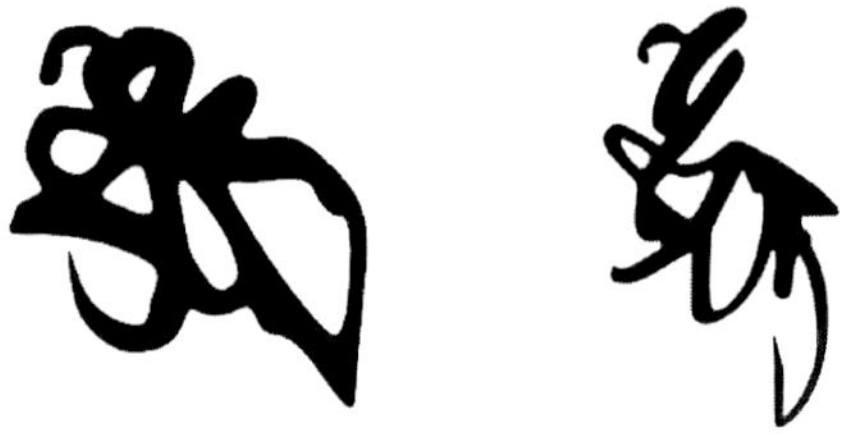

図 4-1（右） 図 4-2（左）：島田泰規花押
（いずれも黒田基樹編『山内上杉氏』より）

その後、島田泰規は、応永三十二年九月二十六日に家宰長尾忠政とともに伊豆守護代寺尾憲明宛（静一六八七）、同三十四年五月十三日に修理亮某とともに武蔵守護代大石道守宛（神五七八八）連署奉書を発給している。前者は、伊豆守護上杉氏の家政にかかわるものであるが、後者は先述の同二十六年三月六日付のものと同じく、東福寺領武蔵国多西郡船木田荘領家職における平山三河入道等による年貢対捍の停止を命じたものである。これが鎌倉府奉行人によって処理されなかったのは、本件が「去年応永卅三十二重自京都被成下御教書訖、（中略）所詮守御教書（中略）可被沙汰渡寺家雑掌」と幕府の再度の御教書を受けての案件であり、都鄙間交渉の窓口である上杉氏のもとに持ち込まれたためであろう。鎌倉公方の補佐役たる関東管領が幕府の命を奉じるわけにもいかず、ましてや鎌倉府奉行人が奉じるべくもなく、上杉家奉行人の手で処理されたのではないだろうか。

また、年未詳だが泰規は烟田幹胤の訴訟の担当奉行をつとめている（鉾田一一五・一一六）。佐藤氏はこれをもって、上杉家奉行人による鎌倉府訴訟システムへの関与を高く評価している。ただし、右に見たように泰規の奉書は上杉家家政にかかわるものか、特殊状況によるものであり、鎌倉府の裁許を奉じたものは見られない。評価の見直しが求められるように思われる。

●藤原（花押：図5）

●兵庫助（花押：図6）

禅秀の乱が収束した直後の応永二十四年三月二十三日、藤原某・兵庫助某は次の連署奉書を発給している。

【史料3】兵庫助某・藤原某連署奉書（「安保文書」、神五五二一）

常陸国下妻庄内小嶋郷事、任去十日御施行之旨、莅彼所、可被渡付下地於安保信濃守《（宗繁）》之由候也、仍執達如件、

応永廿四年三月廿三日　　藤原（花押）

兵庫助（花押）

小貫対馬入道殿

人見雅楽輔殿

この史料について考察するには、次の史料との関係を考えなければならない。

【史料4】関東管領山内上杉憲基奉書（「安保文書」、神五五一七）

常陸国下妻庄内小嶋郷事、早任還補御下文之旨、可被沙汰付下地於安保信濃守《（宗繁）》之状、依仰執達如件、

図５（右）：藤原某花押
図６（左）：兵庫助某花押
（いずれも黒田基樹編『山内上杉氏』より）

応永廿四年三月十日　　　　　前安房守《上杉憲基》（花押）

佐竹《義憲》左馬助殿

【史料3】の十三日前、関東管領上杉憲基の奉書によって、常陸守護佐竹義憲へ遵行命令がなされているのである。【史料3】文中の「去十日御施行」は【史料4】を指していると見て間違いない。とすれば、【史料3】は鎌倉府の施行状（【史料4】）を受けて発給された守護佐竹氏の遵行状と理解され、藤原某と兵庫助某は佐竹氏の奉行人と結論づけられる。

しかしながら、【史料3】について先行研究での理解は一定ではない。『神奈川県史　資料編』『新編埼玉県史　史料編』や伊藤一美氏[31]、松本氏はこれを鎌倉府奉行人連署奉書としているが、亀田氏は鎌倉府の発給文書と見ておらず、黒田氏も山内上杉家奉行人連署奉書としている。

このように【史料3】の評価がゆれている背景には、室町期佐竹氏の家政機関や権力構造が、史料の乏しさゆえほとんど未解明であり、判断を躊躇させることに加えて、藤原・兵庫助両人の花押（図5・6）が上杉氏一族・被官に多く見られる左向きの小鳥様のものであり、上杉氏との関係をうかがわせる、といったことがあると思われる。

少なくとも、鎌倉府の施行状＝【史料4】を受けている以上、【史料3】を鎌倉府の発給文書とすることはできない。佐竹氏による守護遵行が失敗し、再度国人両使による遵行が命令された、と解するには、両文書の日付はあまりに近すぎるし、【史料3】にもその旨の説明はない。よって、現段階では【史料3】は鎌倉府奉行人連署奉書とは見なしえない。

次いで、佐竹家奉行人奉書か上杉家奉行人奉書かの疑問が残されるが、管領施行状が発給されたのち、同家の奉行人から再び遵行命令が出される、という例は管見に触れない。上杉氏被官から佐竹氏被官宛の副状とするにも、日付があきすぎているだろう。本稿では【史料3】を、佐竹家奉行人による守護佐竹氏の遵行状と見ておきたい。宛所も正文で連名であることから、同じ場所、おそらくは守護所などにいた被官であろう。奉者両人の上杉様花押についても、佐竹義憲が山内上杉氏の出身（管領憲基の実弟）であることを考えれば、家中に上杉氏の影響を強く受けた者がいたとしても不自然ではないし（そもそも義憲の花押も上杉様である）、上杉禅秀の乱直後という状況下において、当主義憲ではなく奉行人を通じて遵行状が出されるのも、ありうべきことと思われる。【史料3】は、常陸守護佐竹氏の家政機関や権力構造を示す貴重な史料となろう。

●恵超（花押：図7）

●木内胤継（花押：図8）

木内胤継・沙弥恵超（慧超）とも、応永二十年代半ばに安房国長狭郡の寺社関係文書に限って所見がある。以下、順に見ていきたい。

初見は、上杉禅秀の乱より半年後の次の連署状である。

【史料5】慧超・木内胤継連署安堵状（『千葉県の歴史 資料編 中世3（県内文書2）』所収「安田家文書」一二号）

補任
安房国長狭郡柴原子郷内上村大山寺田之事、
合田壱町者
右、任先例、有御寄進所也、仍可被致御祈禱精誠状如件、
応永廿四年七月四日
沙弥慧超（花押）
左衛門尉胤継《木内》（花押）
大山寺別当供僧御中

補任状の形式をとっているが、実際には所領の寄進、それも「任先例」とあるので、所領の安堵を行ったものである。同年末には次の文書を発給している。

【史料6】木内胤継・恵超連署奉書写（『後鑑』所収「諸家文書纂」、『新訂増補国史大系』三五巻六二四～六二五頁）

補任
安房国長挟郡柴原子郷上村皆蔵御社造営料田一町事
右任先例、不可有龍興寺知行相違候、但彼御社大小破之時者、可被加御修理者也、仍可有祈禱精誠之状、依仰執達如件、
応永廿四年十二月廿四日
左衛門尉胤継《木内》判
沙弥恵超判

　　龍興寺方丈

同じく補任状形式であるが、やはり内容は安堵状と呼ぶべきものである。また、書止文言より奉書とわかる。

次の史料では、大山寺の僧澄慶の譲状に、それを認める旨の裏書を連署で認めている。

【史料7】大山寺澄慶譲状（『千葉県の歴史 資料編 中世3（県内文書2）』所収「安田家文書」一三号）

　　長挟郡上村大山寺中道坊跡譲状事

右、於彼坊跡者、任先約束民部卿房一円譲渡処、実正也、（中略）仍為後日譲渡状如件、

　　応永弐拾六年己亥二月一日

大山寺中道坊小（少）僧都澄慶（花押）

民部卿阿闍梨所

「（裏書）任此譲状之旨、田畠等不可有相違之状如件、

　　応永廿六年三月廿七日　　左衛門尉胤継（木内）（花押）

　　　　　　　　　　　　　　沙弥恵超（花押）」

次の史料は、胤継単独の発給文書である。寄進状の形式をとっているが、「兵部僧都」の譲与の内容を安堵した内容である。

【史料8】木内胤継寄進状（『千葉県の歴史 資料編 中世3（県内文書2）』所収「安田家文書」一四号）

　　寄進

大山寺中堂坊領田畠幷資財雑具下人等事
右田畠者、任先例奉寄進雑具下人等者、守兵部僧都譲状之旨、可有支配、若至于彼田畠雑具下人等、有致異〔違〕
乱之輩云共、不可及後日沙汰之状如件、
応永廿七年二月廿七日
左衛門尉胤継（木内）（花押）
民部卿阿闍梨御房

以上四通がその所見文書である。【史料8】のみ胤継の単独ではあるが、いずれも安房国内の寺院・寺僧へ所領等を安堵したものである。【史料6】が奉書形式であることから類推すると、胤継・慧超は同地域の領主として主体的に安堵行為を行ったのではなく、しかるべき上位権力の意を奉じて文書を発給する人物であったと考えられる。伊藤一美氏は、応永年間の「千葉氏奏者名簿[32]」に「木内平次左衛門尉胤継」の名を見出し、右の胤継をこの千葉氏被官に比定した[33]。一方、佐藤氏は安房国内寺院に鎌倉府権力が強く及んでいたことから、右の安堵主体を鎌倉府と見、木内胤継・恵超を鎌倉府奉行人とした[34]。胤継については、千葉氏被官でありながら鎌倉府奉行人となったとしたのである。

これらの問題を考えるうえで、ひとまず当該期の安房国支配のありかた[35]を見てみたい。安房国内には鎌倉府御料所や鎌倉寺院領が多く所在し、鎌倉府関係者のかかわりも見出される。守護は、南北朝末期に結城直光より山内上杉氏か木戸氏かに交代したとされるが、その後は徴証がなく、鎌倉府の直轄下に入ったとされる[36]。【史料6】の龍興寺は、鎌倉公方の祈願所であったが[37]、守護在任中の結城直光が寺領の安堵状[38]を発給しており、守護が安堵権を有していたことがうかがえる。室町期になると、禅秀の乱後の応永二十四年十一月に、下総の千葉兼胤が公方基氏・氏満の由緒にしたがい寺領を安堵している。[39] 鎌倉府や守護結城氏とのかかわりからすると、千葉兼胤が同地域の領主であったとは考えがたく、木下聡氏も推測するように[40]、兼胤はこのとき安房守護であり、守護として安堵権を行使したと考えられる。鎌倉府御料所とされる柴原子郷も、禅秀の乱戦後処理の過程で守護千葉氏の支配に委ねられていたのではないだろうか。

以上のように考えれば、【史料5～8】も安房守護千葉氏の安堵行為を示すものであり、胤継・恵超は守護千葉氏の奉行人と見るのが妥当であるように思われる。

図７（右）：恵超花押
図８（左）：木内胤継花押
（いずれも筆者作図）

●明石左近将監

禅秀の乱後の応永二十四年十月十四日、「明石左近将監跡」の武蔵国比企郡大豆戸郷が公方持氏より伊豆三島社に寄進された（神五五四二）。時期からして、明石左近将監は禅秀に与同し、乱後に所領を没収されたと考えられる。氏満期の鎌倉府奉行人に明石左近将監行氏があり、この左近将監はその系譜に連なる者と考えられるが、奉行人としての活動は確認できず、未詳である。

●皆吉伯耆守

応永二十四年十月十七日に皆吉伯耆守跡の上総国天羽郡内萩生・作海郷が大

御所（持氏母一色氏）に寄進されている（神五五四四）。前項の明石左近将監と同じく、禅秀の乱での闕所地処分と考えられ、皆吉伯耆守は禅秀方であったと考えられる。

皆吉氏では、基氏期の鎌倉府奉行人に皆吉掃部助文康がいるが、伯耆守との関係は明らかでない。また、伯耆守の奉行人としての活動は確認できない。

◎兵衛尉（花押：図9）
◎越前守（花押：図10）
◎加賀守（花押：図11）

応永二十五年二月十日、兵衛尉某と越前守某は、相承院珍誉へ「先照〔光〕寺殿（山内上杉憲定）御補任之旨」に任せて「佐介谷稲荷社別当職幷当社領等」を安堵する連署奉書を発給している（神五五五六）。山内上杉家の家政に関するものであり、奉者の両人は山内上杉家奉行人と見てよいであろう。兵衛尉某は、同年三月三十日・八月三日付（群一三七六、静一六〇六・一六〇七）、および次の【史料9】とも花押が一致する。前三通は前掲の島田泰規や家宰長尾定忠との連署であり、兵衛尉某が上杉家奉行人であったことが確認される。

【史料9】兵衛尉某・加賀守某連署奉書（「蜷川親治氏所蔵文書」、群一三七七）

上野国高山御厨中村郷内田畠・在家小林修理亮号香津海跡事、致寄進同郷内宝光寺訖、然而未御判之間、先以連署可令寄附之由候也、仍執達如件、

応永廿五年四月十三日　兵衛尉（花押）

加賀守（花押）

（宛所欠）

兵衛尉某に連なる加賀守某も、同じく山内上杉家奉行人と推測される。さらに、【史料9】本文に「未御判之間、先以連署可令寄附」とあり、本来的な発給主体が判始前であったことがうかがえる。先述のとおり、幼少で山内上杉家を継いだ憲実の判始は、応永二十六年二月以前の某日であり、こうした状況との合致からも、【史料9】は山内上杉家奉行人連署奉書と見なすことができよう。

図９（右）：兵衛尉花押
図10（中）：越前守花押
図11（左）：加賀守花押
（いずれも黒田基樹編『山内上杉氏』より）

○明石行実（花押：図12）

明石前筑前守行実は、持氏期奉行人のうち最も多く活動が見出せる人物である。初見は、応永二十五年三月日付烟田幹胤重申状（鉾田一〇〇）に「先度為明石筑前守奉行細々令披露」とあるもので、明石行実が応永二十五年以前から鎌倉府奉行人として、烟田氏の訴訟を担当していたことがわかる。

これに関連して、京都大学所蔵「烟田文書」（全一一巻）のうち、巻三（「訴状着到譲状」）、巻五（「着到目安状」）、巻十一（無題）所収の一部の文書の袖裏・奥裏に、計十六個の同一花押の断片を見出し、一部完形をなすものから明石行実のものと確認した。本来、紙継目裏花押であったものが、改装に際して裁断と順序

図12：明石行実花押（『鎌倉市史　史料編第一』より）

の入れ替えがなされ、現在の状況となったと考えられる。[41] 烟田氏が訴訟のために作成した校正案文に、担当奉行の明石行実が紙継目に裏花押をすえたのであろう。該当文書の下限は、応永三十一年八月二十二日（鉾田一二〇）であり、裏花押はそれ以降の応永三十三年（鉾田一二二）か正長三年（永享二年、一四三〇）（鉾田一二四）のものであろうか。明石行実は、応永二十五年以前から応永末年あるいは永享初年までの長きにわたって、烟田氏の訴訟を担当していたと考えられる。

また、【史料2】に例示した応永三十年小栗満重討伐時の軍忠状裏書も、島田泰規と「行実」のものである。同三十三年には、「前筑前守行実」が単独で下総大慈恩寺に過所を発給している。[42]

さらに、応永三十四年から正長三年にかけて、次の連署奉書六通が確認される（「」内は署判、日下／奥の順、傍線が明石行実）。

①応永三十四年六月三日付常陸国人小幡泰国宛施行状（鹿嶋社領）「前筑前守／弾正忠」（神五七九〇）
②同年十二月二十八日付法華堂供僧宛裁許状「散位／前筑前守」（神五七九六）
③正長元年六月二十一日付武蔵守護代大石憲重宛施行状（円覚寺黄梅院領）「前遠江守／前筑前守」（神五八〇七）
④同年八月二十二日付武蔵守護代大石憲重宛施行状（同右）「前遠江守／前筑前守」（神五八一〇）
⑤同二年三月十一日付武蔵守護代大石憲重宛施行状（鶴岡八幡宮領）「前筑前守／前遠江守」（神五八二四）
⑥同三年十月二十一日付下野国人茂木式部丞宛御料所預置状？「前遠江守／前筑前守」（神五八五三）

これらの「前筑前守」は前掲過所の行実花押に一致し、明石行実とわかる。日下署判者が訴訟の担当奉行であるとすれば、明石行実は①鹿嶋社や⑤鶴岡社の訴訟も担当したことがうかがえる。

上杉氏被官の武蔵守護代へ鎌倉府奉行人連署奉書によって遵行命令が下されるのは、氏満期以来まま見られることであるが、持氏期については一定の傾向が見出せる。当該期鎌倉府の施行システムにかかわることとして、むすびで述べたい。

○散位（花押：図13）

応永三十四年十二月二十八日付け法華堂供僧宛て連署奉書（神五七九六、前項明石行実②）の発給者として見える散位某の花押は、同二十五年三月二十八日付横瀬美作守宛持氏御教書（神五五五九）の刷り消し（七行目「崇」字）裏に見える花押と一致する。連署奉書の発給といい、御教書の裏花押といい、散位某は鎌倉府奉行人と見て間違いないが、実名等は明らかでない。

図13：散位某花押（『鎌倉市史 史料編第一』より）

●吉岡盛胤

応永二十八年十二月、浄光明寺領相模国金目郷北方の公田が流失したことについて、同寺より訴えを受けた小山田上杉定頼が、政所執事二階堂行崇へ「公料」等の取り計らいを依頼する（神五六三七）と、「吉岡平三／平盛胤」と「三宮刑部丞有国」が定使に任命されて検知を行い、鎌倉府へ本公田の流失を報告した（神五六三八・五六三九）。その結果、鎌倉府より流失地の諸役免除が認められた（神五六四〇）。

永享七年四月、政所執事二階堂盛秀の所領武蔵国多東郡菅生郷の田地が流失すると、「吉岡掃部助盛胤・片山勘解由左衛門尉光康」が検知に派遣され、諸役免除が認められた（神五九〇二）。

鎌倉府の故実書『殿中以下年中行事』（以下、『年中行事』）の奉行人の項には「吉岡」の名があり、また、文安二年（一四四五）七月に鎌倉府奉行人「よしをか」春胤が確認されるため(43)、この吉岡盛胤も鎌倉府奉行人と推測される。しかし、盛胤の活動で管見に触れるのは以上の二事例で、奉行人としての活動は確認できない。両件とも政所執事二階堂氏が絡んでいることから、吉岡盛胤が政所寄人だったとも考えられるが、推測の域を出ない。

盛胤・春胤とも実名に「胤」を持ち、平姓であることから、下総千葉氏の一族かとも類推されるが、系譜は明らかでない。鎌倉幕府・室町幕府いずれの奉行人にも吉岡名字の者は見えない。

●三宮有国

応永二十八年十二月に吉岡盛胤とともに浄光明寺領の田地流失の検使となったのが、三宮刑部丞有国である（神五六三八〜五六四〇）。吉岡盛胤が鎌倉府奉行人、あるいはその一族であるとすれば、三宮有国も同様の属性であったと考えられるが、三宮氏自体これ以外に活動は確認できず、未詳とせざるをえない。

◎左近将監実次（花押：図14）

応永二十九年五月二十二日、同三十年五月十八日に、山内上杉家家宰長尾忠政とともに伊豆守護代寺尾憲清宛て連署奉書（神五六四八・五六七四）を発給している「左近将監」は、年欠正月二十五日付相承院宛書状（群一三四五）を発給している「左近将監実次」と花押が一致し、同一人物とわかる。ただし、名字は明らかでない。応永二十九年五月付の連署奉書は、伊豆三島社東西御読経所・三昧堂・塔本八幡宮・国分寺供僧領の役夫工米免除、同三十年五月付のものは、円覚寺造営要脚伊豆国府中関所の破却停止を伝えるもので、いずれも伊豆守護山内上杉氏の職務に属するものである。

年欠正月二十五日付相承院宛書状は、西村（不詳）をめぐる相承院の訴えに関するもので、ことの経緯は不明ながら、文中に「両方可然之由、御落居候之処、如此御状之間、未道行候、（中略）上之御意候上者、是非を雖《ママ》申之由候、雖然御心底を不被残御申候者、其段可令披露候歟」とあることから、本件が「上之御意」による「御落居」、すなわち鎌倉府・公方持氏の裁許によるものであったことがわかる。さらに、実次が相承院の訴訟の窓口をつとめ、鎌倉府の訴訟システムの末端に連なっていたことがうかがえるが、あくまでそれは上杉氏の奉者・奏者としての立場からであっただろう。相承院（もと頓覚坊）以下鶴岡供僧の坊号が院号に改められた応永二十二年正月以降であることはわかるが、それ以上の年次比定はできない。

図14：左近将監実次花押（黒田基樹編『山内上杉氏』より）

◎左衛門尉（花押：図15）

応永三十二年十二月二十六日、左衛門尉某と長尾忠政が、上野守護代長尾憲明に宛てて岩松満長領上野国丹生郷の沙汰付を命じる旨の連署奉書を発給している

図15：左衛門尉花押（黒田基樹編『山内上杉氏』より）

（群一四一八）。長尾忠政はこのとき山内上杉憲実の家宰であり、上野は山内上杉氏の守護国であるので、左衛門尉某は山内上杉家奉行人に比定される。ただし、花押は他に所見がなく、名字・実名とも不詳である。

応永三十二年十二月、左近将監某と修理亮某は次の連署奉書を発給している。

◎左近将監（花押：図16）
◎修理亮（花押：図17）

【史料10】左近将監某・修理亮某連署奉書（「実相院及東寺宝菩提院文書」、静一六九五）

法華堂領伊豆国宇加賀・下田両郷事、任去六日御判・御施行旨、莅彼所、可被沙汰付下地於地蔵院雑掌之由候也、仍執達如件、

応永卅三年十二月廿七日

左近将監（花押）
修理亮（花押）

寺尾四郎《憲明》左衛門尉殿

「任去六日御判・御施行旨」とあるので、十二月六日付の公方持氏御判御教書と守護宛の施行状（いずれも現存せず）を受けて【史料10】が発給されたことがわかる。このことから、【史料10】は鎌倉府の発給文書ではなく、伊豆守護山内上杉氏の発給文書であり、奉者の左近将監・修理亮両名は山内上杉氏の奉行人に比定される。左近将監は、前掲の実次とは花押の異なる別人で、姓名未詳。修理亮は、応永三十四年五月十三日付武蔵守護代大石

道守宛連署奉書（神五七八八、もう一方は前掲島田泰規）の奉者「修理亮」の花押と一致し、山内上杉家奉行人であったことが裏付けられる。黒田氏は、奉行人・家宰連署の原則から、「修理亮」は家宰長尾忠政の嫡子景棟であり、彼が家宰を交替もしくは代行していた可能性を指摘している。

なお、管領上杉氏の守護国に対する施行において、施行状が管領奉書で出される場合、通例その管領奉書が守護遵行状を兼ねて一通で守護代へ宛てられるが、【史料10】の件は右のとおり施行状（「御施行」）と守護遵行状（【史料10】）が別個に存在しており、六日付の「御施行」が管領憲実の奉書ではなかったことが想定される。公方持氏の直状か（その場合「御判御施行」と読むべきであろうか）、鎌倉府奉行人の奉書で出されたのであろう。

図16（右）：左近将監花押
図17（左）：修理亮花押
（黒田基樹編『山内上杉氏』より）

○弾正忠K（花押：図18）

応永三十四年六月三日、弾正忠某が明石行実とともに常陸国人小幡泰国宛の施行状（神五七九〇）を奉じている。弾正忠は明石行実と同じく鎌倉府奉行人であろう。実名等は明らかでない。永享五年にも弾正忠某（後掲某N）があるが、花押が異なり別人と考えられる。

持氏期の奉行人弾正忠については、『年中行事』第二三条[44]に「長春院殿《（足利持氏）》様御代」の「右筆壱岐弾正忠」が見える。「右筆」は奉行人のことであり、同条で右筆は公方の正月鶴岡社参の日時を供奉人の評定衆に伝える役とされている。この応永三十四年の弾正忠某Kか永享五年の弾正忠某Nのいずれかがこれに該当すると思

図18：弾正忠K花押（筆者作図）

われるが、判断はつかない。

〇雑賀前遠江守（花押：図19）

　さきの明石行実に次いで持氏期に活動が多く確認されるのが、雑賀前遠江守であろう。連署奉書では、次の六点が確認される（「」内は署判、日下／奥の順、傍線が雑賀前遠江守）。

①正長元年六月二十一日付大石憲重宛施行状（円覚寺黄梅院領）「前遠江守／前筑前守」（神五八〇七）

②同年八月二十二日付大石憲重宛施行状（同右）「前遠江守／前筑前守」（神五八一〇）

③同二年三月十一日付大石憲重宛施行状（鶴岡八幡宮領）「前筑前守／前遠江守」（神五八二四）

④同三年十月二十一日付茂木式部丞宛御料所預置状？「前遠江守／前筑前守」（神五八五三）

⑤永享四年十月五日付日光山衆徒宛施行状案「民部丞／前遠江守」（神五八七四）

⑥同日付宇都宮家綱宛施行状案「民部丞／前遠江守」（神五八七五）

　このうち、①～④は明石行実の項でも紹介した。⑤⑥は日光山の桜下房宗運の逐電にともなう常行堂皆水精念珠紛失事件[45]に関するもので、日光山重宝の念珠の捜索と返却を日光山衆徒に命じる（⑤）とともに、念珠が宇都宮社に持ち込まれたとの情報があることから、宇都宮家綱へも同様の命令を下したもの（⑥）である。同事件は、日光山衆徒の注進によって鎌倉府に持ち込まれた事案であり、⑤⑥は鎌倉府奉行人連署奉書と見て間違いない。

雑賀名字は、次の二点の関係文書から判明する。一点目は、永享八年閏五月二十六日付の宇都宮等綱宛鎌倉府奉行人（民部丞・左衛門尉、いずれも後掲）連署奉書（塙八一）に、「雑賀遠江守」の名が確認される。本文書は、鹿嶋社領下野国大内荘東田井郷の宇都宮頭役をめぐる鹿嶋社と宇都宮氏の相論に関するもので、当初、宇都宮氏の主張が認められ、「可致頭役銭沙汰由、雑賀遠江守為奉行、被成奉書」れたが、その後鹿嶋社の訴えを受けて訴訟に発展したという。この相論については、前年の永享七年五月三日付宇都宮等綱宛町野満康奉書(46)に「爰就去年宇都宮頭役事、及度々致入部譴責由依歎申、不可然旨、固被仰下」とあり、永享六年にすでに鹿嶋社の訴えがなされていたことがうかがえる。「雑賀遠江守為奉行、被成奉書」たのは、永享六年以前であったと考えられる。なお、この「奉書」に該当する文書は、現在のところ確認されない。

二点目は、年欠十二月二十二日付の上杉憲実書状（群一四六四）で、「雑賀遠江守」が憲実より「長沼淡路次郎申、下野国塩原庄内依郷事」についての申沙汰＝訴訟の担当を命じられている。この訴訟の関連文書は他に見出せないが、長沼淡路次郎は、応永末年から永享初年の嫡兄憲秀早世後に長沼氏の家督となり、永享末年には憲秀の子彦法師に家督を交替したとされる人物である(47)ので、おおよそ永享年間の訴訟のことと考えられる。

図 19：雑賀前遠江守花押（『鎌倉市史 史料編第一』より）

なお、雑賀前遠江守は、応永三十年十一月二十一日付「前遠江守有秀」打渡状(48)により、実名を「有秀」と比定されることもあるが、花押は全く異なるものであり、同一人物とはみなしがたい。鎌倉府の両使遵行は同じ属性の者によってなされるのが通例であり、前遠江守有秀はその相使江戸上野入道と同じく近隣の国人と考えるのが妥当であろう。

○民部丞（花押：図20）

◎力石右詮（花押：図21）

民部丞と右馬允は、正長二年に次の連署奉書を発給している。

【史料11】民部丞・力石右詮連署奉書（「円覚寺文書」、神五八二六）

正続院領下厚木郷稲荷社鳥居木曳人夫事、帯諸役免除証文被申上者、可被閣催促之由候也、仍執達如件、

正長二年三月廿一日　　民部丞（花押）

右馬允《力石右詮》（花押）

園田参河守殿

課役免除の権限は鎌倉府が有していたから、内容からすれば本文書は鎌倉府奉行人連署奉書ということになる。ところが、奥署判の「右馬允」は、佐藤氏によって山内上杉家奉行人力石右詮に比定されている。[49]【史料11】を上杉家奉行人連署奉書とするには、正続院領相模国下厚木郷に対する上杉氏の権限が不明であるため、佐藤氏は【史料11】を本来的には鎌倉府奉行人連署奉書であるとし、上杉家奉行人が鎌倉府の訴訟システムに関与して、鎌倉府奉行人をも兼務した例としている。

【史料11】が内容上鎌倉府の発給文書であるべきもの、および右馬允＝力石右詮＝上杉家奉行人というのは、否定しがたい事実であるが、上杉家奉行人が鎌倉府奉行人を兼務するというのは、やはり疑問を抱かざるをえな

い。鎌倉府奉行人と上杉家奉行人の連署で確認されるのは、現在のところ【史料2】の軍忠状裏書のみであり、通常の連署奉書については確認されない。【史料11】は、一般事例として当該期鎌倉府の権力構造の表徴とするよりも、特殊事例として慎重に扱うべきではないだろうか。

注目されるのは、この頃の管領憲実の活動である。応永末年以降間断なく見えていた憲実奉の施行状は、正長元年末（神五八一七）から永享四年末（群一四五三）の間には見られなくなる。残存状況と捉えるにはいささか偏りがあり、何らかの事情により奉書の発給ができない状況にあったと考えざるをえない。だが、その間にも管領加判の鎌倉府文書を発給する必要が生じたため、特例的な措置として【史料2】と同じように【史料11】も鎌倉府と上杉家の奉行人が連署して発給したのではないだろうか。憲実にいかなる事情があったのかについては、今後の研究を俟ちたい。

以上、本稿では民部丞を鎌倉府奉行人某、右馬允を山内上杉家奉行人力石右詮としたうえで、【史料11】を特殊な事情により鎌倉府奉行人と上杉家奉行人が連署で奉じたものとしておきたい。民部丞は次々項の行義との関連も注目されるが、ひとまず措く。力石右詮のその後の活動については、前述の佐藤氏の研究に詳しい。

図20（右）：民部丞花押
図21（左）：力石右詮花押
（いずれも『鎌倉市史 史料編第二』より）

●山名理行（花押：図22）

永享四年八月、「山名兵庫助理行」が僧神賀に下総国大戸荘牧野村地蔵堂田

地を寄進し、同六年十一月には神賀の後継者神恵に同所を安堵している。[50] 大戸荘に所領を有した山名氏は、氏満期に活躍した鎌倉府奉行人山名智兼の後裔であろうが、理行自身は奉行人の徴証がない。同氏は、持氏期にはすでに奉行人から淘汰されていたかと思われる。

図22：山名理行花押（筆者作図）

○民部丞行義

永享四年十月五日付の連署奉書二通（神五八七四・五八七五）を発給している民部丞は、もう一方の雑賀前遠江守と同じく鎌倉府奉行人と見られ、その端裏書に「民部丞行義」とあることから、実名が判明する。雑賀前遠江守の名は見えないので、日下の民部丞行義が、この日光山常行堂皆水精念珠紛失事件の担当奉行であったことがうかがえる。

永享八年閏五月二十六日付宇都宮等綱宛連署奉書案（塙八一）の日下の「民部丞」も同人であろう（奥は後掲の左衛門尉）。雑賀前遠江守の項で紹介したとおり、本文書は鹿嶋社領下野国大内荘東田井郷の宇都宮頭役をめぐる相論において、一方の宇都宮等綱に出された召文であり、先述の相論の過程からして鎌倉府奉行人連署奉書と見て間違いない。ただし、以上の三通はいずれも案文であり、民部丞行義の花押は確認できない。

前掲【史料11】の「民部丞」も行義とも考えられるが、先述のとおり特殊な文書であるので判断は措きたい。また、中山法華経寺所蔵『双紙要文』の紙背文書に、「千葉介中西御侍間事」に関する年欠十月十三日付清左衛門尉宛某行義書状[51]が見出せるが、『双紙要文』は十三世紀後半の書写であり、それをさかのぼる紙背文書は民部丞行義に年代が合わない。

行義は官途名「民部丞」および実名の「行」字から、明石氏と推測されることが多いが、そもそも実名の明らかな奉行人は乏少であるし、推測の域に留まるであろう。後掲の民部丞義行との関係も不明である。

図 23（右）：清原花押
図 24（左）：弾正忠②花押
（いずれも筆者作図）

○清原（花押：図23）
○弾正忠N（花押：図24）
清原某・弾正忠某は、永享五年閏七月十六日付日光山衆徒宛の連署奉書（神五八八六）を発給している。上述の日光山常行堂皆水精念珠紛失事件に関して、日光山衆徒へ念珠の捜索を督促したものであり、相論の経緯から鎌倉府奉行人連署奉書と見てよいだろう。同案件で奉者が変わっているのは、訴訟担当を交代したからであろうか。

清原・弾正忠とも他に発給文書は見られない。清原は奉行人清氏のうちの任官前の人物と考えられるが、鎌倉府において任官前の奉行人が連署奉書を発給している例は、他に見られない。鎌倉府奉行人の身分秩序に変化があったことを示していようか。

図25：皆吉入道花押断片（筆者作図）

○皆吉入道（花押断片：図25）

永享六年十二月二十七日付武蔵守護代大石憲重打渡状案（神五八九八）の奥続紙に「山内御奉行皆吉入道後判封之」とあり、「山内御奉行」の皆吉某が裏封をしたことがわかる。この奥続紙はもと端裏か別紙にあったものとされ、本願寺領武蔵国足立郡中茎郷に関する同案文は、本来、応永三十四年十二月二十日付公方持氏安堵状案（神五七九四）、永享六年十二月十三日付管領憲実施行状案（神五八九六）、その他の文書（現存せず）と一連の校正案文をなしたとされる。[52]旧紙継目に裏花押の断片が確認され、その主こそ、「山内御奉行皆吉入道」であろう。ただし、裏封をした時期は詳らかでない。

この「山内御奉行」はどう解すべきものだろうか。〝山内上杉家の奉行人〟と読むようにも思われるが、山内上杉家を「山内」と記す例は当該期にはまだ見られない。結論からいえば、「山内」は円覚寺を指し、皆吉入道は円覚寺の別奉行だったのではないだろうか。本願寺（中茎郷内所在）は、関連文書（神六三二四等）の伝来からして円覚寺の塔頭雲頂庵の末寺であったと考えられる。であれば、鎌倉府の円覚寺奉行であった皆吉入道が、円覚寺に連なる本願寺の訴えを受けて文書の裏封をしたとしても、妥当性を欠くものではないだろう。推測を重ねたが、本稿では皆吉入道が鎌倉府奉行人で円覚寺奉行をつとめていた可能性を示しておきたい。

●片山光康

吉岡盛胤の項で述べたように、永享七年四月、政所執事二階堂盛秀の所領武蔵国多東郡菅生郷の田地が流失した際、吉岡盛胤と「片山勘解由左衛門尉光康」が検知に派遣されている（神五九〇二）。吉岡盛胤が鎌倉府奉行人かその一族であるとすれば、片山光康も同じく奉行人かその一族であったとも考えられるが、他に活動は見られず、出自も明らかでない。

○清左衛門尉

永享七年六月、「清左衛門尉」が鎌倉府政所執事二階堂盛秀より、上総国菅生荘梁郷の鋳物師和泉権守藤原光吉を政所造畢に補任したことを伝えられている（神五九〇五）。清左衛門尉は鎌倉府政所の関係者であった。『年中行事』第一五条には、「清執事代ヲ勤」とあり（「群書類従本」のみ）、右の件も清左衛門尉が政所執事代であったがゆえであろう。清氏は鎌倉府奉行人の氏族であり、政所執事代は政所に属した奉行人（政所寄人）がつとめたとすれば、この清左衛門尉も鎌倉府奉行人と考えられる。

翌永享八年閏五月二十六日付宇都宮等綱宛連署奉書案（塙八一）の奉者「左衛門尉」も、年代的に見てこの清左衛門尉そのひとであろう。永享五年閏七月に連署奉書を発給している清原某（前掲）の後身とも考えられるが、花押は明らかでなく、判断はつかない。

のち、清氏が古河公方奉行人へ転身していくことについては、佐藤氏の論考に詳しい[53]。

○民部丞義行（花押：図26）

永享の乱のさなかの永享十年九月六日、円覚寺正続院領の相模国厚木郷・秋葉郷以下、下総・常陸・上野・伊

図26：民部丞義行花押（『鎌倉市史 史料編第二』より）

豆国内各所に禁制（神五九四五）を発給している「民部丞」の花押は一部を欠損しているものの、古河公方奉行人前下野守義行のものに近似し、佐藤氏によって同一人物かとされている。(54)前下野守義行については、永享の乱後の公方空位期にも鎌倉府にあって奉行人として活動し、のち足利成氏に随伴して古河公方の奉行人となったことが、佐藤氏によって明らかにされている。

官途・実名から、前掲民部丞行義と同様、明石氏に比定される場合もあるが、推測の域に留まる。

以上、持氏期において鎌倉府奉行人一五名、山内上杉家奉行人九名、佐竹家・千葉家奉行人各二名、鎌倉府奉行人である可能性を残す者六名を検出した。前代との比較でいえば、守護家の奉行人が検出されたことは、守護家の家政機関や支配機構の成立、成熟を示すものであろう。

『年中行事』（群書類従本）の雑記とされる部分には「奉行、人数六人」として「壱岐・明石・布施・雑賀・清・吉岡」の名が記されており、鎌倉府奉行人の構成を示すものとされている。前後の記述が公方成氏期であることから、この箇条も成氏期の状況を記したものと考えられる。このうち、壱岐・明石・布施・雑賀・清氏は、前代以前より鎌倉府奉行人に確認できるが、吉岡氏のみは本稿でとりあげた盛胤がその初見となる。その後、永享の乱後に春胤が確認されることは、先述のとおりであり、吉岡氏が奉行人であったことは『年中行事』の記述に一致する。これまでの姓不詳の鎌倉府奉行人の中に吉岡氏がいたことは否定できないとはいえ、奉行人氏族が収斂してゆく傾向にあったなかでの吉岡氏の登場は特徴的であり、『年中行事』の記述がまさしく持氏段階をふまえて成氏期に成立したものであることを示しているといえよう。また、その点で、『年中行事』の記述をもとにした湯山氏の奉行人の分析は、最終段階の鎌倉府奉行人の構成を切り取った、一面的なものであったといわざるをえない。

最後に、当該期の鎌倉府奉行人連署奉書と関東管領奉書との関係について述べておきたい。この点は冒頭で述べた公方専制体制の問題と密接にかかわり、本稿では避けてはならない問題である。

鎌倉府奉行人連署奉書と管領奉書を比較して、一見して気づかされるのは、当該期の管領奉書が短文であるのに比して、鎌倉府奉行人連署奉書の多くは長文である、ということである。管領奉書の多くが簡略な内容である一方、奉行人連署奉書は、ことの経緯や理非の判断など発給へ至る事情が縷々述べられているものが数多い。機能面からみると、管領奉書は公方による安堵・寄進・充行・預置などにともなう施行状が中心であり、それゆえ本文も「……事、早守御下文／御寄進状之旨、可致沙汰付下地於某、依仰執達如件」と至ってシンプルである。一方で鎌倉府奉行人連署奉書は、「某申……事、……之条、太不可然」と訴人の出訴により理非の判断をなし、その裁決として沙汰付や訴訟にかかわる注進、出頭を命じる文書が多い。

多少の例外はあるが、それまでの奉行人連署奉書は臨時課役の免除状が主であり、寄進や充行にともなう施行状も、理非の判断をともなう訴訟裁決の施行状も、専ら管領奉書がその任を果たしていた(55)。ところが、持氏期にいたって施行状の担い手が寄進・充行の施行と裁決の施行とで分化し、前者は管領奉書にとどまったものの、後者は奉行人奉書に担われることとなったのである。これらから鎌倉府訴訟・施行システムの変化が想定され、上杉禅秀の乱による鎌倉府諸機関の損害とその後の再編、さらには管領の実質的不在（幼少を含む）が相俟って、鎌倉府の諸システムに構造的な変化が起こったであろうことは想像に難くない。

室町期における訴訟システムの変化と奉行人奉書の拡大で想起されるのは、同時期の室町幕府の訴訟制度改革であろう。その重厚な研究史については本稿では触れえないが、室町殿足利義教が熱心に訴訟制度の改革を進めたとされる。同様に、関東でも持氏が改革を進めたのではないだろうか。紛争の頻発や訴訟の遅滞など、全国的に通底する社会状況が都鄙で改革を促したことも考えられよう。この点は本稿の課題を超越しているので、ひとまず、持氏の公方専制体制下において鎌倉府の訴訟制度の改革が進められた可能性を指摘しておきたい。

公方専制体制の議論では、管領奉書の機能縮小を管領権力の後退ととらえて、公方権力による管領権力の排除や、公方と管領の対立的側面を見出してきたが、そのことには慎重であるべきかと思われる。訴訟の過程における管領と奉行人の連係はうかがえる（雑賀前遠江守の項参照）し、上杉氏被官の武蔵守護代が奉行人連署奉書による命令を実行している（神五八〇七・五八一〇）ように、奉行人の施行システムの下でも上杉氏の支配は機能している。また、永享の乱後の上杉氏主導の鎌倉府でも活動を続けた奉行人がいた（民部丞義行の項参照）ように、奉行人の政治的な立ち位置――公方派か否か――は必ずしも自明ではない。鎌倉府の発給文書に変化があり、それが公方専制体制の一面を映していたことは確かだが、それは決して権力抗争の結果ではなく、制度改革の結果であった。[56]そうして、奉行人は前代以上に鎌倉府文書発給システムの前面に押し出され、史料上に多くの活動をとどめたのである。

その後の奉行人の展開については、巻を改めて論じることとしたい。

付表

No.	年	西暦	月	日	史料上表記	人名比定	職務・活動	史料・所蔵	刊本	本文中
1	応永16年	1409	8	5	雑賀隼人佐入道常金	雑賀常金	鶴岡社灌頂堂建立の担当奉行をつとめる	高橋義彦氏所蔵文書	大日本史料	
2	応永17年	1410	5	26	大炊助	大炊助某A	「内談落居」により、土屋・河村氏宛の相模国内鶴岡末社領役夫工米停止の連署奉書を発給	鶴岡神主家伝文書	神5427	史料1
3	応永17年	〃	5	26	民部丞	民部丞某B	「内談落居」により、土屋・河村氏宛の相模国内鶴岡末社領役夫工米停止の連署奉書を発給	鶴岡神主家伝文書	神5427	史料1
4	応永18年	1411	9		布施出羽入道聖超	布施聖超	烟田幹胤申状にかつての訴訟担当奉行として記される	烟田文書	鉾田87	
5	応永19年	1412	9	21	明石加賀入道	明石利行	鹿嶋社訴訟にて、管領上杉禅秀の所存に背き出仕せず	塙不二丸氏所蔵文書	茨Ⅰ塙不二丸64	
6	応永19年	〃	9	22	利行	明石利行	鹿嶋社訴訟の三問三答を行う	塙不二丸氏所蔵文書	茨Ⅰ塙不二丸67	
7	応永20年	1413	2	10	利行	明石利行	鹿嶋社訴訟の決着を同社へ祝す	塙不二丸氏所蔵文書	茨Ⅰ塙不二丸66	
8	?		10	5	利行	明石利行	長尾帯刀左衛門入道へ鑁阿寺造営段銭について伝達	塙不二丸氏所蔵文書	茨Ⅰ塙不二丸68	
9	?		11	27	利行	明石利行	勝長寿院雑役の船舶通行について千葉氏の遵行を香取社へ伝える	香取大禰宜家文書	千葉県史料香取旧大禰宜家240	
10	?		12	19	沙弥利行	明石利行	某氏の香取社造営役所軽減について同社に調整する	香取大禰宜家文書	千葉県史料香取旧大禰宜家244	

11	応永22年	1415	11	9	治部丞	島田泰規	長尾満景とともに伊豆守護代寺尾氏宛の伊豆国内三嶋社領沙汰付命令の連署奉書を発給	三嶋神社文書	静1544	
12	応永24年	1417	3	23	藤原	藤原某C	小貫・人見氏宛の常陸国内安保氏領渡付命令の連署奉書を発給	安保文書	神5521	史料3
13	応永24年	〃	3	23	兵庫助	兵庫助某D	小貫・人見氏宛の常陸国内安保氏領渡付命令の連署奉書を発給	安保文書	神5521	史料3
14	応永24年	〃	5	18	治部丞	島田泰規	長尾定忠とともに伊豆守護代寺尾氏宛の伊豆国内三嶋社領沙汰付命令の連署奉書を発給	三嶋神社文書	静1581	
15	応永24年	〃	7	4	沙弥慧超	恵超	大山寺へ安房国内寺田の連署安堵状を発給	安田家文書	千葉県の歴史 安田家12	史料5
16	応永24年	〃	7	4	左衛門尉胤継	木内胤継	大山寺へ安房国内寺田の連署安堵状を発給	安田家文書	千葉県の歴史 安田家12	史料5
17	応永24年	〃	10	14	明石左近将監	明石左近将監	武蔵国内闕所地が三嶋社に寄進される	三嶋神社文書	神5542・5543	
18	応永24年	〃	10	17	皆吉伯耆守	皆吉伯耆守	上総国内闕所地が持氏母一色氏に寄進される	上杉文書	神5544・5545	
19	応永24年	〃	12	24	左衛門尉胤継	木内胤継	龍興寺へ安房国内寺領安堵の連署奉書を発給	後鑑所載諸家文書纂		史料6
20	応永24年	〃	12	24	沙弥慧超	恵超	龍興寺へ安房国内寺領安堵の連署奉書を発給	後鑑所載諸家文書纂		史料6
21	応永25年	1418	2	10	兵衛尉	兵衛尉某E	上杉憲定補任状に基づき、相承院へ佐介谷稲荷社別当職・社領等安堵の連署奉書を発給	相承院文書	群1375	

22	応永25年	〃	2	10	越前守	越前守某F	上杉憲定補任状に基づき、相承院へ佐介谷稲荷社別当職・社領等安堵の連署奉書を発給	相承院文書	群1375	
23	応永25年以前	〃	3		明石筑前守	明石行実	烟田氏訴訟の取次	烟田文書	鉾田100、神5578	
24	応永25年	〃	3	28	(花押のみ)	散位某G	持氏御教書刷り消し裏に花押をすえる	安保文書	神5559	
25	応永25年	〃	3	30	兵衛尉	兵衛尉某E	某へ上野国内遍照院領の長谷河山城守の押妨排除命令の連署奉書を発給を奉じる	明王院文書	群1376	
26	応永25年	〃	3	30	治部丞	島田泰規	某へ上野国内遍照院領の長谷河山城守の押妨排除命令の連署奉書を発給を奉じる	明王院文書	群1376	
27	応永25年	〃	4	13	兵衛尉	兵衛尉某E	宝光寺への上野国内所領寄進に際し、「未御判」により連署奉書寄進状を発給	蜷川親治氏所蔵文書	群1377	史料9
28	応永25年	〃	4	13	加賀守	加賀守某H	宝光寺への上野国内所領寄進に際し、「未御判」により連署奉書寄進状を発給	蜷川親治氏所蔵文書	群1377	史料9
29	応永25年	〃	8	3	兵衛尉	兵衛尉某E	長尾定忠とともに三嶋社宛の伊豆国内三嶋社領返付・修理支出命令の連署奉書を発給	三嶋神社文書	静1606	
30	応永25年	〃	8	3	兵衛尉	兵衛尉某E	長尾定忠とともに伊豆守護代大石氏宛の伊豆国内三嶋社領沙汰付命令の連署奉書を発給	三嶋神社文書	静1607	

31	応永26年	1419	3	6	治部丞	島田泰規	長尾定忠とともに長尾氏宛の武蔵国内東福寺領の平山三河入道の違乱排除命令の連署奉書を発給	東福寺文書	埼706	
32	応永26年	〃	3	27	左衛門尉胤継	木内胤継	澄賢譲状に連署裏判をすえる	安田家文書	千葉県の歴史 安田家13	史料7
33	応永26年	〃	3	27	沙弥恵超	恵超	澄賢譲状に連署裏判をすえる	安田家文書	千葉県の歴史 安田家13	史料7
34	応永27年	1420	2	27	左衛門尉胤継	木内胤継	大山寺領等を民部卿阿闍梨に安堵	安田家文書	千葉県の歴史 安田家14	史料8
35	応永28年	1421	12	13	三宮刑部丞／刑部丞有国／三宮刑部丞有国	三宮有国	相模国内浄光明寺領流失の検知両使をつとめる	浄光明寺文書	神5638～5640	
36	応永28年	〃	12	13	吉岡平三／平盛胤／吉岡平三盛胤	吉岡盛胤	相模国内浄光明寺領流失の検知両使をつとめる	浄光明寺文書	神5638～5640	
37	応永28年以降				（花押のみ）	島田泰規	浄光明寺領流失案文群の紙継目に裏花押をすえる	浄光明寺文書	神5637～5640	
38	応永29年	1422	5	22	左近将監	左近将監実次	長尾忠政とともに三嶋社領等役夫工米免除の連署奉書を発給	三嶋神社文書	神5648	
39	応永30年	1423	5	18	左近将監	左近将監実次	長尾忠政とともに伊豆守護代寺尾氏宛の関所維持命令の連署奉書を発給	円覚寺文書	静1658	
40	応永30年	〃	11	28	行実	明石行実	鳥名木軍忠状を連署裏封	鳥名木文書	神5684	史料2
41	応永30年	〃	11	28	泰規	島田泰規	鳥名木軍忠状を連署裏封	鳥名木文書	神5684	史料2

42	応永30年	〃	11	28	行実	明石行実	烟田氏軍忠状を連署裏封	烟田文書	神5685	
43	応永30年	〃	11	28	泰規	島田泰規	烟田氏軍忠状を連署裏封	烟田文書	神5685	
44	応永32年	1425	9	26	治部丞	島田泰規	長尾忠政とともに伊豆守護代寺尾氏宛の伊豆国内浄光明寺領諸公事免除命令の連署奉書を発給	浄光明寺文書	静1687	
45	応永32年	〃	12	26	左衛門尉	左衛門尉某I	長尾忠政とともに上野守護代長尾氏宛の上野国内岩松氏領沙汰付命令の連署奉書を発給	新田岩松古文書之写	群1418	
46	応永33年	1426	9	27	前筑前守行実	明石行実	大慈恩寺長老宛の過所を奉じる	大慈恩寺文書	千葉県史料補遺215	
47	応永33年	〃	12	27	左近将監	左近将監某J	守護代寺尾氏宛の伊豆国内法華堂領沙汰付命令の連署奉書を発給	前田家所蔵実相院及東寺宝菩提院文書	神5783	史料10
48	応永33年	〃	12	27	修理亮	長尾景棟カ	守護代寺尾氏宛の伊豆国内法華堂領沙汰付命令の連署奉書を発給	前田家所蔵実相院及東寺宝菩提院文書	神5783	史料10
49	応永34年	1427	5	13	治部丞	島田泰規	守護代大石氏宛の武蔵国内東福寺領年貢究済命令の連署奉書を発給	前田家所蔵文書古蹟文徴	神5788	
50	応永34年	〃	5	13	修理亮	長尾景棟カ	守護代大石氏宛の武蔵国内東福寺領年貢究済命令の連署奉書を発給	前田家所蔵文書古蹟文徴	神5788	
51	応永34年	〃	6	3	前筑前守	明石行実	小幡氏宛の鹿嶋社沽却地沙汰付命令の連署奉書を発給	塙不二丸氏所蔵文書	神5790	
52	応永34年	〃	6	3	弾正忠	弾正忠某K	小幡氏宛の鹿嶋社沽却地沙汰付命令の連署奉書を発給	塙不二丸氏所蔵文書	神5790	
53	応永34年	〃	12	28	散位	散位某G	法華堂へ相模国内寺領相論裁許の連署奉書を発給	法華堂文書	神5796	

54	応永34年	〃	12	28	前筑前守	明石行実	法華堂へ相模国内寺領相論裁許の連署奉書を発給	法華堂文書	神5796	
55	応永年間		10	25	嶋田治部丞	島田泰規	憲実より烟田氏本知行分の訴訟取次を命じられる	烟田文書	鉾田115	
56	応永年間		12	20	泰規	島田泰規	烟田氏の訴訟を取次	烟田文書	鉾田116	
57	?				（花押のみ）	明石行実	烟田氏訴訟案文群の紙継目に裏花押をすえる	烟田文書		
58	正長元年	1428	6	21	前遠江守	雑賀前遠江守	守護代大石氏宛の武蔵国内円覚寺黄梅院領当知行実否調査命令の連署奉書を発給	黄梅院文書	神5807	
59	正長元年	〃	6	21	前筑前守	明石行実	守護代大石氏宛の武蔵国内円覚寺黄梅院領当知行実否調査命令の連署奉書を発給	黄梅院文書	神5807	
60	正長元年	〃	8	22	前遠江守	雑賀前遠江守	守護代大石氏宛の武蔵国内円覚寺黄梅院領の沙汰付命令の連署奉書を発給	黄梅院文書	神5810	
61	正長元年	〃	8	22	前筑前守	明石行実	守護代大石氏宛の武蔵国内円覚寺黄梅院領の沙汰付命令の連署奉書を発給	黄梅院文書	神5810	
62	正長2年	1429	3	11	前筑前守	明石行実	守護代大石氏宛の武蔵国内鶴岡社領府中六所宮役催促停止命令の連署奉書を発給	鶴岡八幡宮文書	神5824	
63	正長2年	〃	3	11	前遠江守	雑賀前遠江守	守護代大石氏宛の武蔵国内鶴岡社領府中六所宮役催促停止命令の連署奉書を発給	鶴岡八幡宮文書	神5824	

64	正長2年	〃	3	21	民部丞	民部丞某L	園田氏宛の相模国内円覚寺正続院領人夫催促停止命令の連署奉書を発給	円覚寺文書	神5826	史料11
65	正長2年	〃	3	21	右馬丞	力石右詮	園田氏宛の相模国内円覚寺正続院領人夫催促停止命令の連署奉書を発給	円覚寺文書	神5826	史料11
66	正長3年	1430	10	21	前遠江守	雑賀前遠江守	茂木氏宛の下野国内御料所預置ヵの連署奉書を発給	茂木文書	神5853	
67	正長3年	〃	10	21	前筑前□	明石行実	茂木氏宛の下野国内御料所預置ヵの連署奉書を発給	茂木文書	神5853	
68	永享4年	1432	8	4	山名兵庫助理行	山名理行	神賀に下総大戸荘牧野村地蔵堂田地を寄進	観福寺文書	千葉県史料補遺137～139	
69	永享4年	〃	10	5	民部丞行義	民部丞行義	日光山衆徒宛の同山常行堂念珠紛失事件糾明命令の連署奉書を発給	輪王寺文書	神5874	
70	永享4年	〃	10	5	前遠江守	雑賀前遠江守	日光山衆徒宛の同山常行堂念珠紛失事件糾明命令の連署奉書を発給	輪王寺文書	神5874	
71	永享4年	〃	10	5	民部丞行義	民部丞行義	宇都宮氏宛の同山常行堂念珠紛失事件糾明命令の連署奉書を発給	輪王寺文書	神5875	
72	永享4年	〃	10	5	前遠江守	雑賀前遠江守	宇都宮氏宛の同山常行堂念珠紛失事件糾明命令の連署奉書を発給	輪王寺文書	神5875	
73	永享5年	1433	閏7	16	清原	清原某M	日光山衆徒宛の同山常行堂念珠紛失事件糾明命令の連署奉書を発給	輪王寺文書	神5886	
74	永享5年		閏7	16	弾正忠	弾正忠某N	日光山衆徒宛の同山常行堂念珠紛失事件糾明命令の連署奉書を発給	輪王寺文書	神5886	

75	永享6年以前				雑賀遠江守	雑賀前遠江守	下野国内鹿嶋社領への宇都宮頭役銭徴収命令の奉者を発給	塙文書	神5920	
76	永享6年以前				皆吉入道	皆吉某〇	武蔵国内本願寺領施行状案文群を裏封	雲頂庵文書	神5794・5896・5898	
77	永享6年	1434	11	21	理行	山名理行	神賀に下総大戸荘牧野村地蔵堂田地を安堵	観福寺文書	千葉県史料補遺140	
78	永享7年	1435	4	20	吉岡掃部助盛胤	吉岡盛胤	武蔵国内二階堂氏領流失の検知両使をつとめる	喜連川家御書案留書	神5902	
79	永享7年	〃	4	20	片山勘解由左衛門尉光康	片山光康	武蔵国内二階堂氏領流失の検知両使をつとめる	喜連川家御書案留書	神5902	
80	永享7年	〃	6	6	清左衛門尉	清左衛門尉	二階堂盛秀より鋳物師藤原光吉の政所御造畢所補任を伝えられる	房総古文書	神5905	
81	永享8年	1436	閏5	26	民部丞	民部丞行義カ	鹿嶋社領宇都宮頭役相論について宇都宮氏召喚の連署奉書を発給	塙文書	神5920	
82	永享8年	〃	閏5	26	左衛門丞	清左衛門尉	鹿嶋社領宇都宮頭役相論について宇都宮氏召喚の連署奉書を発給	塙文書	神5920	
83	永享10年	1438	9	6	民部丞	民部丞義行	円覚寺領宛の禁制を奉じる	円覚寺文書	神5945	
84	永享年間		12	22	雑賀遠江守	雑賀前遠江守	憲実より長沼氏訴訟の取次を命じられる	皆川文書	群1464	
85	?		正	25	左近将監実次	左近将監実次	相承院へ鎌倉府の裁許を伝える	相承院文書	群1345	
86	?				壱岐弾正忠	壱岐弾正忠	海老名季長へ持氏の鶴岡社参の日時を伝達	鎌倉年中行事		

註

（1）拙稿「基氏期の奉行人」（黒田基樹編a『足利基氏とその時代』戎光祥出版、二〇一三年）、同「氏満期の奉行人」（黒田編b『足利氏満とその時代』戎光祥出版、二〇一四年）、同「満兼期の奉行人」（黒田編c『足利満兼とその時代』戎光祥出版、二〇一五年）。以下、基氏・氏満・満兼期の奉行人については右各拙稿による。

（2）湯山学「鎌倉御所奉行・奉行人に関する考察―鎌倉府職員の機能と構成―」（『鎌倉府の研究』岩田書院、二〇一一年）。以下、特に記さない限り湯山氏の指摘は同論文による。なお、奉行人各人の個別研究の蓄積については、各項でとりあげることとする。

（3）拙稿「鎌倉府奉行人の基礎的研究」（佐藤博信編『関東足利氏と東国社会』岩田書院、二〇一二年）。なお、繰り返しになるが、単独で奉書を発給する公方近習や執事・頭人クラスの公方直臣と、右筆・連署奉書の発給・訴訟の担当奉行を職務とする、いわゆる奉行人とは、鎌倉府職制構造における階層が異なる。本稿の検討対象は後者であり、奉行人と同等の活動が見られない限り、前者は検出から除外する。

（4）松本一夫「鎌倉府及び関東管領家奉行人奉書に関する一考察」（前掲註（3）佐藤編書）。上杉氏被官の奉書については、黒田基樹「総論　室町期山内上杉氏論」（同編『山内上杉氏』戎光祥出版、二〇一四年）においても詳細な分析がなされている。本稿における両氏の指摘は基本的にそれぞれ右の論文による。

（5）持氏の公方専制体制とその研究史については、拙稿「総論　足利持氏論」（拙編『足利持氏』戎光祥出版、二〇一六年）を参照されたい。

（6）市村高男「鎌倉公方と東国守護」（『歴史公論』八‐八、通巻八一、一九八二年）。

（7）佐藤博信「鎌倉府についての覚書」（『中世東国の支配構造』思文閣出版、一九八九年、初出一九八八年）。

（8）高橋義彦氏所蔵文書、『大日本史料』第七編第一一冊二一七頁。

（9）『神奈川県史 資料編3 古代・中世（3上）』五四二七号の略、以下同。

（10）湯山学「造伊勢大神宮役夫工米覚書―鎌倉府と役夫工米大使との関係を中心に―」（前掲註（2）湯山書所収、初出一九八八年）。

(11)『鉾田町史 中世史料編 烟田氏史料』一〇七号の略、以下同。
(12)これらの史料については、前稿「満兼期の奉行人」参照。
(13)また、奉行人明石氏については森幸夫「奉行人明石氏の軌跡」(『中世の武家官僚と奉行人』同成社、二〇一六年、初出二〇一三年)も参照。
(14)山田邦明「鎌倉府における評定手続」(『鎌倉府と関東―中世の政治秩序と在地社会―』校倉書房、一九九五年、初出一九八七年)。
(15)『茨城県史料 中世編I』所収「塙不二丸氏所蔵文書」六三号の略、以下同。
(16)応永十九年は公方持氏の評定始前にあたり、「上方」が足利満隆に比定されることについては、江田郁夫「鎌倉公方連枝足利満隆の立場」(『室町幕府東国支配の研究』高志書院、二〇〇八年、初出二〇〇五年)による。
(17)『茨城県史料 中世編I』所収「鹿島神宮文書」三七三号。
(18)『栃木県史 史料編 中世一』所収「鑁阿寺文書」一〇五号。また、応永二十三年にも賦課されている(『静岡県史 資料編六中世二』一五五三号)。
(19)『千葉県史料 中世篇 香取文書』所収「旧大禰宜家文書」二四〇号。
(20)『千葉県史料 中世篇 香取文書』所収「旧大禰宜家文書」二四四号。
(21)佐藤博信「上杉氏奉行人島田氏について」(前掲註(7)佐藤書)。
(22)前掲註(18)『静岡県史』一五四四号の略、以下同。
(23)長尾満景については、前稿「満兼期の奉行人」で左近将監として立項し、その連署奉書および花押を掲げて、長尾満景と比定する先行研究を紹介したが、本稿では煩瑣を避けて上杉家家宰はとりあげないこととした。
(24)前掲註(4)黒田論文。ただし、黒田氏は花押形より応永二十二年と二十四年の連署奉書の「治部丞」(図4―1)を島田泰規(図4―2)とは別人と見ている。バランスは大きく異なるが、構成は同じであり経年変化によるものと見てよいのではないだろうか。本稿では、佐藤氏の指摘に従い同人と見ておきたい。
(25)長尾定忠については、近年、黒田基樹「山内上杉氏家宰の長尾定忠」(『日本歴史』八〇五、二〇一五年)がある。

(26)『群馬県史 資料編7 中世3』一三八三号の略、以下同。
(27)亀田俊和「鎌倉府施行状の形成と展開」（『室町幕府管領施行システムの研究』思文閣出版、二〇一三年、初出二〇〇九年）、阿部哲人「鎌倉府料国武蔵国にみる守護支配―遵行体制を手懸りとして―」（黒田基樹編『関東管領上杉氏』戎光祥出版、二〇一三年、初出一九九八年）参照。
(28)『白河市史 第五巻 資料編二古代・中世』「第二編中世 Ⅰ文書」四三七号。
(29)稲葉広樹「十五世紀前半における武州南一揆の政治的動向」（前掲註（5）拙編書、初出二〇〇五年）。
(30)鳥名木国義軍忠状には「属土岐美作守手」とあり、鳥名木国義が山内上杉氏被官の土岐憲秀の指揮下にあったことがわかる。烟田幹胤軍忠状にある「御屋形御共申」の御屋形は管領憲実のことと考えられ、烟田幹胤が憲実の軍にあったことがわかる。
(31)伊藤一美「安保氏関係文書目録および解説」（『武蔵武士団の一様態』文献出版、一九八一年）。
(32)『千葉県史料 中世篇 香取文書』所収「旧録司代家文書」三三号。
(33)伊藤一美「安房国安田家文書と大山寺」（『古文書研究』一七・一八合併号、一九八一年）。
(34)佐藤博信「鎌倉府奉行人山名氏・安富氏について―特に房総との関係を中心として―」（『中世東国政治史論』塙書房、二〇〇六年、初出二〇〇一年）。
(35)『千葉県の歴史 通史編 中世』第二編第二章第一節（山田邦明氏執筆分）、同第四章第三節（盛本昌広氏執筆分）参照。
(36)佐藤進一『室町幕府守護制度の研究 上―南北朝期守護沿革考証編―』（東京大学出版会、一九六七年）、松本一夫「安房守護と結城氏の補任」（『東国守護の歴史的特質』岩田書院、二〇〇一年、初出一九九九年）、木下聡「足利氏満期の関東管領と守護」（前掲註（1）黒田編書b）、同「足利満兼期の関東管領と守護」（前掲註（1）黒田編書c）。
(37)『千葉県の歴史 資料編 中世四（県外文書一）』所収「保阪潤治氏所蔵文書」二・三号。
(38)宮内庁書陵部図書寮文庫所蔵「所領関係文書」（函架番号：谷―四〇五）。本史料の一部は前稿「氏満期の奉行人」でも紹介した。
(39)『後鑑』所収「諸家文書纂」（『新訂増補国史大系』三五巻六三一頁）
(40)木下聡「足利持氏期の関東管領と守護」（本書所収）。

(41) なお、文書群の書誌学的研究は本稿の課題ではないため、詳しい言及は避けるが、伝来を示す近世文書の内容から、京都大学本「烟田文書」はすべて近世の写とされている（前掲註（11）『鉾田町史』所収「解題」（平野明夫・角田朋彦氏執筆））。一部には、双鉤の写や本文と証判花押が同墨の写と思われるものも見られるが、精巧な裏花押を含む点など、一一巻すべてを写とすることについては疑問の余地もある。さらなる分析が俟たれる。

(42) 『千葉県史料 中世篇 諸家文書 補遺』二一五号。

(43) 『千葉県の歴史 資料編 中世四（県外文書一）』所収「金沢文庫文書」四三六号。

(44) 『年中行事』第一一八条にも同様の記事がある。

(45) この日光山の事件については、佐藤博信「東国寺社領の構造と展開―下野日光山領の場合―」（前掲註（7）佐藤書、初出一九七六年）に詳しい。

(46) 『茨城県史料 中世編Ⅰ』所収「鹿島神宮文書」三七一号。

(47) 江田郁夫「鎌倉府体制下の長沼氏」（『室町幕府東国支配の研究』高志書院、二〇〇八年、初出一九九七年）。

(48) 『北区史 資料編 古代中世1』一〇七号。同書に写真も掲載されている。

(49) 佐藤博信「上杉氏奉行人力石氏について」（前掲註（7）佐藤書、初出一九八八年）。

(50) 前掲註（41）『千葉県史料』一三七～一四〇号。

(51) 『千葉県の歴史 資料編 中世2（県内文書1）』所収「中山法華経寺文書Ⅰ（「双紙要文」紙背文書）」七号。書誌については、同書「資料解説」参照。

(52) 『鎌倉市史 史料編第二』四一一号注記、『雲頂菴古文書集』一七・一九・二〇号解説。

(53) 佐藤博信「古河公方の右筆について―清氏のこと―」（前掲註（7）佐藤書）。

(54) 佐藤博信「鎌倉府奉行人の一軌跡―前下野守義行の場合―」（前掲註（7）佐藤書、初出一九八三年）。

(55) 駒見敬祐「足利満兼の発給文書」（前掲註（1）黒田編書c）、前掲註（1）拙稿c。

(56) 公方専制体制の一表徴として、政所執事奉書の増加もあげられているが、松本氏によれば増加は認められないという。他方、問注所執事かと推測される町野満康の奉書が多数確認されることは注目すべき事実だが、この点は公方近臣の構造も含めて論じるべきであろう。

【付記】京都大学総合博物館所蔵「烟田文書」の閲覧にあたっては、同大学文学部助教（当時）の山田徹氏にご高配を賜った。記して謝したい。

前稿「基氏期の奉行人」でとりあげた左衛門尉某は、『花押かがみ八　南北朝時代四』（一五五頁）において、幕府奉行人松田貞秀に比定されていた。また、貞治四年二月二日付足利基氏御教書案（『茨城県立歴史館史料叢書一二　鹿島神宮文書Ⅱ』所収「羽生大禰宜家文書」五四号）の端裏花押は、応永元年十二月十日付鎌倉府奉行人連署請取状（前稿「氏満期の奉行人」【史料12】、東北大学国史研究室保管白河文書）の姓不詳持康のものと一致した。いずれも前稿の不備をここに補っておきたい。

Ⅷ

持氏期の上杉氏

黒田基樹

はじめに

足利持氏は、応永十六年(一四〇九)七月の父満兼の死去をうけて四代鎌倉公方となり、永享十一年(一四三九)二月に死去した。本論では、この時期に確実な所見がみられる上杉氏一族について述べることとしたい。ただし、その治世は三〇年にも及んでいるため、所見される上杉氏一族の人数も多い。またこの時期になると、上杉氏一族のなかでの各家の分立状況も明確になっている。そのため本論では、家ごとにまとめるかたちをとって取り上げていくことにしたい。

〔山内家〕

上杉憲定

山内家憲方の嫡子で、永和三年(一三七七)生まれ。応永十六年(一四〇九)には三十三歳。山内家の当主で、受領名安房守を称し、すでに出家して法名長基を号していた。また関東管領、上野・伊豆・武蔵三ヶ国守護を務めていた。

持氏の代になっても引き続き関東管領を務めたが、その明確な徴証は、同十七年七月二十八日付で幕府管領畠山満家に宛てた奉書が終見である（「鶴岡神主家伝文書」『神奈川県史　資料編3上』五四二八号。以下、神～と略記）。なお、「鎌倉大日記」応永十七年条（増補続史料大成本二三五頁）では、足利満隆謀叛雑説にともなって八月十五日に持氏が「管領山内」に避難した記事がみえており、これに従えば同十七年八月までの在任を示す徴証となるが、すでに前稿で述べたように(1)、同記事の直前に満兼死去が掲げられているから、同記事は満兼が死去した直後の同十六年のこととみるのが適当ととらえられるので、憲定の関東管領在任の終見にはあたらないと考えておきたい。

そして関東管領職については、同十七年十月十一日には犬懸上杉氏憲が在任しているので（「神田孝平氏旧蔵文書」神五四三〇）、憲定在任終見の同年七月二十八日から同日までの間に、氏憲に交替したととらえられる。「上杉系図」（『続群書類従』巻一五三）には「号佐々入道」とあり、「佐々」は「佐介」の誤記の可能性が高く、おそらくその後は佐介谷に居住したとみられる。同十九年八月七日に、足利義持から丹波国における所領の安堵をうけているのが終見（「上杉文書」『群馬県史　資料編7』一五三八号。以下、群～と略記）。そして同年十二月十八日に三十八歳で死去した（「上杉系図」）。家督は嫡子憲基に継承された。

上杉憲基

上杉憲基花押

山内家憲定の嫡子で、明徳三年（一三九二）生まれ。応永十六年（一四〇九）には十八歳。同十九年十二月の父憲定の死去により家督を継ぎ、同月二十九日付で足利義持から伊豆・上野両国守護職に補任されているのが史料上の初見（「上杉文書」群一三三三）。官途名右京亮でみえている。同二十三年五月二日に犬懸上杉氏憲が関東管領を辞任し、それをうけて同十八日に同職に就任し、受領名安房守を称したとされる（「喜連川判鑑」『古河市史　資料中世編』所収）。安房守に関する明確な初見は、同年六月三日付鎌倉明月院宛の寄進状（「明月院文書」神五四八九）である。また関東管領としての明確な徴証は、同二十四年正月二十日付の施行状になる（「立川文書」群一三五四）。

同二十三年十月の上杉禅秀の乱によって、佐介邸は焼亡し、乱後は再び山内邸に居住したとみられる。「喜連川判鑑」によれば、同二十四年四月二十八日に関東管領職を辞職して伊豆三島に引きこもり、同年閏五月二十四日に鎌倉に帰参して、同月晦日に同職に還任したとされる。この間、憲基の関東管領としての動向はうかがわれない。なお、鎌倉に帰参したとされる翌日の閏五月二十五日、持氏から守護国の伊豆・上野両国における闕所分について安堵されているが、これは帰参にともなうものととらえられることになろう（「上杉文書」神五五三〇）。

そして同年十月十七日が史料上の終見で（「上杉文書」神五五四五）、同二十五年正月四日に二十七歳で死去した（「上杉系図」）。子女がなかったため、家督は宿老の意向によって、越後家の憲実に継承される。

上杉憲実

山内家憲基の養子で、実は越後家房方の三男。幼名は孔雀丸。文正元年（一四六六）閏二月六日に五十七歳で死去したというから（「大内氏実録」）、応永十七年（一四一〇）生まれである。[2]同二十五年の憲基の死去をうけて、その家督に迎えられ、同時に関東管領に任じられた。その正確な時期は明らかではないが、同年十月十二日には「房州（憲基）跡」のことが幕府・鎌倉府間で問題にされているから（「満済准后日記」同日条）、その前後のこととみられる。翌二十六年二月一日までに元服して、仮名四郎、実名憲実を称した（「白川文書」憲実1）。

同年八月二十八日に足利義持から伊豆・上野両国守護に任じられている（「上杉文書」憲実2）。ただし同職務については、すでに上野については前年三月（「明王院文書」憲実参考2）、伊豆についても前年八月（「三島神社文書」憲実参考4）には、家臣連署奉書の発給がみられ、行使している。なお、関東管領兼帯の武蔵国守護については、同二十六年三月が初見になる（「東福寺文書」憲実参考7）。

同三十一年十月までは署名を単に「藤原」としているから仮名段階であったとみられるが（「鹿島神宮文書」憲実19）、同三十三年六月には受領名安房守を称しており（「相承院文書」憲実21）、その間に同官に任じられて、歴代の受領名を称した。永享の乱後の永享十一年（一四三九）六月二十八日に自殺未遂し、その養生のために隠遁・出家して、法名長棟を称し、十一月二十日に鎌倉を離れて藤沢に移り、十二月六日に伊豆国清寺に移ったという（「鎌倉持氏記」『室

上：上杉憲実花押１
中：上杉憲実花押２
下：上杉憲実花押３

町軍記総覧』所収）。なお、十月二十九日付で鎌倉円覚寺に宛てた書状案が、同年に比定されるならば、これが法名長棟の初見文書になる（「円覚寺文書」憲実52）。

また隠遁にともなって、家督名代として実弟の上条上杉清方を立てている。憲実には実子もあったが、いずれも幼少であったためと考えられる。ちなみに永享の乱前の永享九年七月二十五日に、憲実は七歳の嫡子を上野に下国させたという（「鎌倉持氏記」）。この人物は同三年生まれとなるから、同五年生まれで後に長男としてみえる憲忠とは別人になる。この嫡子の動向はその後は全く不明となる。「喜連川判鑑」では幼名を「亀若丸」としているが、他による検証はできない。

［越後家］

上杉房方

山内家憲方の次男、山内家憲定の兄で、貞治六年（一三六七）もしくは応安元年（一三六八）生まれ[4]。応永十六年（一四〇九）には四十三歳もしくは四十二歳。越後国守護で、官途名民部大輔を称していた。すでに出家しており、法名常越を称していた。同二十七年四月十九日付の幕府管領細川満元奉書案写の宛名にみえているのが終見（「天竜寺重書目録」『越佐史料二』七四五頁）。同二十八年十一月十日に五十五歳（「上杉系図」）もしくは五十四歳（「上杉本上杉系図[5]」）で死去した。

なお「上杉系図大概[6]」では、房方の子女として、朝方・頼方・憲実・清方・重方の五男をあげているが、「深谷上杉系図」（『続群書類従』巻一五四）には、重方の後にさらに、某六郎・某十郎・武田信賢妻・某女の四人が追加されている。このうち仮名十郎が重出していることから、後者の某十郎の仮名は、何らかの誤記の可能性も想定される。また仮名の順からすると、某六郎は朝方と頼方の間に位置した可能性も想定されるであろう。

上杉朝方

房方の長男。応永二十八年（一四二一）十一月の房方の死去により、家督を継ぎ、越後国守護に任じられたとみられる。実名・通称についての当時の史料はみられない。同二十九年六月二十六日に足利義持から屋形に訪問をうけている「上杉」は（「看聞日記」同日条〈『越佐史料二』七五一頁〉）、朝方にあたるとみられ、そうであればこれが朝方に関する唯一の史料所見になる。「上杉系図大概」には「在京時、号高倉殿」とあるから、基本的に在京し、京都高倉に屋敷があったことが知られる。そして同二十九年十月十四日に京都高倉で死去した（「上杉系図」）。なお「御当方御継図[7]」では、実名を「憲方」としているが、単純な誤りととらえられる。

仮名については系図類にも記載がないが、父房方・嫡子房朝の例からみて、五郎を称したとみてよいと考えられる。官途について「上杉系図大概」は民部大輔とし、「上杉系図」は左馬助・民部大輔としているが、いずれも当時の史料による検証はできない。家督相続以前に成人していたことは間違いなく、その際に房方の最初の官途にあたる左馬助を称した可能性はあるであろう。また民部大輔については、次に述べるように、死去時に嫡子房朝がわずか二歳であったことから、若くしての死去とみられるので、いまだ同官を称するような年齢には達していなかったとみられ、同官を称した可能性は低いと考えられる。それらの史料が同官を記しているのは、越後家の歴代官途を適用した結果ではないかと思われる。

上杉房朝

越後家朝方の嫡子。幼名は孝竜丸。「看聞日記」応永三十一年（一四二四）十一月十六日条（『越佐史料二』七六六頁）に、「前上杉子息〈四歳〉」とあるのが房朝にあたるととらえられ、これによれば同二十八年生まれであることがわかる。それより七ヶ月程早い、同年に推定される四月十五日付で足利義持が「修理大夫」に宛てた御内書写（「御古案集稿」[8]）で、「上杉孝竜」に頼方（「七郎」）に代えて越後国守護相続を安堵しているのが初見。これにより朝方の死後に、その家督を継いだのは弟頼方であったことがわかる。先の「看聞日記」でも当「上杉」が別にみえており、これが頼方にあたるととらえられる。[9] その十一月十六日、房朝は頼方のもとから、幕府管領畠山満家に保護されている。

上杉房朝花押

その後に越後国守護に任じられたとみられ、同三十二年二月九日付の家宰で越後国守護代の長尾性景（邦景）奉書に袖判を加えていることから（「居多神社文書」『越佐史料二』七六八頁）、それまでに元服したことが知られる。しかし、同三十三年から再び長尾性景の叛乱があった。[10] 房朝は同三十四年に推定される四月十三日付で長尾四郎左衛門尉に宛てた安堵状を出しているが、これが実名房朝に関する初見（「上杉文書」同前七七六頁）。仮名は五郎を称し、永享五年（一四三三）十一月二十七日がその初見（「満済准后日記」同日条）。その後、官途名左馬助を称すが、その初見は同十一年十月十日である（「白川文書」『越左史料二』八三八頁）。

上杉頼方

房方の次男。仮名七郎を称した。「上杉系図」には「法名山浦」と注記があり、そのため山内家分家の山浦家（房方弟憲重）を継承していた可能性が想定される。前項で触れたように、応永三十一年（一四二四）四月に房朝（孝竜丸）に越後国守護職相続が安堵されるに際し、前任者として「七郎」、すなわち頼方がみえていることから（前出「御古案集稿」）、同二十九年十月の兄朝方の死去により、家督を継承し、越後国守護に任じられたことが確認される。それゆえ、同三十年三月九日にみえる「越後守護上杉」は頼方に比定され（「満済准后日記」同日条〈『越佐史料二』七六〇頁〉）、これが史料上における初見になる。

しかし、同年に家宰で越後国守護代であった長尾性景（邦景）の叛乱があり、同三十一年四月に甥房朝への家督交替が幕府によって承認され（前出「御古案集稿」）、同年十一月二十六日に幕府管領畠山満家によって房朝を保護されてしまい、頼方は面目を失って没落したとされる（前出「看聞日記」）。この時点まで当「上杉」でみえているが、この後しばらくのうちに正式に守護職を改替されたとみられる。これは京都において、越後上杉氏の家督をめぐる紛争がみられたことを示しているととらえられる。

長尾性景との抗争では、在国する一族の上杉頼藤が主力となってすすめられたが、守護職交代後の動向は明確ではない。同三十三年からは、守護房朝方と性景方との抗争が展開されたが、そこでの頼方の動向も不明である。なお、内乱は同三十四年に性景方の勝利に帰している（「満済准后日記」同年十一月十二日条〈『越佐史料二』七七八頁〉）。その後、頼方については、正長二年（永享元年、一四二九）三月九日に、幕府に対して再度の赦免を申請しているのが知られ（同前同日条）、永享四年三月十八日に、実弟の関東管領山内憲実を通じて赦免が申請され、認

上杉清方花押１

上杉清方花押２

められている（同前同日条）。そして同月二十九日に、頼方に関して、高野山に参詣している長尾右京亮が帰還したら問い尋ねることがみえており（同前同日条）、これが頼方に関する終見になる。こうした状況から推測すると、頼方は守護職改替後は、房朝からも性景からも庇護されず、京都で没落状態にあったのかもしれない。

「上杉系図大概」には同年死去と記され、「深谷上杉系図」には「永享壬子（四）年二月逝去」と記されている。後者のように死去が二月であれば、憲実による赦免申請はその死後のことであり、長尾右京亮の高野山参詣もその供養のためであったとみることができるであろう。ちなみに「上杉系図」では死去を永享二年と記しているが、これは誤記・誤写ととらえられるであろう。

上杉清方

房方の四男。仮名十郎を称した。越後鵜河庄上条を所領としたため、上条家と称される。正長二年（永享元年、一四二九）二月二十三日に、越後上杉氏家宰で越後国守護代長尾性景からの要請により、在国して忠節を果たすようにという、将軍足利義教の御教書が出されたことが知られるのが初見（「満済准后日記」同日条〈『越佐史料二』七九〇頁〉）。仮名十郎でみえている。これは在京する甥房朝の代理として、越後国に下向するものであったとみられる。永享九年六月七日に、兵庫頭に補任されている（「薩戒記目録」同日条）。同十一年十一月頃に実兄の関東管領山内家憲実が隠遁するにともなって、その「名代」に就任し、鎌倉に下向することになる。[11]

上杉重方

房方の五男。仮名三郎を称した。「喜連川判鑑」応永二十九年（一四二二）八月条には、常陸小栗氏追討の大将として「三郎重方」と記されているが、正しくは扇谷家の三郎定頼であり、同仮名からきた誤記である。重方については「鎌倉持氏記」に、永享十年（一四三八）六月、足利持氏の嫡子義久の元服に際し、実兄の関東管領山内家憲実から持氏に、将軍足利義教に偏諱を申請する使者として、重方を派遣することを申し出ている。その後、元服祝儀に憲実は欠席、代理として重方が出仕したことがみえている。これについて当時の史料によって確認をとることはできないが、「上杉系図大概」には、「少壮時、与兄安房守憲実在鎌倉」と記されていることから、早くから実兄憲実のもとにあったことがうかがわれるので、それらのことも事実とみてよいと考えられる。この当時、山内家には一門が全く存在していなかったから、憲実は末弟の重方を自身を補佐する存在として呼び寄せたことがうかがわれる。

同十一年三月四日付で陸奥白川氏朝・小峯朝親が山内家家宰長尾芳伝に宛てた書状写（「皆川文書」憲実参考55）に、「上杉三郎殿への御返事」という注記があり、重方が山内家家宰を通じて白川氏に連絡をとっていることが知られ、また翌日付で篠川公方足利満直から「上杉三郎」宛で文書を与えられて、憲実への取り成しを依頼されており（「皆川文書」憲実参考56）、憲実を支える一門としての活動を明確に知ることができる。またそれらが、重方に関する文書史料における初見となっている。

〔庁鼻和家〕

上杉憲長

庁鼻和家初代憲英の嫡子憲光の長男。「上杉系図」では、仮名三郎、官途名蔵人を称したとする。父憲光についで明確な史料所見はない。憲長についても、文書・記録史料における所見はなく、「鎌倉大草紙」巻二（『新編埼玉県史資料編8』所収）などに所見があるにすぎない。そこでは「蔵人大夫憲長」で所見され、応永二十三年（一四一六）十月二日、犬懸上杉氏憲の叛乱に際し、関東管領山内家憲基のもとに馳せ参じている。同四日には持氏軍の一員として鎌倉無量寺口の守備にあたり、同六日に氏憲方と交戦していることがみえている。その後の動向は不明であり、「上杉系図」には某年九月二十四日の死去と伝えている。

なお、「庁鼻和天満大自在天神宮縁起」（「国済寺文書」『深谷上杉氏史料集』二七号）は、同社は明徳四年（一三九三）正月二日に「上杉三郎蔵人憲長」によって建立されたと記しているが、この時期は祖父憲英の活躍期にあたっているから、創建年代が正しければ建立者は憲英ととらえられ、「憲長」は誤記とみられるし、建立者が憲長であるならば、創建年代はもっと下るととらえられる。

上杉憲信

庁鼻和家憲光の次男で、憲長の弟。「上杉系図」では、仮名六郎・官途名武蔵守、「深谷上杉系図」では、仮名六郎・官途名右馬助を称したとする。このうち仮名以外は当時の史料にも所見がある。「鎌倉持氏記」に、永享十年（一四三八）八月十四日に、上野に下国する関東管領山内家憲実に従ったものの一人として、「同名（上杉）

庁鼻性順」があげられているのが、その動向が知られる最初である。同史料の人名記載は、必ずしも当時の表記に忠実とは限らないものの、これがこの時点での表記であったとすれば、すでに出家して法名性順を称していたことになろう。惣領家にあたる山内家に対して忠実な行動をとっている様子がみられる。

上杉憲国

庁鼻和家初代憲英の次男で、憲光の弟。「上杉系図」には「只懸、兵庫助」の注記がある。「只懸」は本拠所領の地名に由来する家号と推測されるが、同地の所在地は明らかではない。応永二十三年（一四一六）～同二十四年における上杉禅秀の乱、もしくはその後における禅秀与党の蜂起において、それらに与同し、鎌倉府に敵対したとみられる。同二十六年八月の武蔵国多西郡の恩田氏の叛乱について、「兵庫助憲国并禅秀同意」と記されており（「阿伎留神社文書」神五五九四）、憲国が禅秀の乱後に叛乱者扱いされていることからうかがわれる。しかし、叛乱の具体的動向は不明で、前年二十五年十二月二十五日には、関東で没落して上洛している（「康富記」同日条）。同二十六年と推定される四月九日付書状があり（「康富記紙背文書」）、これが発給文書としては唯一知られるものとなる。

上杉憲国花押

その後も在京が確認され、同二十七年九月四日には「上杉武庫（兵庫）入道」とみえるので、それまでに出家したことが知られる（「康富記」同日条）。法名は常誓を称した（「康富記」同三十年八月十六日条）。同三十年八月十六日、足利氏御一家の里見伊勢守とともに関東に下向している（同前）。ちょうどこの時期、足利持氏は京都扶持衆の常陸小栗氏・下野宇都宮氏追討を展開していたから、これに関わって、将軍足利義教の命をうけてのものであった可能性が高いとみられる。同年九月三十日、憲国からの使者が上洛しており、憲国自身は信濃に在国していることが知られる（同前同日条）。そして正長二年（永享元年、一四二九）八月十五日には在京しており、将軍足利義教に拝謁しているから（同前同日条）、その間に関東から再び上洛したことが知られる。そして、これが憲国の動静が知られる最後であり、その後の動向などは不明である。

［犬懸家］

上杉朝宗

憲藤の次男で、犬懸家の初代。建武四年（一三三七）生まれで、応永十六年（一四〇九）には七十三歳。同十三年十二月が史料上の終見であり、同十五年七月から十二月にかけての鎌倉御所新造については、嫡子氏憲が造進奉行を務めていることをみると（「鎌倉大日記」増補続史料大成本二三四頁）、それ以前に隠遁し、家督を氏憲に譲っていたともみられる。隠遁後は、所領の上総国長柄山胎蔵寺に居住したといい、同二十一年もしくは同二十二年八月二十五日に死去した（「上杉系図大概」）。享年は七十八もしくは七十九。

上杉氏憲

犬懸家朝宗の嫡子。犬懸家の当主で、官途名は右衛門佐、上総国守護を務めていた。妻は甲斐国守護武田信満の娘（「鎌倉大草紙」）。応永十七年（一四一〇）十月十一日には関東管領に在任している（「神田孝平氏旧蔵文書」

神五四三〇）。前任者の山内家憲定の同職についての終見である同年七月二十八日から（「鶴岡神主家伝文書」神五四二八）、同日までの間に同職を交替し、就任したとみられる。また、そこでは「沙弥」と署名しているので、それまでに出家して、法名禅秀を称したことが知られる。関東管領職兼帯の武蔵国守護職については、同十九年七月五日に確認される（「鶴岡等覚相承両院蔵文書」『新編埼玉県史資料編5』六七三号）。

関東管領職に関する明確な徴証は、同二十一年十二月十五日が終見であるが（「円覚寺文書」神五四七九）、「喜連川判鑑」によれば同二十三年五月二日に同職を辞職したとされる。同年十月二日に足利持氏の叔父満隆・弟持仲を擁して叛乱、いわゆる上杉禅秀の乱を起こした。しかし幕府・持氏方に敗北し、同二十四年正月十日に自害した。

なお「上杉系図大概」では、氏憲の子女として、憲方・憲春・持房（持憲）・憲秋・教朝・禅金（建長寺同契庵主。他系図では「禅欽」「禅瑾」とも）・快尊（鶴岡八幡宮別当）・岩松礼部（家純）母の七男一女をあげ、長男憲方・次男持房・三男憲秋・四男教朝としている。しかし同史料にもあるように、憲方・憲春・快尊・禅金が氏憲とともに自害していること、それに対して憲秋・教朝は、その際はまだ元服前の年齢であったとみられるから、快尊・禅金は憲秋・教朝よりも年長であったととらえられる。また「上杉系図」などでは、氏憲の女子として、那須資之妻・岩松治部大輔（満純）妻・千葉兼胤妻の三人があげられている。このうち後二者については、「鎌倉大草紙」にも記載がみられている。

上杉氏顕

犬懸家朝宗の三男で、氏憲の弟。「上杉系図」では、官途名修理亮を称したとする。実名のうち氏字は、兄氏憲と同じく、足利氏満の偏諱とみられる。当時の文書・記録史料における所見はなく、わずかに「鎌倉大草紙」巻二に、応永二十三年（一四一六）十月四日の兄氏憲と足利持氏方との鎌倉をめぐる攻防に際して、氏憲の手勢として「舎弟修理亮」と挙げられているのが、ほぼ唯一の史料所見といえる。同史料においてもその後の所見はないが、同二十四年正月十日に兄氏憲と同時に自害した可能性が高いとみられる。

上杉憲方

犬懸家氏憲の長男。応永二十四年（一四一七）正月十日に十九歳で自害したというから（「上杉系図大概」）、同五年の生まれである。母は武田氏で、受領名伊予守を称したとされる（同前）。実名について「喜連川判鑑」などは「憲盛」とし、通称について「上杉系図」などは「修理大夫」、「浅羽本上杉系図」（『続群書類従』巻一五四）などは「修理亮」を追加しているが、「上杉系図大概」「上杉本上杉系図」などにあるように、実名は憲方、通称は伊予守とみるのが適当と思われる。「鎌倉大草紙」巻二などに、上杉禅秀の乱において父氏憲に従って戦い、同二十四年正月十日に同時に自害したことがみえている。前年十二月二十五日の武蔵入間川における合戦の際に「御敵伊予守」とみえており、憲方がこの時の氏憲方の大将の地位にあったことが知られる（「豊島宮城文書」神五五〇四）。またこれが、憲方に関する当時の史料所見として唯一のものになる。

上杉憲春

犬懸家氏憲の次男、憲方の弟。「上杉系図」では、仮名五郎を称したといい、「父同自害」の注記がある。なお同じ「上杉系図」には、父氏憲の弟としてもあげられ、「早世」の注記があるが、これは混同の結果による誤伝ではなかろうか。また「深谷上杉系図」では、「憲基猶子」の注記がある。この所伝は他史料にはみられないが、事実とすれば、山内家憲基は、犬懸家氏憲の次男を養子に迎えていたことになり、興味深い所伝となる。憲春についても当時の文書・記録史料における所見はなく、「鎌倉大草紙」巻二などに、上杉禅秀の乱において父氏憲に従って戦い、同二十四年（一四一七）正月十日に同時に自害したことがみえている。

上杉憲秋

犬懸家氏憲の六男とみられる。応永二十四年（一四一七）の上杉禅秀の乱後、難を遁れて京都に逃れたという（「上杉系図大概」）。なお、「上杉系図」などは実名を「憲顕」と表記しているが、「上杉系図大概」にしたがって「憲秋」を採用しておきたい。また「鎌倉大草紙」巻二は、氏憲の嫡男とし、禅秀の乱にも参加したように記しているが、氏憲の嫡男は当時の史料からみて憲方とみて間違いなく、憲秋は当時元服前の存在と推定されるから、同乱への参加はありえない。氏憲の嫡男とするのは、その後に憲秋が犬懸家の嫡流に位置したことからくる誤解ととらえられる。

「上杉系図大概」には、父氏憲の七回忌に際して、すなわち同三十年に将軍足利義持から赦免をうけたとされる。この時に元服したものであろう。同年八月九日、義持は足利持氏討伐のために、足利氏御一家桃井氏と「上杉五郎」

に武家御旗を与え、関東に向けて派遣している。この「上杉五郎」が憲秋にあたり[12]、当時の史料における初見になるとともに、仮名五郎を称したことが確認される（「大館記」『ビブリア』八〇号五八頁）。同月十八日付の足利義持御内書には、伊豆国に進軍したことがみえている（「足利将軍御内書并奉書留」『群馬県史資料編7』一四〇一号）。同十九日付の管領畠山道端（満家）書状にも、伊豆国への進軍がみえている（「小笠原文書」同前一四〇三号）。「上杉系図大概」には、この時のことについて、関東に向けて進軍し、駿河国沼津、同千本松原、伊豆国三島において持氏方と合戦し、勝利して、「豆州・相州両代官」を討ち取って、帰京したと記している。なお「喜連川判鑑」は、これを前年の同二十九年のことと記しているが、誤りである。

同三十一年になって、幕府と足利持氏の和睦交渉がすすめられるが、それに関して「喜連川判鑑」には、その際に持氏は、「憲秋・教朝」を抱えていることを問題にし、知行の召し放ちを要求したことがみえている。このことを他の史料によって検証することはできないが、可能性は認められる。ただし弟教朝は、次にみるようにいまだ元服前であったから、ここで問題にされることは考えられない。その部分は誤りである。

上杉教朝

犬懸家氏憲の七男とみられる。母は武田氏。寛正二年（一四六一）に五十四歳で死去したとみられるので（「御内書案」〈『続群書類従』第二三輯三〇四頁〉、「上杉系図大概」）、応永五年（一三九八）生まれ。「上杉系図大概」によれば、幼少時に常陸大掾氏の養子になっていたが、同二十三年の上杉禅秀の乱の際に、日峯朝和尚に携えられて京都に難を遁れ、その嗣子として出家していたようだが、将軍足利義教の命によって還俗させられたという。実名の教字は足利義教の偏諱ととらえられる。義教が同名を称したのは正長二年（永享元年、一四二九）のことであったから、教朝の元服はそれ以降のことであったと推測される。同年としても教朝は三十二歳であったから、それまで出家していたのは事実の可能性が高い。また「喜連川判鑑」では、応永二十九年（実際は同三十年）に兄憲秋とともに関東に下向したように記し、同三十一年に幕府と足利持氏の和睦交渉の際に、持氏が憲秋・教朝の知行召し放ちを要求したように記しているが、教朝はいまだ元服前であったから、そのような場面に登場することはありえず、誤りである。

永享十年八月二十二日、永享の乱に際して、足利義教から武家御旗を与えられ、幕府軍大将の一人として関東に派遣された。幕府管領細川持之は、常陸小田氏一族にそのことを伝え、篠川公方足利満直の軍勢に加わるよう要請している（「真壁文書」神五九四〇）。ここで「上杉治部少輔」とみえ、官途名治部少輔が確認される。同月二十八日にも、細川持之は常陸小栗氏に対し、味方に参じるよう要請しており、その写本には「上杉治部少輔下向時」と注記されている（「古文書」神五九四三）。この時、教朝は「上杉系図大概」によれば、実兄持房が東海道を下向したのに対し、「自北地赴東奥、促諸軍勢」とあって、北陸道から陸奥国に入って、幕府方への参陣を募ったことがみえている。これは、教朝の下向を伝えられた常陸小田氏が、篠川公方の軍勢への参加を求められ、また常陸小栗氏にも教朝の下向にともなって参陣が求められていることに対応している。教朝は陸奥国に下り、篠川公方に合流して、鎌倉への侵攻をすすめる役割を担っていたことがうかがわれる。

[四条家]

上杉持憲（持房）

四条家氏朝の養子で、実はその兄犬懸家氏憲の三男。母は武田氏。生年は明らかではないが、「上杉系図大概」などには、六歳で在京したとある。おそらく叔父氏朝の養子になったことにともなうものであろう。「上杉系図」などでは、仮名三郎を称したとする。官途名は中務少輔を称した。実名のうち持字は、将軍足利義持の偏諱とらえられる。「鎌倉大草紙」巻二では、応永二十三年（一四一六）の上杉禅秀の乱の際に、氏憲に代わって足利持氏に出仕したことがみえているが、在京していたとみられること、その後の同乱における動向が確認されないことから、これは疑わしい。

応永三十二年十二月二十六日付で幕府管領畠山満家から丹波国守護細川満元に宛てた奉書に、「上杉中務少輔持兼」の名がみえているのが確実な初見（「萩藩譜録河野六郎通古」『福知山市史史料編一』一二一八号）。官途名中務少輔が確認される。実名は「持兼」とあるが、これは「持憲」の誤記とみられる。「上杉本上杉系図」にも同名で記載されているから、初め実名は持憲を称したと考えられる。おそらく後に持房に改名されたものと推測される。さらにこれにより、丹波国和久庄に所領があったことも知られる。次いで正長元年（一四二八）六月二日、何らかの訴訟のため満済を訪れている（「満済准后日記」同日条）。京都での活動は、永享二年（一四三〇）十二月二十九日まで確認される（同前同日条）。その後は「満済准后日記」における所見はなくなり、代わって子教房のみがみえていることから、幕府への参上は子教房のみが行っているように思われる。

同十年八月、永享の乱の展開にともなって、幕府から武家御旗を与えられ、幕府軍の大将の一人として関東に下向した。同年八月付で、江戸駿河守に対し「綸旨」と武家御旗警固を務める忠節を求め、署名に「右京大夫持房」とある書状写があるが（「喜多見系図」『東京都古代中世古文書金石文集成』五九七号）、「右京大夫」は「中務少輔」の誤記とみられ、これは持房によるものと推定される。また、ここで実名持房が確認される。十月には相模国高麗寺に陣取りしている（「鎌倉持氏記」）。この時、持房は東海道を下向したという（「上杉系図大概」）。同乱におけるその後の動向はみられないが、「上杉系図大概」には、足利持氏滅亡後に在京したことが記されている。そして同十二年の結城合戦に際して、再び関東に下向してくることになる。

上杉教房

四条家持憲（持房）の子。仮名は四郎を称したとみられる。官途名は中務少輔を称した。実名のうち教字は、将軍足利義教の偏諱ととらえられる。永享二年（一四三〇）一月七日に、持房とともにみえる「四郎」は、教房にあたると推定され（「満済准后日記」同日条）、そうであればこれが史料初見であり、また仮名四郎を称していたことが確認される。以後、「満済准后日記」の同年十二月二十九日条、同四年一月二十五日条、同五年一月四日条、同六年一月八日条、同年七月十一日条にみえる「四郎」は、いずれも教房にあたるとみられる。同四年以降は、幕府への参上は教房のみがみえている。

［扇谷家］

上杉氏定

扇谷家顕定の養子で、実はその兄小山田家頼顕の子。官途名弾正少弼を称した。応安七年（一三七四）もしくは永和元年（一三七五）生まれで、応永十六年（一四〇九）には三十六歳もしくは三十五歳。同二十二年十一月二十二日に、菩提寺の扇谷海蔵寺に鐘を寄進しており、そこでは「沙弥常継」でみえる（「新編相模国風土記稿」扇谷4）[13]。それまでに出家して、法名常継を称したことが知られる。同二十三年十月二日の上杉禅秀の乱勃発にあたり、足利持氏方に与し、同四日、嫡子持定とともに扇谷に陣取った。しかし同六日の合戦で重傷を負って後退し、同八日に藤沢道場（遊行寺）に入って自害した。享年四十三もしくは四十二。なお、娘が駿河国守護今川範政（母は中務大輔朝顕の娘）の妻になっていることが知られる[14]（「満済准后日記」永享四年三月二十九日条）。

上杉朝広

扇谷家顕定の養子で、実は駿河国守護今川泰範の子、範政の弟。母は顕定の義兄中務大輔朝顕の娘亀寿御前（「上杉系図」）。官途名式部大夫を称したとされる。同官途は顕定の前官途にあたる。「上杉系図大概」では、犬懸家朝宗（顕定の養女婿、氏定の実姉妹婿）の計らいによって上杉名字が認められたとある。当時の文書・記録史料における所見はないが、「今川瀬名家記」所収「上杉扇谷系図」には、「在鎌倉、禅秀乱時」と注記があるので、義兄氏定とともに自害したとみられる。

なお、その子に氏定の養子に入った尊運があり、「鶴岡八幡宮寺社務職次第」（『神道体系　神社編鶴岡』所収）に、「実上杉式部大夫朝広子」と記されている。尊運は第二十三代鶴岡八幡宮寺別当になった人物で、永享三年（一四三一）八月二十六日、三十三歳の死去というから、応永六年生まれであった。また尊運とは別に、「今川系図」などでは、子として式部丞氏広（「今川瀬名家記」は「朝憲」とする）をあげている。彼は嘉吉元年（一四四一）四月十六日の結城合戦で足利方として戦死している（「結城合戦首注文写」）。朝広の子は上杉名字を継承せず、今川名字に復していたことがうかがわれる。

上杉持定

扇谷家氏定の嫡子。応永二十六年（一四一九）五月一日に十八歳もしくは十九歳で死去したというから（「上杉系図」）、同八年もしくは同九年生まれ。同二十三年十月二日、上杉禅秀の乱の勃発に際し、父氏定は父子で軍事行動していることが伝えられている（「鎌倉大草紙」巻二）。持定は同年には十六歳ないし十五歳にあたるから、乱以前に元服していたとみてよいであろう。実名の持字は足利持氏の偏諱とみられる。十月六日の合戦で父氏定が重傷を負って鎌倉から後退した際に、持定も避難し、同八日の氏定の自害の後、家督を継承したとみられる。

同二十五年四月二十九日、足利持氏は禅秀与党の上野岩松氏追討のため、持定を大将に任じている（「三島明神社文書」神五五六三）。ここで「治部少輔持定」とみえ、官途名治部少輔と実名持定が確認される。同二十六年と推定される正月三十日付で被官恒岡源左衛門尉に対し、上総国本一揆討伐の奉書が出され、「国中」に通達されたこと、「府中」で参陣軍勢の着到を付け、国境を守備することを伝えている（「常陸誌料雑記五一」扇谷5）。これは持定の発給文書としては唯一になる。ここでの「国中」「府中」がどの国のことを指しているのか明確ではないが、文面通りにとれば上総国と理解される。[15] 軍勢の着到を付けるのは、守護か大将であるから、持定はいずれかの役割にあったとみることができるであろう。

同年五月一日に死去したとみられるが、同年八月九日付の中浦顕宗書状写（「網野文書」『東京都古代中世古文書金石文集成』五三一号）には、禅秀与党の恩田氏追討の御教書が出され、持定が大将として派遣された旨がみえている。この派遣は持定生前のこととみられるから、持定の忌日に誤りがあるか、中浦顕宗書状写の内容は過去を述べたものか、いずれかと考えられる。

持定は若年ながら、持氏から数度におよんで追討の大将に任じられるなど、極めて重用された様子がうかがわれる。さらに上総国については守護に任じられた可能性も想定される。これらの役割は、持定が若年であったことからすると、その能力によるとは考えられないから、持氏による意図的な扇谷家の政治的役割の引き上げによるととらえられる。上杉禅秀の乱以前において、このような役割は犬懸家が果たしていたことからすると、犬懸家の没落をうけて、持氏はそれに代わる存在として扇谷家を位置付けようとしたことがうかがわれる。

上杉定頼

持定の死後、扇谷家の名代を務めた（「上杉本上杉系図」など）。実は氏定の実兄小山田家定重の子。持定・持朝には従兄弟にあたる。仮名三郎を称した。なお、「上杉系図」では官途名左馬助を注記しているが、当時の史料では確認されない。応永二十六年（一四一九）の持定死去後、その弟持朝が幼少のため、扇谷家の名代を務めたととらえられる。同二十七年十二月二十一日に、上総国における所領沙汰付を命じられているのが初見（「浄光明寺文書」神五六二八）。これは守護の役割であったから、定頼は守護もしくはそれに類似する地位にあったことがわかる。

同二十八年七月二十六日に、扇谷家被官恒岡源左衛門尉に安房国で所領を充行っている（「常陸誌料雑記五一」扇谷6）。これが発給文書の初見になるとともに、扇谷家被官に所領充行をしていることから、定頼が扇谷家当主の地位にあったことがわかる。また、安房国で所領を充行っているから、同国守護の地位にあった可能性も想定される。この点に関しては、同三十年十二月八日に、安房国における所領沙汰付を命じられているから（「極楽寺文書」神五七〇〇）、その可能性は高いと考えられる。また同二十八年十二月三日に、鎌倉府政所執事二階堂行崇に鎌倉浄光明寺領への公事賦課減免を要請しており（「浄光明寺文書」扇谷7）、これについて定頼を相模国守護ととらえる見方もある。ただし、これは寺院からの依頼によるものであるから、これだけから守護であったとみるのは難しいであろう。

同二十九年六月十三日、足利持氏から常陸小栗満重追討の大将に任じられ、派遣されている（「松平基則氏所蔵文書」神五六四九）。正長二年（永享元年、一四二九）六月十一日には、持氏から常陸佐竹山入祐義追討の大将に任じられ、派遣されている（「石川文書」神五九〇六）。そして同追討に関わる、七月二十二日付足利持氏書状（「石川文書」神五八三〇）が史料上の終見になる。定頼も、前代持定に引き続いて数度にわたって大将を務め、さらには安房国では守護職にあり、上総国についても守護職もしくはそれに類似する地位を与えられており、極めて重用されている。とくに守護職については、上杉氏一族のなかでは、山内家・越後家・犬懸家にのみ与えられていたから、ここからも扇

上杉定頼花押

谷家が、犬懸家に代わる存在として取立をうけていた状況を認識することができる。

なお定頼について、その後の動向は不明であるが、ちょうどその年に持朝の元服が想定されるから、それにともない名代から退いて、小山田家当主に戻ったことが想定される。(16)

上：上杉持朝花押１
下：上杉持朝花押２

上杉持朝

扇谷家氏定の次男で、持定の弟。応仁元年（一四六七）九月七日に五十三歳で死去したから（「玉隠和尚語録」『北区史資料編古代中世２』一三一～四頁）、応永二十二年（一四一五）生まれ。兄持定の十四歳もしくは十三歳年少にあたる。「上杉系図」の多くは持定の子に位置付けているが、「浅羽本上杉系図」には「実持定弟」と注記がある。「深谷上杉系図」では、幼名竹寿丸・仮名三郎を注記しているが、当時の史料では確認できない。兄持定死去時、わずか五歳であったため、従兄の小山田家定頼が扇谷家名代を務めた。持朝の元服時期は明らかではないが、十五歳のこととすれば永享元年（一四二九）にあたり、これにともない家督を継いだと考えられる。実名のうち持字は足利持氏の偏諱ととらえられる。

持朝についての初見は、同五年八月十八日に所領武蔵国久良岐郡日野郷の徳恩寺の造営であり、その棟札に「藤原朝臣持朝　花押」の署名がある（「日野春日神社所蔵」扇谷13）。これによって実名持朝が確認される。次いで同八年九月、鎌倉覚園寺に壁書を与えており（「覚園寺文書」扇谷14）、官途名弾正少弼が確認される。同十年八月十四日、山内家憲実が足利持氏との政治対立から鎌倉を退去し、上野に下国する際、持朝はそれに同行し、両者の政治対立において明確に憲実に味方する立場をとった。以後の永享の乱においては、憲実方の有力者の一人として活動し、同十一年二月十日、持氏に自害を促す際にもそれにあたっている（「鎌倉持氏記」）。その直前の同月一日、京都地蔵院に対して相模国・上総国における所領沙汰付を保証しており（「宝菩提院文書」扇谷15）、このことから乱後、持朝は相模・上総両国守護、もしくはそれに類似する役割を担っている。

同年六月に山内家憲実が自殺未遂により重傷を負い、快復後も政務をほとんどとらず、同年十一月末には隠遁すると、同年十二月四日に幕府から官途名修理大夫に任じられている（「薩戒記目録」同日条）。同官途は、幕府重臣に与えられる官途であったから、これは憲実隠遁により関東管領不在となった鎌倉府において、持朝を事実上の首班にすえるものであったととらえられている(17)。

［八条家］

上杉満朝

中務大輔朝顕（朝憲）の子で、仮名三郎。永和四年（一三七八）に唯一の所見があり（「上杉文書」『南北朝遺文関東編』三八九七号）、この時期における所見はない。父朝顕の時から、鎌倉に在住していたとみられる。「上杉本上杉系図」には、「八条、修理亮」の注記があり、京都八条に居住し、官途名修理亮を称したことがうかがわれる。その際に注目されるのが、「鎌倉大草紙」巻二にみえる「上杉修理大夫」である。応永二十三年（一四一六）十月二日、犬懸家氏憲らの蜂起をいち早く山内家憲基に伝えている人物としてみえている。しかしこの時期、上杉氏一族で修理大夫という高い官途を称する人物は存在しない。そうすると、修理大夫は何らかの要因による誤記とみて、正しくは修理亮の可能性が想定され、そうであればこれは同官途を伝えられている満朝にあたることが考えられる。満朝の生年は不明だが、康安年間（一三六一～六二）頃と推定されるので、[18]この時には六十歳に達していないから、可能性は認められよう。もしそうであれば、満朝はこの時まで鎌倉に在住しており、乱後に上洛して、京都八条に居住して、八条家を称するようになったことになる。

上杉満定

八条家満朝の嫡子。「上杉系図大概」では官途名「兵庫頭・中務大輔」としているが、このうち兵庫頭についての所見はない。「満済准后日記」応永三十一年（一四二四）八月二十八日条に、「上杉八条」とみえているのが初見と思われる。同正長二年（永享元年、一四二九）八月六日条には「上杉中務大輔」とみえ、官途名中務大輔が確認される。同永享四年二月一日条に、所領の越後国鵜河庄三分一について安堵の御教書を与えられたこと、同月三日条に、越後国守護上杉房朝の一族上杉頼藤との間で同地の領有をめぐって相論になっていたことがみえている。同地は、父満朝の代からの所領であった（「上杉文書」『南北朝遺文関東編』三八九七号）。応永三十年から展開された越後国の内乱において、守護方に押領されていたことがうかがわれる。しかし、越後上杉氏からの所領引き渡しは行われず、同五年六月一一日条にも、その旨がみえている。なお「満済准后日記」には、同六年十二月二十五日条まで所見がある。また、「永享以来御番帳」（『群書類従第八輯』所収）のうち、この間の同三年頃のものと推定されている部分に、御相伴衆としてあげられており、幕府において高い家格が認められていたことが知られる。

［長尾家］

上杉氏春

長尾家兵庫助入道の子。「上杉系図」では、官途名兵庫助を称し、「武州守護代」と注記する。実名のうち氏字は、世代から推測して、足利氏満の偏諱ととらえられる。当時の文書・記録史料における所見はなく、わずかに「鎌倉大草紙」巻二に、応永二十四年（一四一七）正月十日に犬懸家氏憲に従って、同時に自害したものとして、「武蔵守護代兵庫助氏春」とあげられている。ただし、「上杉本上杉系図」「上杉系図大概」「深谷上杉系図」には、武蔵国守護代に関する注記はみられていない。実際にもその徴証は得られないから、同注記は父兵庫助入道との混同によるか、その後継者であったため、同様の注記が適用されたものととらえられる。氏春の子孫は確認されないので、長尾家はその死去により断絶したととらえられる。

［三宝寺（三峯寺）家］

上杉憲元

宅間家重兼の次男憲清の長男で、榎下家憲直の兄か。実名については、「上杉系図」「浅羽本上杉系図」などにより、「上杉本上杉系図」「深谷上杉系図」には、父憲清ともども記載がない。「上杉本上杉系図」では、父について「三本寺、掃部助」、憲元について長男に位置付け、「兵部少輔・助二郎」と注記し、「深谷上杉系図」では、父について「三峯寺、掃部助、越州住」、憲元について「助三郎」と注記している。ただし、その弟にも同仮名が記されている。「上杉本上杉系図」では、その弟に同仮名を記して憲元の助二郎とは区別されていることから、これは単なる誤記ととらえてよいであろう。これらに対し、「上杉系図」「浅羽本上杉系図」では、父憲清について「掃部助・武蔵国司、武州榎下住」、憲元について憲直の弟に位置付け、「助二郎・兵部少輔、号三宝寺」と注記している。このように両種の系図間では、父に関する注記内容と、兄弟順に大きな違いがみられている。系図史料としては、前者のほうが良質ととらえられるから、ここでは前者の内容を基本的に採用して理解することにしたい。

それらによれば、父憲清は、越後三宝寺を所領として同地に居住し、同地名を家号として三宝寺家を号したことがうかがわれる。「上杉系図大概」でも、その父重兼について「山本寺殿先祖」とある。ちなみに「山本寺」は、三宝寺・三峯寺からの改称といわれている。したがって後者の系図類が記すような、武蔵榎下への居住、「武蔵国司」（武蔵守）を称したというのは、前者は子憲直の事蹟を遡らせたもの、後者は別人との混同などによる誤記ととらえておくのが妥当と思われる。憲元はその嫡子で、仮名は助二郎を称し、後に官途名兵部少輔を称したことがうかがわれる。

当時の文書・記録史料における所見はなく、わずかに「鎌倉大草紙」巻二に、応永二十三年（一四一六）十月六日の上杉禅秀の乱における合戦で、足利持氏方が敗北し、持氏・関東管領山内家憲基が駿河に逃避するなか、相模小田原で禅秀方の攻撃をうけた際に、戦死した者として「兵部大輔憲元父子」があげられており、これが三宝寺家の憲元に該当するとみられる。これによれば憲元は、同乱においては持氏方にあったことが知られる。なおその子については、「上杉本上杉系図」「深谷上杉系図」では、実名を不明とし、官途名掃部助を注記しているが、「上杉系図」などは、実名憲貞、官途名左京亮と記しており、ここでも両者間には記載内容に大きな相違がみられている。他史料によって検証することもできないので、事実は不明という他はない。

上杉修理

応永三十年（一四二三）に、越後上杉氏家宰で越後国守護代の長尾性景（邦景）が、守護頼方に対して叛乱を起こした際に、大将として擁立されたものとして「三宝寺匠作（修理）」としてみえるのが、唯一の所見（「和田房資記録」『越佐史料二』七六三頁）。長尾性景が大将として擁立していることから、家宰長尾氏よりも家格が高い存在であること、「三宝寺」の家号は上杉氏一族のものであるから、三宝寺上杉氏の一族とみて間違いない。官途名は「匠作」とのみあるので、正確には不明だが、修理亮の可能性が高いとみられる。

しかし現存の系図史料には、三宝寺家の部分に修理亮の官途を称した人物の記載はなく、そのためその系譜的位置は不明である。ただし世代的には、憲元の弟か子もしくは甥にあたる可能性が想定される。

［榎下家］

上杉憲直

三宝寺家憲清の三男で、三宝寺家憲元の弟か（「上杉系図大概」）。「上杉系図大概」などには、「掃部助・淡路守・陸奥守、評定奉行・鶴岡惣奉行」と注記されている。「上杉系図」などでは、父憲清について武蔵国小机保榎下に居住したことが記されているが、憲清は三宝寺家のままであったと想定されるので、榎下に居住したのは憲直からの可能性が高いとみられる。「上杉系図」などには、嫡子憲家の母、すなわち憲直の妻として「一色宮内少輔女」があげられている。そこには憲直の娘に「一色刑部室」があげられ、この「一色刑部」は足利持氏の御一家で重臣の一色持家に比定されるから、憲直の岳父にあたる「一色宮内少輔」は、一色持家よりも二世代前、すなわち祖父の世代にあたる人物になる。持家の父長兼の父氏兼に官途名宮内少輔が伝えられているから、憲直の岳父はこの一色氏兼に比定できるであろう[19]。

受領名淡路守に注目すると、上杉禅秀の乱後の応永二十四年（一四一七）二月に、氏憲方であった甲斐国守護武田信満追討の大将として「上杉淡路守憲家」が「鎌倉大草紙」巻二にみえ、次いで同二十九年閏十月三日に常陸佐竹山入氏追討の大将として「上杉淡路守」（「鎌倉大日記」前掲刊本二三七頁）、同三十二年八月十六日に甲斐武田信長追討の大将として「上杉淡路守」（同前二三八頁）がみえていることが注意される。これらの淡路守について、「鎌倉大草紙」は憲家にあて、「喜連川判鑑」は房実にあてている。憲家は次にみるように憲直の嫡子憲重の別名で、同じく淡路守を称していたが、応永年代から大将に任じられるほどの年齢にはないと考えられる。また、房実は上条家清方の三男であり、いまだ誕生すらしていない存在である。むしろこれらの淡路守は、憲直に比定するのが妥当と考えられる。憲直について、各系図史料が一様に同受領名を伝えていること、憲直が後に足利持氏の側近的重臣として存在したことからすると、そのように理解されるであろう。

その後、永享五年（一四三三）三月二十三日には、鶴岡八幡宮に五部大乗経を奉納し、その奥書に「惣奉行前陸奥守憲直」と記載されている（「鶴岡八幡宮文書」『鎌倉市史史料編第一』八三号）。これにより実名憲直が確認され、それまでに受領名陸奥守を称したことが知られる。なお、翌六年三月十八日付で足利持氏が鶴岡八幡宮に捧げた血書願文において（「鶴岡八幡宮文書」神五八九二）、奉行としてみえる「上杉左衛門大夫」について、これまで憲直に比定されることがあったが、すでに憲直は陸奥守を称しているから、別人ととらえるのが妥当である。その役割の継承ということを想定すると、嫡子憲重にあたる可能性が高いとみられる。

同九年四月、持氏が信濃村上氏追討を図り、憲直が大将に任じられている。これを契機にして持氏と関東管領山内家憲実の政治対立が展開し、憲直とその義兄弟一色直兼（氏兼の子）は、憲実から讒臣に指定され、憲直・憲重父子は六月十五日に失脚して鎌倉を出て、藤沢に退去している（「鎌倉持氏記」）。このように、持氏と憲実の政治対立の展開にあたって、憲直は持氏側近の重臣として存在しており、それゆえに対立する憲実から排除の対象になっていたことが知られる。翌年に勃発した永享の乱においても、一軍の大将に任じられ、九月に駿河から相模に侵攻する幕府・憲実方迎撃のため派遣されている（「鎌倉持氏記」）。しかし、同月二十七日の相模小田原などにおける合戦で敗北（「足利将軍御内書并奉書留」神五九五五）、持氏のもとに帰還した。そして持氏が憲実に降参し、武蔵金沢に送られると、憲直父子もそれに従い、十一月七日に憲実方の攻撃により自害した。

なお湯山学氏は、応永十七年六月一日付（常陸国田中庄）強清水小田宿城内宛の充行状（「沼尻文書」『茨城県史料中世編Ⅰ』三八七頁）の発給者「憲直」について、この憲直にあてる見方を示している。[20] しかし、上杉憲直の花押形は確認されていないため、その当否を問うことはできない。

上杉憲重

榎下家憲直の嫡子。前項でみたように母は一色氏兼の娘。「上杉系図」などでは、実名を憲家、官途名掃部助と伝えているが、「上杉系図大概」「深谷上杉系図」では、実名を憲重とし、官途名掃部助・受領名淡路守と注記している。憲直の嫡子が淡路守であったことは、「喜連川判鑑」にもみえているから、事実ととらえられ、それゆえ同受領名を伝えている「上杉系図大概」などに従い、ここでは実名憲重を採用することにしたい。前項で触れた、永享六年（一四三四）三月の足利持氏の血書願文にみえる「上杉左衛門大夫」が、憲重のことであれば、これが文書史料における唯一の所見になる。またそうであれば、初め官途名左衛門大夫を称していたことになる。その他には、文書・記録史料における所見はなく、「鎌倉持氏記」などに、同九年六月から展開された、足利持氏と山内家憲実の政治抗争においては、基本的に憲直と行をともにしており、同十年十一月七日に憲直とともに自害したことが記されている。

上杉持成

榎下家憲直の次男、憲重の弟。「上杉系図」では仮名小五郎と伝えている。実名のうち持字は、足利持氏の偏諱とみられる。当時の文書・記録史料における所見はないが、「鎌倉持氏記」「鎌倉大草紙」巻二に、永享十年（一四三八）十一月七日に、父憲直・兄憲重が自害した際、持成は鎌倉山内徳泉寺に籠居させられており、父兄の自害を聞いて、自らも自害したことが記されている。なお「鎌倉持氏記」では、仮名を単に「五郎」とのみしている。

［不明］

上杉大蔵少輔

「喜連川判鑑」応永十七年（一四一〇）十二月条に、足利持氏の元服にあたって、将軍足利義持の偏諱を申請するため、上洛した使者として「上杉大蔵少輔重藤」があげられている。しかし、この人物については他見がなく、実態は不明である。官途大蔵少輔、実名重藤に注目すると、上杉頼重の長男重顕の子に「大蔵権大輔（正しくは権少輔）重藤」が存在しているが、世代が合わず、かつ応安四年（一三七一）に死去している[21]。その後において、官途大蔵大輔もしくは大蔵少輔を称した上杉氏一族の存在は確認されていないので、別人との混同の可能性も想定される。あるいは同官途を称した、その子孫が存在していたとも考えられるが、いずれにしろ詳細は不明である。

上杉頼藤

応永三十年（一四二三）に、越後上杉氏家宰で越後国守護代の長尾性景（邦景）による、守護頼方に対する叛乱において、越後において守護方の大将として長尾性景に対抗した存在である。「和田房資記録」に「上杉兵部頼藤」と記されているのが初見（『越佐史料二』七六三頁）。同三十一年十一月に頼方が京都で没落し、守護職が房朝に交替された後も、引き続いて守護方として存在したらしく、同三十三年から性景による再度の叛乱がみられると、守護方の大将として性景に対抗している。同年七月十九日には味方の越後国人和田房資に対して、忠節に報いるため闕所地所領の充行を行っている（「中条文書」同前七七二頁）。なお、これが頼藤

上杉頼藤花押

についての唯一の発給文書になる。同年十一月十七日、幕府では越後国における「上杉兵部大輔」の戦況が劣勢であることが問題にされている（「満済准后日記」同日条）。これにより、その官途が兵部大輔であったことが確認される。しかし内乱は、同三十四年十一月十二日には性景の勝利に帰し（同前同日条〈『越佐史料二』七七八頁〉）、性景の政治的地位も幕府から承認された。

その後は、越後での支配権を確立した長尾性景との間で、越後における所領の確保が課題となっている。永享三年（一四三一）六月六日、「上杉兵部大輔」の所領について、長尾性景が保障しない事態が生じている（同前同日条）。おそらく内乱の過程で、性景方に押領された頼藤の所領があり、それについて還付が行われない事態がみられていたのであろう。この問題はその後、どのように決着したのかは明らかにならない。同四年二月三日に、八条上杉満定との間で、越後鵜河庄三分一の領有をめぐって争っている（同前同日条）。逆にこれは、内乱の過程で、頼藤が押領したことが原因であったとみられる。こうしたところからすると、その存立は一定の確保が果たされていたことがうかがわれるが、その後の動向は不明である。

頼藤は、越後応永の乱において一貫して守護方の中心人物であったものの、その系譜的位置は全く不明である。世代的には、官途名を称しているから、仮名のままの守護頼方よりも上の世代に位置したことが推測される。山田邦明氏は、当初、頼方派の大将であったことをもとに、頼方の養父憲重の後身とする見方を示している。しかし「上杉本上杉系図」などで、憲重の官途は「右京亮」で一貫していること、頼藤は守護が房朝に交替してからも引き続き守護方の大将を務めているように、頼方にのみ味方していたわけではなかったから、同一人物とは考えがたい。

次に候補としてあがるのが、越後在国の上杉氏一族であったこと、官途名兵部大輔から、三宝寺家憲元との関係である。憲元は「鎌倉大草紙」によれば、応永二十三年に上杉禅秀の乱において戦死しているので、それが事実であれば、憲元そのものにはあたらない。世代的にも、憲元が頼藤の世代にあたるとみられる。しかしながら、詳細不明の憲元の弟助三郎や、憲元の子の一人が、憲元戦死後にその家督を継承した可能性は残るであろう。いまだ確定することはできないが、頼藤は三宝寺上杉氏の一族の可能性が高いとみておきたい。なおその場合、越後応永の乱当初に、長尾性景方の大将を務めた三宝寺上杉修理も、憲元の子弟にあたる存在と推測されたが、頼藤が同家に属した人物であったとすれば、同乱において三宝寺上杉氏は、近親間で両派に分裂して抗争したことになろう。

おわりに

持氏の治世は三〇年という長きにわたったこともあり、この期間において上杉氏一族の展開には大きな変化がみられている。なかでも応永二十三年（一四一六）～同二十四年にかけての上杉禅秀の乱、同三十年から顕著となり、永享十年（一四三八）の永享の乱にいたる持氏と室町幕府の政治対立は、その大きな背景になっていたととらえられる。前代満兼期までは、上杉氏一族では各家の分立が展開され、主要な家系の固定化がすすんでいた時期にあり、そのうえでそれら有力家からさらに新興家の分立が展開された状況にあった。

具体的には、関東管領職を相承するものとして山内家・犬懸家が確立した。そのうえで山内家では、越後家・山浦家が分出され、犬懸家では四条家を分出するとともに、扇谷家とその同族にあたる朝顕家（のち八条家）・小山田家・長尾家などと一体的な関係を形成していた。また庁鼻和家、宅間家も独自の展開をみせていて、庁鼻和家からは只懸家が分出、宅間家からは三宝寺家・榎下家が分出するという具合にあった。このように、それまでに多くの一族の分出がみられていっていたが、その反面、大蔵権少輔や兵部大輔頼藤のような、現在では系譜的位置が不明の人物もみられるようになっている。これは系図史料が基本的には、その後に存続した家系を中心にしたものであり、その間に没落した家系については、後世に伝承されなかったことをうかがわせる。またそのことから、現在知ることができるよりも、はるかに多くの一族の展開があったことが推測される。

ところが上杉禅秀の乱によって、長尾家と三宝寺家憲元は犬懸家に従い、庁鼻和家から分立した只懸家も、犬懸家もしくはその与党に味方している。そして犬懸家は基本的に没落し、長尾家もこれにより断絶、只懸家憲国は乱後に上京して持氏方の追討を遁れるものの、以後の所見はなくなり、家としては没落している。この乱では、上杉氏一族において明確に敵対関係がみられたとともに、その結果として没落・断絶という事態がみられるようになっている。また乱の結果として、大きな変化になったのが、犬懸家の没落によって、関東管領職は山内家のみが任じられることになり、同職は山内家の実質的な家職となったことである。このことが、以後における持氏と幕府との政治対立の展開において、山内家の立ち位置を大きく規定していく要素となったとみなされる。

その後、持氏と幕府との政治抗争が展開されていく一方で、越後家では同三十年から、家宰兼守護代長尾性景による叛乱があり、そこでは越後在国の一族である三宝寺家修理と頼藤との間で抗争が展開され、さらに越後家内部でも、山浦家から家督を継いだ頼方と、前代朝方の遺子房朝との間で抗争が展開されている。このように、家の継承をめぐる内訌の展開が明確にみられるようになっている。これは逆にいえば、そうした家が所職や所領の枠組みを形成したものであったため、それゆえにその継承が、家を構成する一族にとって重要な関心事になっていたからと考えられる。家の確立が、その継承をめぐる内部対立を引き起こしたとみることができるであろう。

また幕府は、持氏との政治対立から、乱後に上京した禅秀遺子の憲秋・教朝を扶持するとともに、前代から在京する越後家・四条家に加え、乱後に在京するようになったとみられる八条家を加えて、在京の上杉氏一族の比重がそれまでよりも大きくなっている。なかでも八条家は、朝定の嫡流家という家系に基づいてか、御相伴衆の家格を認められて、上杉氏一族のなかで最も高い家格に位置付けられている。前代まで上杉氏一族の大半は在鎌倉であり、在京する越後家・四条家もそれぞれ山内家・犬懸家の分家の地位にあったから、一族の存立や関係の在り方は鎌倉府において決定されていたといえるが、ここに幕府による位置付けが大きな要素をなすようになってきたといえる。これも持氏と幕府の政治対立の産物とみることもできる。また幕府は、応永三十年に犬懸家憲秋を持氏追討軍大将の一人に任命し、関東追討軍の大将に上杉氏一族を任用するようになっている。そして幕府はこの後も、数度にわたって関東追討軍の大将に在京の上杉氏一族を起用していくことになる。これも上杉氏一族の展開としては大きな変化といえる。

一方で持氏は、犬懸家没落後、それに代わる役割を担うものとして、扇谷家を取り立てていき、持定・定頼二代にわたって、追討軍大将を歴任させるとともに、守護職をも与えて、鎌倉府重臣の地位を確立させている。また、三宝寺家から分出した榎下家憲直を取り立て、同様に追討軍大将を歴任させ、以前は犬懸家が務めていた鶴岡八幡宮奉行に据えるなど、やはり重臣として取り立てていっている。これらは、犬懸家に代わる側近的重臣としての上杉氏一族の養成といった側面もあったであろうが、幕府との対立が顕著になっていくなかでのことであったため、幕府を背後に持つ関東管領山内家との政治対立をも生み出していくことになる。ただ扇谷家については、持朝の家督継承後はそれまでのような重用は全くみられず、もっぱら榎下家憲直父子が担った。憲直としては、そうして確立された地位は持氏の重用によるものであったから、反面、その存立は持氏との関係に決定的に依存するものとなっていたといえよう。その結果として、山内家からは讒言者として位置付けられるにいたる。

持氏と幕府の対立は、永享の乱というかたちで決着するが、そのなかで持氏側近の榎下家は没落を遂げた。その他の一族は、基本的に山内家に味方したが、そこで顕著な事態として、扇谷家と庁鼻和家庶子憲信が、山内家と密接な関係を形成していることが見出される。それらはいずれも、その後の戦国期における展開の前提をなす事態とみることができるようである。扇谷家については、その結果として鎌倉府において山内家に次ぐ政治的地位を確立させ、山内家憲実の隠遁後は、幕府からも実質的な鎌倉府首班に位置付けられるまでになる。これが後の戦国期まで続く、両上杉氏の在り方につながっていくことになる。庁鼻和家庶子憲信は、山内家一族のような立場をとっており、これもその子孫が、戦国期に庁鼻和家の惣領家に取って代わる前提になる事態とみることができるであろう。

註

（1） 拙稿「満兼期の上杉氏」（拙編『足利満兼とその時代〈関東足利氏の歴史3〉』戎光祥出版、二〇一五年）。

（2） 憲実の没年には諸説あるが、その考証については田辺久子『上杉憲実〈人物叢書222〉』（吉川弘文館、一九九九年）を参照。

（3）拙稿「史料紹介・上杉憲実文書集（1）（2）」（『駿河台大学論叢』四六・四七号、二〇一三）における文書番号を示す。以下、同じ。

（4）なおこれ以前における拙稿「上杉清方の基礎的研究」（拙編『関東管領上杉氏〈シリーズ・中世関東武士の研究11〉』戎光祥出版、二〇一三年）・「氏満期の上杉氏」（拙編『足利氏満とその時代〈関東足利氏の歴史2〉』戎光祥出版、二〇一四年）・註（1）拙稿において、房方を憲方の長男で、貞治五年生まれとしてきた。しかし生年については、没年齢からの逆算における単純な計算間違いであったため、以下のように訂正したい。「上杉本上杉系図」では五十四歳、「上杉系図」では五十五歳としており、これらによる生年は、それぞれ応安元年、貞治六年となる。憲方の嫡子憲孝の生年は貞治六年であったから、房方は後者であればそれと同年生まれ、前者であればそれより一歳年少にあたることになる。したがって、ここでは憲方の次男ととらえておくことにする。

（5）片桐昭彦「山内上杉氏・越後守護上杉氏の系図と系譜」（拙編『山内上杉氏〈シリーズ・中世関東武士の研究12〉』戎光祥出版、二〇一四年）所収。

（6）前註に同じ。

（7）註（5）に同じ。

（8）木下聡「日本史学研究室寄託の石井進氏蒐集史料細目録」（『東京大学日本史学研究室紀要』一六号、二〇一二年）一四七頁。

（9）なお朝方の死後に、頼方が家督を継いだことについては、すでに山田邦明「応永の大乱」（『新潟県史　通史編2』第二章第二節第一項、新潟県、一九八七年）によって推定されていたが、「御古案集稿」はそのことを明証するものとなる。

（10）長尾性景（邦景）の叛乱（越後応永の乱）の経過については、佐藤博信「越後応永の内乱と長尾邦景」（同著『越後中世史の世界〈岩田選書・地域の中世3〉』岩田書院、二〇〇六年）を参照。

（11）上杉清方について検討したものに、註（4）拙稿「上杉清方の基礎的研究」がある。

（12）ちなみに和氣俊行「応永三一年の都鄙和睦をめぐって─上杉禅秀遺児達の動向を中心に─」（植田真平編著『足利持氏〈シリーズ・中世関東武士の研究20〉』戎光祥出版、二〇一六年、初出二〇〇七年）は、「憲顕」を氏憲嫡男ととらえることを前提にして、その子憲久に比定する見解を示しているが、前提が成立しないため、この比定はあたらない。なおこの前後の状況については、同論考に詳しい。

（13）拙編「扇谷上杉氏関連史料集」（拙編書『扇谷上杉氏〈シリーズ・中世関東武士の研究5〉』戎光祥出版、二〇一二年）における史料番号を示す。以下、同じ。

（14）扇谷上杉氏歴代の動向については、拙稿「扇谷上杉氏の政治的位置」（前注書所収）を参照。

（15）なおこの点について、註（13）拙稿では武蔵国とする見方を示していた。

（16）なお上杉定頼に注目した研究に、湯山学「禅秀の乱後における房総三国の守護―上杉定頼の動向を中心として―」（同著『関東上杉氏の研究〈湯山学中世史論集1〉』岩田書院、二〇〇九年）・渡政和「上杉三郎定頼に関する考察―鎌倉府体制下での位置付けを中心に―」（註（13）拙編書所収）がある。

（17）木下聡「結城合戦後の扇谷上杉氏―新出史料の紹介と検討を通じて―」（註（13）拙編書所収）。

（18）この点については、註（14）拙稿を参照。

（19）鎌倉府御一家の一色氏については、風間洋「足利持氏専制の周辺―関東奉公衆一色氏を通して―」（植田真平編著『足利持氏〈シリーズ・中世関東武士の研究20〉』戎光祥出版、二〇一六年、初出一九九七年）を参照。

（20）湯山学「禅秀の乱後の犬懸上杉氏」（註（16）同著所収）。また同「相模国鎌倉永谷と宅間上杉氏」（同著所収）は、憲直の動向について検討が行われている。

（21）阪田雄一「南北朝前期における上杉氏の動向」（註（5）拙編書所収）参照。

上杉氏略系図

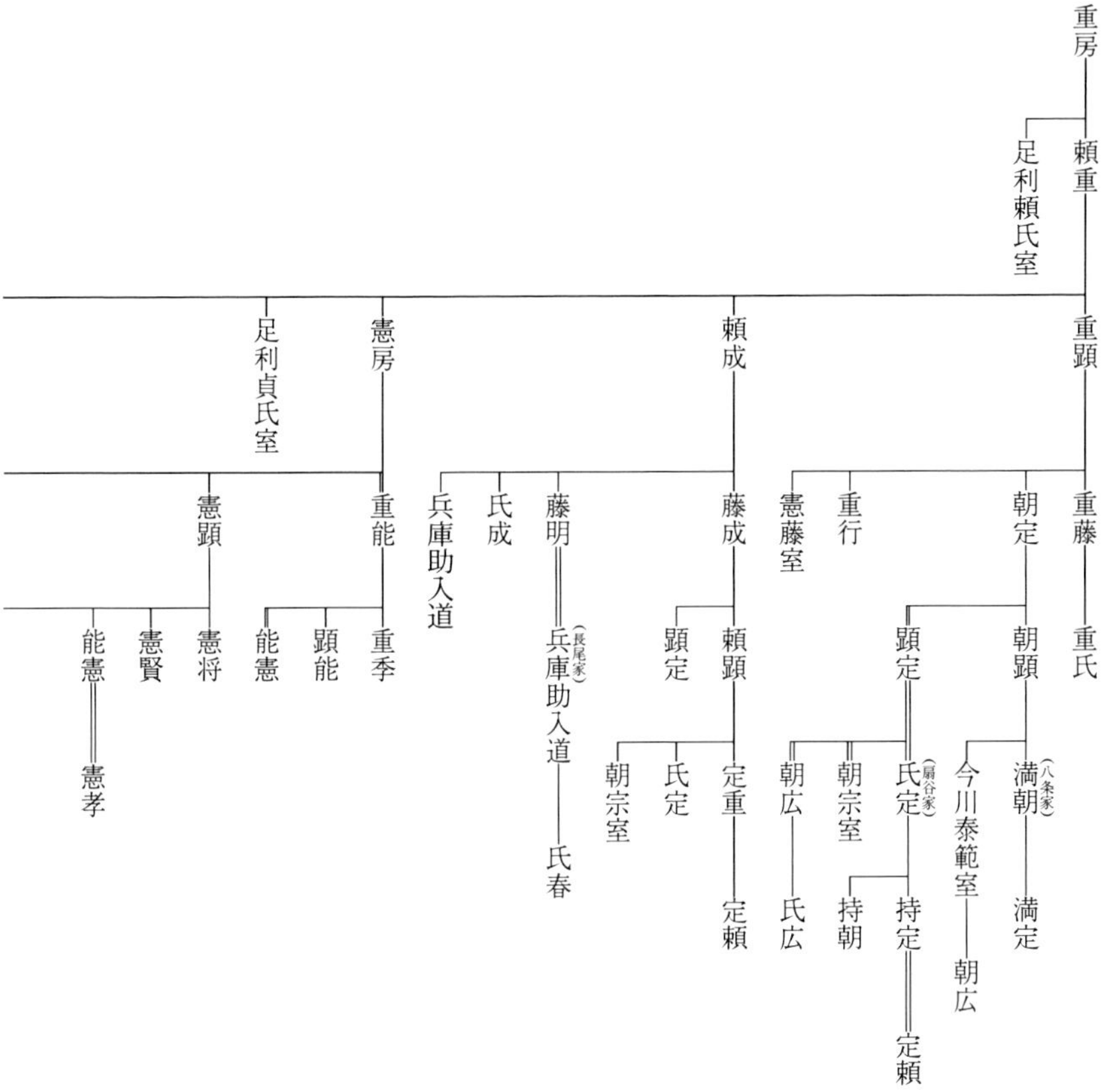
重房
頼重
足利頼氏室
重顕
頼成
憲房
足利貞氏室
重藤
朝定
重行
憲藤室
藤成
藤明
氏成
兵庫助入道
重能
憲顕
重氏
朝顕
顕定
頼顕
顕定
（長尾家）兵庫助入道
重季
顕能
能憲
憲将
憲賢
能憲
（八条家）満朝
今川泰範室
（扇谷家）氏定
朝宗室
朝広
定重
氏定
朝宗室
氏春
憲孝
満定
朝広
持定
持朝
氏広
定頼
定頼

- 勧修寺道弘室
  - 重能
  - 重兼
- 憲藤
  - 朝房
    - ‖ 房方
    - ‖ 氏朝（四条家）
      - ‖ 持憲
        - 教房
  - 朝宗（犬懸家）
    - 氏憲
      - 憲方
      - 憲春
      - 持憲
      - 憲秋
      - 教朝
    - 氏顕
    - 氏朝
- 重行
- 重兼
  - 能俊（宅間家）
    - 憲重
  - 憲清（三宝寺家）
    - 憲元
    - 憲直（榎下家）
      - 憲重
      - 持成
- 憲方（山内家）
  - 憲孝
  - 房方
  - 憲定
    - 憲基
      - ‖ 憲実
        - 某
        - 憲忠
    - 義憲
  - 憲重
- 憲春
- 憲英（庁鼻和家）
  - 憲光
    - 憲長
    - 憲信
  - 憲国
- 憲栄（越後家）
  - ‖ 房方
    - 朝方
      - 房朝
    - 頼方
    - 憲実
    - 清方
    - 重方
- 朝房室

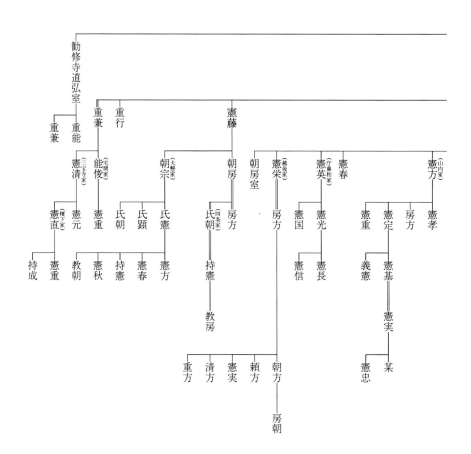

Ⅸ　足利持氏の妻と子女

谷口雄太

本稿は足利持氏の妻と子女について整理・確認するものである。なお、このテーマについては既に田辺久子氏が詳しく述べておられるので[1]、以下それを参照しつつ、改めて見ていくことにする。

一　足利持氏の妻

各種系図によれば、足利持氏の妻は簗田長門守直助女（『系図纂要』一〇、五八九頁〜五九〇頁）、或いは、簗田河内守満助女（『古河公方系図』・『与五将軍系図』『古河市史』資料編中世、六九八頁・七三三頁）とある。直助・満助両者は兄弟で、兄・直助の娘を弟・満助が養女として引き取ったといわれているが（『簗田家譜』『総和町史』資料編原始・古代・中世、七〇九頁〜七一〇頁）、真偽の程は定かではない。だが、いずれにしても、持氏の妻は簗田氏出身者と見てよいであろう[2]。簗田氏が持氏期、永享年間（一四二九〜一四四一）頃に急速・明確に台頭してくるのも、そして、永享の乱において公方とともに壊滅的な被害を蒙るのも、背景に持氏との深い関係があったと想定するのに十分だからである。[3] この点、当該期における関東一色氏の状況（持氏の「母」が一色氏出身だったことによる一色氏の飛躍、及び、永享の乱での同氏の崩壊）とかなりの程度共通していよう。[4]

但し、歴代公方における結婚相手選びという点で、持氏はそれ以前の段階から変化したものと思われる。すなわち、三代満兼までは（確認される限り、畠山氏や一色氏といった）足利一門出身者をその妻に選んでいたものの、四代持氏は被官（簗田氏）出身者を妻として迎えたのである。この点、持氏は儀礼や家格などといったものよりも寧ろ、自らを実態的に支える被官（近臣・奉公衆）層を重視し結合を図ろうとしたと考えられるのではないだろうか。そして、これなども持氏の専制的なる志向の一端として捉えられるのではなかろうか。ひとまず、以上のように把握しておきたい。[5]

なお、文安四年（一四四七）に上杉憲実から所領を寄進されたとされ（上杉憲実書状・上杉憲実置文「上杉家文書」『静岡県史』資料編六中世二、一〇一一頁）、そして、同五年・宝徳二年（一四五〇）には金沢称名寺から年末祈祷巻数をおくられた（巻数在所目録「金沢文庫文書」『神奈川県史』資料編三古代・中世三下、四六頁～四七頁）という「大御所」は持氏妻か、それとも持氏「母」か。

二　足利持氏の子女

続けてここからは足利持氏の子女について見ていく。各種系図等によれば、持氏には多数の子女が確認される。彼ら・彼女らについて以下順次解説を加えていくことにする。

①足利義久

足利成氏の兄。永享五年（一四三三）、鶴岡八幡宮で祈祷の対象となった「若御料」が彼・義久のこととされる（「鶴岡八幡宮文書」『神奈川県史』資料編三古代・中世三上、九七五頁～九七六頁）。

同十年、鶴岡八幡宮で元服を遂げる。だが、問題はその際に勃発した。従来、関東足利氏の元服時には京都足利氏から一字（ここでは将軍・足利義教の「教」の一字）を頂戴するのが通例であった。しかし、公方・足利持氏はそれを拒否し、子息に「義」の一字を付けて鶴岡八幡宮での元服を強行したのである（『鎌倉持氏記』『室町軍記総覧』二八三頁）。これにつき、京都では「京都御敵対露顕、管領失二面目一」と報じられており（『看聞御記』同年八月二十二日条）、義久の元服は東西両足利氏の対立と、公方・持氏―管領・上杉憲実両者の決裂を象徴する大事件となってしまったようなのである。持氏としては、憲実との関係を修復すべく、義久を憲実のもとに預け置くとの決断を下し、対する憲実の方としてもそれを了承したものの、鶴岡八幡宮社務・尊仲がそれを妨げ、ついに実現しなかったという（『鎌倉持氏記』二八三頁）。尊仲は足利一門・一色氏の出身者で、その一色氏は当時公方の近臣にして持氏の体制を支える一大勢力でもあった(6)。その後、永享の乱が起こると、義久はまたしても持氏

―憲実両者の和睦を図る使者として期待されるも、やはり尊仲と、そして、簗田河内守満助（義久祖父）とによって妨害され、結果、交渉は失敗に終わったという（『鎌倉持氏記』二八六頁）。義久は、持氏・一色氏・鶴岡八幡宮・簗田氏というラインによって固められていたものと考えられよう。乱中、一時的に父・持氏のいる相模国海老名陣に赴いたこともあったようだが（真壁朝幹代皆河綱宗目安写「秋田藩家蔵文書」『真壁町史料』中世編一、一六二頁〜一六四頁、『鎌倉持氏記』二八七頁）、基本的に義久は鎌倉を守っていた。その後、同乱の公方方敗戦により、持氏は切腹、一色氏・簗田氏はともに壊滅、鶴岡八幡宮社務・尊仲もまた処刑されるという状況の中で、義久は大御所（持氏「母」か）とともに扇谷へと移動し、[7] 同十一年二月二十八日、報国寺[8]にて自害した。「僅十才」の人生であったという（『鎌倉持氏記』二八七頁・二八九頁。但し、実際の没年齢はもう少し上だろう）。

なお、もし仮に義久が順調に成長していた場合、「御嫡子」（『師郷記』同年三月二日条）たる彼が五代公方となっていたであろうことは確実で、事実、憲実は義教に対して、義久による関東足利氏相続を強く申し入れている（『建内記』同年二月二日条）。しかし、それが叶うことはなかった。[9] 元服したばかりでまだ若き（幼き）義久の自死に際して、当時の人々が「アツハレ武門ノ棟梁トモナラセ玉フヘキ御キリヤウ、惜マヌ人コソナカリケレ」と称えたと伝わるのみである（『結城戦場記』『未刊軍記物語資料集』六、三二六頁）。

②足利安王丸

③足利春王丸

足利成氏の兄。永享の乱で父・足利持氏、兄・足利義久が滅びていくさなか、両者は鎌倉永安寺[10]を脱し、下野

（日光山）・常陸方面へと逃れたようである。[11] その後、永享十二年（一四四〇）二月には足利安王丸の常陸での活動開始が確認され（岩松持国奉書「護国院文書」『茨城県史料』中世編一、三二五頁）、翌三月には（京都将軍にとってかわろうとする意志を表明したのであろうか）自らを「源安王丸征夷将軍」としつつ（簗田景助奉書「加茂部文書」『茨城県史料』中世編三、一四九頁）、上杉討伐を掲げて常陸木所城で挙兵、鎌倉奪還を目指すべく、小栗・伊佐を経て、下総結城城に入った（足利安王丸軍勢催促状「石川家文書」『石川町史』三資料編一考古・古代・中世〈古代・中世〉、一九五頁、筑波潤朝軍忠状案写「古証文二」『神奈川県史』資料編三古代・中世三下、七三頁～七五頁）。なお、ここでは足利春王丸の姿が見えていないが、「称二子息一両人於二常陸国一挙レ旗」との情報が同月中に京都にまで伝わっているので（『建内記』同年同月十七日条）、彼もここにいたことであろうことは疑いない。以後の結城合戦の具体的経過については次巻の石橋一展氏の論考で詳しく取り上げられるため、ここでの紹介は割愛する。嘉吉元年（一四四一）、結城城が陥落すると、両者は生け捕られ、美濃まで連行、垂井金蓮寺にて処刑され、首は京都に送られた。また、安王丸・春王丸の「御乳父」（『建内記』同年六月十八日条）たる小山広朝も京都で殺されている。[12] なお、安王丸・春王丸両者の関係であるが、旗揚げを行ったのは安王丸であり、彼が公方的存在であったろうことは間違いないが、『東寺執行日記』同年四月十六日条には「十一歳安王殿・十二歳春王殿」とあり、[13] そして、また、京都側の認識も「春王丸・安王丸」というものであった（足利義教感状「小笠原文書」『信濃史料』八、一五二頁）。そのため、春王丸が兄、安王丸が弟（ではあるが公方的存在）であったと考えるのがひとまずは妥当であろうと思われる。[14]

④成潤

足利成氏の兄。大御堂殿。彼は足利安王丸・足利春王丸よりも年上であった可能性が出ている。[15] まず、『鎌倉持氏記』は、「第二若君〈始者奉レ号二大御堂殿一〉」が結城氏を頼り（二八九頁。括弧内割註、以下同）、その後、「兄若公就二御座一、若君連々入御有哉」として、最終的に「十二・十三」歳の「若公」と「六」歳の「若君」とが生け捕られたとする（二九六頁）。同様に、『結城戦場別記』（『未刊軍記物語資料集』六）は、「持氏卿ノ二男ノ若君、去年ノ一乱ニ、ヒソカニ鎌倉ヲ落玉ヒテ、日光山ニ隠レ玉フ」とする（三七二頁～三七三頁）。これらをまとめると、永享の乱後、「持氏卿ノ二男ノ若君」＝「第二若君」＝「大御堂殿」＝成潤は鎌倉から下野（日光山）へと没落し、その後、安王丸・春王丸・六歳の若君（定尊。但し、年齢には異説がある。この点、後述）らとともに下総結城城へと入ったと整理される。両書とも数ある軍記物の中では比較的信頼性の高いものとされている以上、今後検討していく余地はあろうかと思われる。この点、例えば、長享二年（一四八八）に成立した法華経の注釈書である『一乗拾玉抄』の巻三（薬草喩品）に、「春王殿」に「御舎兄二人」がいたとあることは一つの参考となろうか。[16] なお、多くの足利持氏子息が結城城にいたこと自体は、「御息数多結伎之城仁在二閉籠一」と、同時代（享徳三年＝一四五四）の史料からも確認されるところであり、事実である（和田房資覚書「三浦和田中条文書」『神奈川県史』資料編三古代・中世三下、六七頁～七〇頁）。

いずれにせよ、少なくとも成潤が成氏の兄であったこと自体は間違いないと考えられており、[17]『周易抄』（『神奈川県史』通史編一、八九三頁）に「重氏ノ一ノ兄カ美濃ニアタソ」「重氏ヲ扶タソ」と見えているのが成潤のこととされる。なお、彼は結城合戦で捕縛されたとは史料に見えておらず、他方で、「普光院殿御代以後、持氏御息済々出頭」との情報もあるので（『大乗院寺社雑事記』文明四年五月二十六日条）、成潤は結城城を脱出し、足利義教没後に出頭、以後、美濃（土岐氏のもとか）に隠棲していたのではないだろうか。その後、彼が美濃から鎌倉に戻ったのは、弟・成氏が公方に就任した文安四年（一四四七）と思しく、成氏とともに鎌倉の「御両所様」と称されている（細川勝元書状「喜連川文書」『喜連川町史』五資料編五喜連川文書下、五〇六頁）。かくして、その後、宝徳二年（一四五〇）には大御堂殿（鎌倉勝長寿院門主。下野日光山別当も兼ねる）となっていることが判明するものの、同年の江ノ島合戦では公方と同陣せず、どこかに行っていたようで、成氏のもとに帰参し、「一所」にいるべきことが求められている（足利成氏書状写『鎌倉大草紙』『戦国遺文』古河公方編、四頁～五頁、畠山持国奉書「喜連川文書」『喜連川町史』五資料編五喜連川文書下、四九八頁）。この点、公方としては、成潤が敵方によって対抗貴種として取り立てられてしまうことを防ぐ目的があったと思料されるが、成潤の方に注目すると、彼は必ずしも積極的な成氏方というわけではなかったのかもしれない。事実、成潤は、享徳の乱では反成氏方として日光山に布陣[18]（足利成氏書状写「武家事紀三四」『戦国遺文』古河公方編、三三頁～三四頁、『鎌倉大草紙』『新編埼玉県史』資料編八中世四記録二、一〇八頁）、その後上洛し、康正二年（一四五六）には再び関東へと下向（『師郷記』同年四月二十七日条）、だが、それから間もなくの長禄年間（一四五七～一四六〇）初頭頃、各種系図に「早世」とあり、『源家御所御系図』（「妙興寺文書」『千葉県史料』中世編諸家文書補遺、三二一頁～三二四頁）にも「於㆓五十子㆒病死」とある如く、上杉方の拠点である武蔵国五十子陣にて夭折したものと見られる。かくして上杉方は（成潤にかわる対抗貴種として）足利政知の東国下向を俟つことになる[19]。

因みに、成潤の大御堂殿就任から享徳の乱勃発までの間の宝徳四年、上杉方は「足利義氏」と目される人物を掲げており、その義氏が成潤その人だったのではないかとの指摘が近年出されている。[20]また他方、成潤は同年には日光山別当（大御堂殿が兼ねる）として活動を展開していたのではないかとの見解も直近出された。[21]いずれにせよ、今後の展開が大いに注目されるところである。

⑤足利成氏

五代公方。彼については次巻で詳しく取り上げられるため、ここでの紹介は割愛する。

⑥定尊

足利成氏の弟。雪下殿。結城合戦で捕らえられた足利持氏子息のうち、「今一人〈四歳〉」（『建内記』嘉吉元年五月四日条）とあるのがこの定尊のことなのであろう（なお、年齢については、『草根集』〈『私家集大成』五、七〇二頁〜七〇三頁〉の五歳説や、『東寺執行日記』嘉吉元年七月二十八日条・『鎌倉持氏記』の六歳説などもあって一定しない）。捕縛後、彼もまた兄（足利安王丸・足利春王丸）たちと同じく美濃国垂井で処刑されるはずであったが、将軍・足利義教の横死によってその運命は一転、京都の諸将は定尊を次期関東公方として扱うことを衆議し（但し、その後それは実現せずに終わる）、彼は一旦上洛することとなった（『建内記』嘉吉元年七月二十八日条）。かくして美濃守護・土岐持益のもとに身を寄せた定尊は、同氏に養育されながら在京生活を送り続け、宝徳元年（一四四九）、ようやく関東に戻ることと決した[22]（『東寺執行日記』嘉吉元年七月二十八日条、『草根集』『私家集大成』五、七〇二頁〜七〇三頁、『周易抄』、東京大学史料編纂所架蔵影写本『鶴岡八幡宮寺供僧次第』、『立川寺年代記』『続群書類従』二九下、二一八頁）。鎌倉到着直後の同二年には彼は雪下殿（社家様）となって東国宗教界の頂点に君臨するが、同年の江ノ島合戦では公方と同陣してはおらず、どこかに行ってしまっていたようで、成氏のもとに帰参し、「一所」にいるべきことが求められている（足利成氏書状写『鎌倉大草紙』『戦国遺文』古河公方編、四頁～五頁、畠山持国奉書「喜連川文書」『喜連川町史』五資料編五喜連川文書下、四九八頁）。この点、（既に成潤のときにも見たように）公方としては定尊が敵方から対抗貴種として取り立てられてしまうことを防ぐ目的があったと思われる。しかし、以後は一足早く関東に下向して公方の地位を継いでいた兄・成氏を補佐していく（それは、『周易抄』に「弟ハ美濃ノ土岐ニ養セラレタ雪ノ下殿ト云タ」「重氏ヲ扶タソ」とある如くである）。すなわち、関東足利氏兄弟による聖俗両界の支配体制たる「公方―社家体制」の構築・完遂である。[23]定尊は享徳の乱勃発以後も成氏を扶け、古河に程近い下総国高柳に自らの御座所を構えつつ、鶴岡八幡宮の供僧・奉行人・奉公人らを率いて下野鑁阿寺・安房妙本寺などの東国寺社を支配・管轄するのみならず、関東各地への転戦や東国武士との関係構築といった政治的・軍事的活動もまた展開していった。[24]そのような彼の動向は、応仁年間（一四六七～一四六九）頃まで知られており、以後、彼の地位・立場は（次に見る）弟・尊倣に引き継がれていくこととなる。

⑦**尊倣**

足利成氏の弟。雪下殿。兄・定尊の跡を継いで文明年間（一四六九～一四八七）頃には公方方の社家様となった。[25]『周易抄』に（成氏・定尊の）「弟ハ僧カ一人アタソ」「重氏ヲ扶タソ」とあるように、尊倣もまた定尊と同じく宗教・政治・軍事の各方面で公方（兄・成氏）を支え続け、文明五年（一四七三）には西幕府（美濃守護代・斎藤妙椿）との仲介役として活躍し[26]（『大乗院寺社雑事記』同年十月十一日条）、西幕府解散後の同十年以降にも幕府との和平交渉役として見えている（尊敒書状写「蜷川家文書」『戦国遺文』古河公方編、三五六頁）。以後、京都（足利義政）―関東（成氏）は和睦が成立し、尊敒は明応元年（一四九二）までその生存が確認されている[27]。

なお、彼の前半生だが、永享の乱や結城合戦で捕縛されたとは史料から見出せず、また、「鎌倉殿持氏被レ召二御腹一、若公三人懸二御手一差殺シ、其外ハ皆散々御成也」（『東寺執行日記』永享十一年二月十日条。なお、三人の若君が足利持氏の手によって殺されたというのは現状確認できていない[28]）や「普光院殿御代以後、持氏御息済々出頭」（『大乗院寺社雑事記』文明四年五月二十六日条）との情報もあるので、尊敒は永享の乱後に姿を晦まし、足利義教没後に出頭、その後、復活までの間、どこかに逼塞していたのではないだろうか。なお、この点は（次に見る）守実にも該当するか。

⑧守実

足利成氏の弟。熊野堂殿。和歌関係の同時代史料の中に「守実熊野堂殿」・「守実〈号二熊野堂殿一、成氏ノ弟〉」（『孝範集』『私家集大成』六、四九四頁～四九五頁）・「関東の主君御をとうと熊野堂殿」（『和歌会席作法』[29]）とあって、成氏の弟としての存在が確認できる。享徳の乱時、兄・成氏を支えた守実は、他方で幕府・上杉方の武将にして歌人・木戸孝範と親しい間柄にあり、本人もまた歌を詠んだ。さらに、やはり幕府・上杉方の武将・歌人である太田道灌との関係も指摘されている[30]。このように、守実は孝範・道灌ら敵方との間にも独自の文化的ネットワークを有していたようなのであって、かくして彼が成氏方と幕府・上杉方との和睦交渉の使者といった政治的な舞台・

場面でも登場してくるのはまことに興味深いものがある[31]（太田道灌書状写「古簡雑纂六」『北区史』資料編古代中世一、二〇八頁、太田道灌書状写「松平文庫所蔵文書」『新編埼玉県史』資料編五中世一古文書一、六三五頁〜六四四頁）。因みに、各種系図には守実が「早世」したとあるが、上記一次史料の存在から文明年間（一四六九〜一四八七）頃までは彼の活動が確認されるところである。

なお、守実が別当を務めた熊野堂は鎌倉大倉にあり、同堂は守実以前、鶴岡八幡宮社務が管轄し（尊賢譲状案『醍醐寺文書』一三、一四二頁〜一四三頁、『鶴岡八幡宮寺社務職次第』『神道大系』神社編二十鶴岡、一五二頁〜一五四頁）、足利持氏期には公方と関係を有した箱根権現別当（大森氏出身者）が管領していたものとされる[32]（足利持氏御判御教書案「金沢文庫文書」『神奈川県史』資料編三古代・中世三上、八八〇頁）。その後、永享の乱による持氏・大森一族の壊滅頃、熊野堂は鶴岡や箱根の手を離れて自立・独立した可能性があり、成氏期、熊野堂殿の地位には守実が就いた。なお、熊野堂殿は武蔵国久良岐郡平子郷内石河村熊野権現別当職、及び、同村宝生寺別当職の補任権を所持していたようであるが（快尊別当職補任状「宝生寺文書」・快尊別当職補任状写「武州文書」『神奈川県史』資料編三古代・中世三上、八五六頁・八五八頁）、享徳四年（一四五五）、そうした宝生寺に対して、「為二当所末寺一、可レ有二御扶持一」（某書下写「武州文書」『神奈川県史』資料編三古代・中世三下、八四頁）との内容の文書を下したのが、まさに熊野堂殿・守実であったろうことが近年指摘された[33]。しかも、その花押の形状がこれまで『戦国遺文』古河公方編において「定尊（花押B）」とされていたものと全く合致したことによって、守実は享徳の乱時、公方・成氏の周囲にあって文化的・政治的動きを見せたにとどまらず、那須氏・赤堀氏らといった東国武士との間に軍事的関係も構築していたであろうことまで徐々に明らかにされつつある[34]。

因みに、守実は各種系図では成氏弟・周昉＝長春院主と同一人物とされており、その長春院主は、享徳元年、関東（成氏）から京都（足利義政）への使者として登場し（畠山持国書状「喜連川文書」『喜連川町史』五資料編五喜連川文書下、四九七頁）、また、年未詳ではあるものの、公方―小山氏の関係上でもその姿が見えている（足利成氏書状「小山文書」『戦国遺文』古河公方編、六九頁）。これらがいずれも守実のことであったとすれば、彼の活動の一端を示すものといえ、とりわけ前者はその動向の初見ともなるであろう。[36] いずれにせよ、今後の展開が大いに注目されるところである。[35]

⑨女子

足利成氏の姉妹。昌泰。鎌倉太平寺住持。系図上では子女中の最年長者に位置付けられることが多い。『鎌倉年中行事』（『日本庶民生活史料集成』二三、七七五頁）に「太平寺長老」とあるのが、時期的に見て彼女のことかと考えられている。[37] 足利基氏の妻・清渓尼（足利一門・畠山氏出身者）が太平寺（鎌倉尼五山筆頭）を中興して以降、公方御連枝の入寺は彼女がはじめてのことであり、[38] 彼女の入寺は（他の兄弟のケースと同様）公方による対東国寺社政策という意味合いもあったかと考えられる。

⑩蔭山広氏？

足利成氏の弟か。近世成立の『寛政重修諸家譜』（二、一二四頁）には、足利持氏の七男とあり、また、「持氏生害のとき、広氏三歳にして乳母にいだかれ、伊豆国にかくれ、外縁によりて蔭山氏が許に成長し、のち婿となりて其家を継、これより蔭山を称す」とも書かれているが、真偽の程は定かではない。寧ろ、検討を要するであろう。但し、蔭山氏は伊豆国河津の武士であり、その河津は（対上杉政策の一環として）持氏と深くつながっていたというから、捨て置けない伝承であるとはいえようか[39]。

三　総括

以上、①〜⑩と、足利持氏の子女について見てきた。全体として史料が少なく、しかもそれらが少なからず錯綜しており、事実の確定に至るまでにはいまだ困難な点も多く、今後の研究の一層の進展（未翻刻史料などの博捜も含む）が期待されるところであるが、総じて窺えることは、やはり、関東足利氏＝貴種としての鮮烈な生涯であろう。すなわち、次期公方と目された義久は父・持氏と同じく鎌倉で自害し（永享の乱）、「征夷将軍」を名乗って公方復興・鎌倉（東国の首都）掌握を図った安王丸・春王丸もまた一時台風の目となったものの、結局捕縛され美濃で処刑された（結城合戦）。他方、成氏が公方に復帰すると、彼の兄弟たちは皆、鶴岡八幡宮（定尊・尊倣）、勝長寿院・日光山（成潤）、熊野堂（守実）、太平寺（昌泰）という東国大寺社のトップに次々と入っていき、享徳の乱以後も宗教・文化の面のみならず、政治・軍事の面からも公方を支えていった[40]。但し、成潤が公方を見限ると、それは成氏にとって重大な危機（誤算）ともなった[41]。このように、御連枝たちは、公方として家を継ぐ（興す）、或いは、関東大寺社の長として公方を支えるという点で、足利氏にとって大変重要な存在ではあったが、一方で、公方とほぼ同等の血統（的価値）を有するという点で、離反される（敵方から取り立てられる）と極めて危険な存在に容易に転化してしまうという両義的存在であった。この点、既に前巻以前でも見てきた通りである。そのような貴種であったから、持氏が京都足利氏（将軍）の座を狙ったのと同様に、足利義教もまた関東足利氏（公方）の血統的支配を図ったのであった。最後に、ポスト持氏を巡る様々な動きを整理・検討しておこう。

まず、持氏・義久死後、永享十一年（一四三九）七月には東国諸将の承認の上で、新公方として関東に下向する義教子息が決定し（『師郷記』同月二日条、『薩戒記』同日条、『蔭凉軒日録』同日条、『東寺廿一口供僧方評定引付』同月四日条）、関東足利氏による公方継承は断絶の危機を迎えた。因みに、この子息が誰だったのかはこれまで不明とされてきたが、(42)清水克行氏によると、『御産所日記』や関係系図の記述などから、「足利義永」の可能性が高いという。(43)いずれにせよ、今後の展開が大いに注目されるところである。

その後、当の義教自身が暗殺されると、同計画も頓挫したようで、嘉吉元年（一四四一）、京都の諸将は持氏子息・定尊を次期公方として扱うことを衆議し、彼は一旦上洛を果たす（『建内記』同年七月二十八日条）。つまり、ここに関東足利氏による公方継承案が復活したのである。

文安二年（一四四五）、京都において「鎌倉殿」が登場する（『高倉永豊卿記』同年四月二十五日条・同年五月十四日条・同年六月十日条・同月十六日条・同月十七日条、『高倉永豊卿記』同年夏記紙背文書八丁裏）。(44)この「鎌倉殿」だが、在京しているらしい点と、幕府公認という点からすると、嘉吉元年の公方＝定尊案が生きていると考えた場合、定尊と見做すのが自然かと思われる。(45)

だが、同四年三月段階には「彼御遺跡人躰事、或京都御連枝歟、或持氏卿子息歟、両様未決」という状況になっていた（『建内記』同年同月二十三日条）。すなわち、公方候補は「京都御連枝」か「持氏卿子息」か振り出しに戻ったのであり、前者は義永または足利政知の可能性があり、後者は定尊もしくは成氏の蓋然性がある。但し、『建内記』同年同月十三日条には「以二故鎌倉殿子息一被二立申一」とあり、同月二十四日条にも「於二御人躰一者已一定歟之由有二其説一」と見える以上、後者（「持氏卿子息」）の方が優勢であったようであり、以後の事実関係も踏まえるならば、その「持氏卿子息」とは成氏のことであったと捉えられる。[46]この点、成氏勝利の要因としては、東国で継続する公方残党の反乱を押さえられるのが関東足利氏しかいないと幕府首脳が判断したこと、[47]その上で、信濃においてポスト持氏の名乗りを上げ続け、それが黙止しえぬ力を持ち、結果、上杉勢力にも響いたこと[48]などが想定されよう。なお、ここで、これ以前のいつかの段階で、一度は公方を相続するとも目されていた定尊が、公方候補レースから脱落したことも判明しよう。換言すれば、成氏は、当初は一ダークホース的存在に過ぎなかったものの、その後、公方の座を奪取することに成功したものと考えられるのである。[49]いずれにせよ、関東足利氏による公方継承の達成である。

その後、享徳の乱が勃発すると、将軍・足利義政は御連枝・政知を公方として関東に派遣、京都足利氏による公方継承を断行した。父・義教の志向の具現化である。しかし、東国には成氏が現実に存在する以上、関東足利氏を滅ぼした義教段階とは状況が異なり、最終的に義政の野望は潰える。京都足利氏の関東足利氏に対する血統的支配の目論み[50]はここに終焉を迎えたのであった。

以上、足利持氏の妻と子女について検討を加えた次第である。

註

（1）田辺久子『関東公方足利氏四代』（吉川弘文館、二〇〇二年）一七〇頁～一七二頁。

（2）この点、『本土寺過去帳』（『千葉県史料』中世編、二八四頁）に足利義久（後述）が「ヤナタハラ」（簗田腹）と見えているのは注目される。このあたり、植田真平「永享の乱考」（本書所収）も参照。

（3）佐藤博信「簗田氏の研究」（同『古河公方足利氏の研究』〈以下、佐藤A書と表記〉、校倉書房、一九八九年、初出一九八一年）三四八頁～三五四頁、長塚孝「鎌倉府奉公衆の一過程」（『葦のみち』一五、二〇〇三年）六八頁～七八頁、『総和町史』通史編原始・古代・中世（総和町、二〇〇五年）三一五頁～三一九頁。なお、長塚孝氏は、満助の実名が実際には助良だった可能性を指摘している。

（4）拙稿「足利満兼の妻と子女」（黒田基樹編著『足利満兼とその時代』、戎光祥出版、二〇一五年）参照。

（5）但し、持氏妻簗田氏が実は側室で、別に正室が存在したという可能性も残ろうか（実際、持氏の子女は非常に多いため、彼が関係を持った女性がたった一人であったとは想定し難い）。その場合、正室候補としては足利一門が想定されるだろうが、この点、『一色嶺雄氏所蔵一色系図』（『鷲宮町史』史料四中世、六八九頁。本史料については『幸手一色氏』〈幸手市教育委員会、二〇〇〇年〉一六頁～一七頁・一四七頁も参照）に、捕縛・連行される足利安王丸・足利春王丸と美濃国垂井まで「同途」して、その後、同地で尼となったという一色氏出身の女性（一色直兼の娘。童房という。なお、その姉妹・其阿も同じく垂井にて尼となったという）の存在は気になるところである（黒田基樹氏御教示）。むろん、後世の系図ゆえ真偽の程は定かではなく、その上、彼女が安王丸らの母であったとは書かれておらず（寧ろ、別の系図〈『系図纂要』や『古河公方系図』など〉には、安王丸らの母が簗田氏出身だと明記されている）、乳母の類とも考えられるが、ひとまず参考として記しておく。

（6）拙稿「関東足利氏の御一家（一）」（黒田基樹編著『足利氏満とその時代』、戎光祥出版、二〇一四年）参照。

（7）事実、筑波潤朝軍忠状案写には「当大御所様・若君様於二小八幡社頭一警固申、自レ其而扇谷江御出」とあり（「古証文二」『神奈川県史』資料編三古代・中世三下、七三二頁～七五頁）、また、『管見記』同年三月三日条にも「鎌倉三位息一人幽〔逃カ〕隠之処、去月下旬又被レ誅二戮之一云々」と見えている。因みに、『管見記』は『後鑑』に翻刻があり、国立公文書館や国立国会図書館などに写本があるものの、あまり使用されている状況にはない。以下、本稿と関係する御連枝・一門記事のみ抜粋し掲載する。
・永享十年十一月二十一日条「鎌倉一色宮内大輔并上杉奥州〈先度虚説、今度実事云々〉切腹云々」
・永享十年十二月九日条「自関東頭六上洛、被懸六条河原、是一色宮内大輔已下頭云々」
・永享十一年三月三日条「故鎌倉三位息一人幽〔逃カ〕隠之処、去月下旬又被誅戮之云々」
・嘉吉元年四月二十八日条「於結城城、故鎌倉息両人生捕之、結城某切腹云々」
・嘉吉元年五月十九日条「鎌倉息両人頭、結城舎兄并子息生取之上洛云々」

（8）足利義教御内書（「小笠原文書」『神奈川県史』資料編三古代・中世三上、九九八頁～九九九頁）からも報国寺（史料では保国寺とある）にいたことが窺える。また、『本土寺過去帳』（『千葉県史料』中世編、二八四頁）にも報国寺のある「タクマ」（宅間）にて「腹切給也」とある。因みに、『看聞御記』永享十年十二月八日条によれば、義久はこれ以前、「喝食」となって「降参」していたという。

（9）『建内記』同年二月二十日条には、「鎌倉故武衛子息一人」（義久）を「於二関東一哉可レ誅哉、可レ送二京都一哉之由、今日有二注進一云々」とあり、義久の公方継承が困難化している様子が見て取れる。

（10）仙波常陸介書状写（『安得虎子』『新編埼玉県史』資料編五中世一古文書一、五二三頁～五二五頁）。

（11）佐藤博信「永享の乱後における関東足利氏の動向」（同A書、初出一九八八年）三九頁～五三頁、江田郁夫「武力としての日光山」（同『戦国大名宇都宮氏と家中』、岩田書院、二〇一四年、初出二〇〇一年）七九頁～九九頁、木下聡「結城合戦前後の扇谷上杉氏」（『千葉史学』五五、二〇〇九年）九七頁～九八頁、小池勝也「室町期日光山別当考」（『歴史と文化』二三、二〇一四年）四八頁～六二頁。

（12）『小山市史』通史編一（小山市、一九八四年）六一一頁～六一二頁、佐藤博信「室町・戦国期の下野小山氏に関する一考察」（同『中世東国の権力と構造』〈以下、佐藤B書と表記〉、校倉書房、二〇一三年、初出二〇〇七年）三五四頁～三五六頁。

（13）なお、両者の年齢については既に当時から情報が混乱している（『師郷記』嘉吉元年五月十九日条「十二歳与十歳」、『建内記』同年四月二十八日条「一人十余歳」、『看聞御記』同年五月四日条「兄〈十三〉」など）。

（14）『鎌倉市史』総説編（鎌倉市、一九五九年）四四九頁。

(15) 田口寛「足利持氏の若君と室町軍記」(『中世文学』五三、二〇〇八年)九九頁~一〇七頁。

(16)『一乗拾玉抄　影印』(臨川書店、一九九八年)二九八頁。論文としては、中野真麻理「春王の辞世」(同『一乗拾玉抄の研究』、臨川書店、一九九八年、初出一九九二年)九七頁~一一八頁。但し、『一乗拾玉抄』はその「御舎兄二人」が垂井金蓮寺で処刑されたとするなど疑義もある。

(17) 久保賢司「享徳の乱における足利成氏の誤算」(佐藤博信編『中世東国の政治構造』、岩田書院、二〇〇七年)一〇七頁~一二六頁。

(18) 直近、山本隆志氏は享徳の乱勃発(上杉憲忠殺害)の背景として上杉氏による成潤の取り立てという事態を想定している(「公方足利成氏の古河陣営」第九十二回企画展示図録『喜連川文書の世界』、さくら市ミュージアム、二〇一五年、六頁~七頁)。

(19) 戸谷穂高「享徳の乱前後における貴種足利氏の分立」(佐藤博信編『関東足利氏と東国社会』、岩田書院、二〇一二年)二三一頁~二五二頁。

(20) 同前。なお、義氏については「二橋上様」(沙弥禅元書状「石川家文書」『石川町史』三資料編一考古・古代・中世〈古代・中世〉二〇二頁~二〇四頁)との関係も気になるところではある(石橋一展氏御教示)。

(21) 小池前掲註(11)。

(22) 佐藤博信「雪下殿定尊について」(同『中世東国政治史論』、塙書房、二〇〇六年、初出一九八六年)一四五頁~一四九頁。

(23) 佐藤博信「雪下殿に関する考察」(同A書、初出一九八八年)一一三頁~一五〇頁。

(24) 同前、同前々、佐藤博信「鑁阿寺文書の再検討」(同『中世東国の支配構造』、思文閣出版、一九八九年、初出一九七六年)一八三頁~二〇九頁、同「雪下殿御座所考」(同、初出一九八七年)一〇六頁~一一六頁、同「上総大野家文書の再検討」(同『続中世東国の支配構造』〈以下、佐藤C書と表記〉、思文閣出版、一九九六年、初出一九九〇年)三二四頁~三三四頁、同「古河公方足利成氏の佐倉移座・古河帰座に関する一考察」(同B書、初出二〇〇九年)八三頁~九八頁、同「常総地域史の展開と構造」(同、初出二〇一〇年)三二七頁~三五〇頁、同「安房「妙本寺文書」の雪下殿定尊安堵状について」(小和田哲男先生古稀記念論集刊行会編『戦国武将と城』、サンライズ出版、二〇一四年)一三三頁~一四一頁、佐藤博信・坂井法曄「安房妙本寺文書の古文書学的研究」(『千葉大学人文社会科学研究』二三、二〇一一年)一二一頁~一五一頁。

(25)　同前、同前々。

(26)　家永遵嗣「応仁・文明の乱と古河公方征討政策」(同『室町幕府将軍権力の研究』、東京大学日本史学研究室、一九九五年)三二〇頁～三二三頁。

(27)　佐藤前掲註(23)。

(28)　この点、『師郷記』同日条には、持氏が自害に際し、「先、若公・姫君等七人自身被レ奉レ殺レ之、其後自害」とある(『勝山記』〈『山梨県史』資料編六中世三上県内記録、二一八頁〉には、「大若君」が「腹切リ玉フ」、「若君五人」が「焼ケ死玉フ」とあり、『本土寺過去帳』〈『千葉県史料』中世編、九五頁〉には、「若君六人」が死んだとあり、『一蓮寺過去帳』〈『山梨県史』資料編六中世三上県内記録、三九一頁〉には、六人の若公が死んだとあり、『如是院年代記』〈『群書類従』二六、一七三頁〉には、五人の子供が死んだとある)。いずれも確認はできないが、事実とすれば、持氏には本稿で検出した以上の子女がいたことになろう。なお、持氏子女の総数につき、『東寺光明講過去帳』(『続群書類従』三三下、三一三頁)は「御子七人、内一人、後日於二官領防州所一自害、十一歳云々、依二京都御命一被レ滅了」(合計七人)、『暦仁以来年代記』(『続群書類従』二九下、二三一頁)は「若君六人同打死、同女二人京都死」(合計八人以上)などとしている。不明なれども、参考までに記しておく。なお、『斯波家譜』(木下聡編著『管領斯波氏』、戎光祥出版、二〇一五年、四一七頁)には(嘉吉元年・一四四一)「十月ニ駿河国の守護今川右〔左カ〕衛門佐謀計にて、持氏の御息をとり立申へき由、鎌倉へ申合せ、遠江国を打取て責上り候ハんとはかり候」とあるが、これまた真偽の程は定かではない。

(29)　安井重雄「木戸正吉『和歌会席作法』翻刻と校異」(『龍谷大学論集』四五七、二〇〇一年)二八一頁。

(30)　佐藤博信「古河公方周辺の文化的諸相」(同C書、初出一九九一年)九七頁～九八頁。

(31)　同前。

(32)　杉山一弥「室町期の箱根権現別当と武家権力」(同『室町幕府の東国政策』、思文閣出版、二〇一四年、初出二〇〇四年)二四六頁、小池勝也「室町期鶴岡八幡宮寺における別当と供僧」(『史学雑誌』一二四―一〇、二〇一五年)二〇頁。

(33)　佐藤博信「鎌倉府による寺社支配の一様態」(『千葉大学人文研究』四五、二〇一六年)二一頁～六八頁。

(34)　但し、以上(本段落)の佐藤氏の見解については、那須氏宛て封紙(定尊書状封紙「那須文書」・定尊書状封紙「那須文書」『戦国遺文』古河公方編、三五五頁）の存在・問題から、「定尊（花押B）」は（守実ではなく）やはり定尊と見てよいのではないかとの批判がある（黒田基樹氏御教示）。その場合、享徳四年（一四五五）の某書下写（「武州文書」）の某とは定尊のこととなり、熊野堂の鶴岡からの自立・独立はなかったことになろう（熊野堂の支配・管轄は鶴岡・箱根を経て鶴岡の元へと戻ったということになる）。また、東国武士との間の軍事的関係の構築も不明瞭なものとならざるをえなくなるだろう。

(35) 鎌倉長春院は持氏の塔所という（『鎌倉市史』社寺編、鎌倉市、一九五九年、二六三頁）。

(36) なお、もう一点、写ではあるが、享徳四年（一四五五）に「長春院」が新田岩松氏に宛てた書状（「正木文書」『戦国遺文』古河公方編、三五三頁）の存在も気になるところではある。

(37) 佐藤前掲註（30）論文、一二〇頁。

(38) 三山進『太平寺滅亡』（有隣堂、一九七九年）一七八頁～一七九頁。

(39) 田辺前掲註（1）書、一五〇頁～一五二頁。とはいえ、やはり基本的には近世に生まれた所伝と考えるべきだろう。蔭山氏から徳川頼宣・徳川頼房を産んだ女性（養珠院）が出たことが何か関係しているのではないか。

(40) 佐藤前掲註（23）。

(41) 久保前掲註（17）。

(42) 『神奈川県史』通史編一（神奈川県、一九八一年）八五七頁～八五八頁。

(43) 清水克行「まぼろしの鎌倉公方」（『駿台史学』一五七、二〇一六年）一頁～八頁。

(44) 翻刻は、榎原雅治・木下聡・谷口雄太・堀川康史「『高倉永豊卿記』の翻刻と紹介」（『東京大学日本史学研究室紀要』一八、二〇一四年）、同「『高倉永豊卿記』紙背文書の翻刻と紹介」（『同』一九、二〇一五年）参照。なお、東京大学史料編纂所のホームページ・データベースから原本の画像を見ることができる。

(45) 浅尾拓哉「文安二年の「鎌倉殿」」（千葉歴史学会発表レジュメ、二〇一〇年）。但し、「鎌倉殿」の在京・非在京についてはなお問題を残し、非在京でも構わないとすると、幕府公認という問題がクリアされれば、成氏という可能性も出てこよう。この点、内山俊身氏は、成氏の幕府公認を嘉吉二年（一四四二）とする説を提起している（「鳥名木文書に見る室町期東国の政治状況」『茨城県立歴史館報』三一、二〇〇四年、四七頁～六一頁）。また、佐藤博信氏は認めないものの（「足利成氏についての覚書」、同A書、初出一九八五年、八七頁〜一〇〇頁）、彼の公認を文安元年（一四四四）とする説もありうるだろう。いずれにせよ、この「鎌倉殿」の正確な比定については、成氏の幕府公認問題と深く関係しており、今後の課題とせざるをえない。なお、成氏の動向を含むこのあたりの問題については、次巻の石橋一展氏の論考で詳しく取り上げられる予定であることを付記しておく。

(46) 佐藤前掲註(45)。

(47) 黒田基樹『長尾景仲』（戎光祥出版、二〇一五年）一二五頁〜一二六頁。

(48) 佐藤前掲註(45)。

(49) 浅尾前掲註(45)。

(50) 渡辺世祐『関東中心足利時代之研究』（雄山閣、一九二六年）五〇一頁〜五〇二頁・五一五頁。

【付記】前巻所収の拙稿「関東足利氏の御一家(二)」に関し、増補修正として以下の諸点を加える。①全体につき、御書案留書（上）（「喜連川文書」『喜連川町史』五資料編五喜連川文書下、一三五頁）には「御一家衆」として「吉良・渋川・新田・畠山・今川・里見・桃井・加子・鳥山」の各氏が掲げられている。但し、同記載が果たして中世段階にまで遡りうるものなのかどうかは不明。②新田氏につき、久保田順一『新田三兄弟と南朝』（戎光祥出版、二〇一五年）が上梓された。なお、田中大喜『新田一族の中世』（吉川弘文館、二〇一五年）も出たが、内容には検討の余地がある（この点、別稿を用意している）。なお、義宗後の新田氏については中根正人氏から研究成果の御教示を得た。公表を俟ちたい。③岩松氏につき、拙稿八〇頁では「岩松満純（岩松直国の子）」としたが、「岩松満純（岩松満国の子）」の誤り。なお、黒田基樹編著『上野岩松氏』（戎光祥出版、二〇一五年）が上梓され、関係論文が収録された。④鳥山氏につき、中野真麻理「鳥山の疲労侍」（同『一乗拾玉抄の研究』、臨川書店、一九九八年、初出一九九五年）もある。⑤里見氏につき、滝川恒昭「戦国前期の房総里見氏に関する考察」（『鎌倉』一一九、二〇一五年）が上梓された。なお、里見義成『新田氏支流里見氏』（あさを社、一九八九年）もある。⑥羽川氏につき、関東の足利一門としたが、同氏は『長禄四年記』八月二十二日条に見え、幕府の各番帳などにも見えているため（福田豊彦「室町幕府の奉公衆体制」同『室町幕府と国人一揆』、吉川弘文館、一九九五年、初出一九八八年、一〇六頁）、京都の人間と見た方がよいであろうか。⑦大館氏・

江田氏・岩松氏につき、髙野宣秀「『太平記』における大館氏と江田氏の考察」（『法政大学大学院紀要』六九、二〇一二年）、同「『太平記』における岩松経家一族の考察」（『国際日本学論叢』一〇、二〇一三年）もある。⑧一色氏につき、黒田基樹「持氏期の上杉氏」（本書所収）は上杉憲直の妻を「一色氏兼」（宮内少輔）の娘とするが、なお検討を要する。黒田氏の論拠は、（一）系図に「一色宮内少輔」と見えること、（二）世代論、以上の二つである。だが、（一）は他の系図に「一色宮内大輔」と見えており（「上杉系図」・「上杉系図浅羽本」『続群書類従』六下、八四頁・九五頁）、（二）も絶対的な根拠とはなり難い（万能ではない）。よって、上杉憲直の妻を「一色直兼」（宮内大輔）の娘とする先行理解（風間洋「足利持氏専制の周辺」『国史学』一六三、一九九七年、一八頁）を否定するまでには至っておらず、一色氏兼と断定するのは早計であろう。本稿執筆に際しては佐藤博信・清水克行・関東足利氏研究会の各氏に大変御世話になった。記して深謝し御礼申し上げる。なお、本稿は平成二十六年度笹川科学研究助成による研究成果の一部である。

足利持氏略年表

植田真平

年齢	年	月日	持氏の活動　周辺の主なできごと	史料
1歳	応永五年（一三九八）		持氏、生、幼名幸王丸	
		11月4日	祖父氏満、没、40歳	
		12月	父満兼、鎌倉公方となる	
2歳	応永六年（一三九九）		叔父満貞、陸奥稲村に派遣される	
		11月21日	満兼、大内義弘の蜂起に応じて幕府に叛し、武蔵府中へ発向（応永の乱）	鎌倉大日記、喜連川判鑑ほか
		12月	大内義弘、和泉堺にて敗死し、満兼、幕府と和睦	上杉家文書ほか
3歳	応永七年（一四〇〇）	3月5日	満兼、鎌倉に還御	吉田家日次記、鎌倉大日記ほか
		4月	下野国足利荘、幕府より鎌倉府へ移管	喜連川判鑑ほか
		9月	信濃大塔合戦、勃発	
5歳	応永九年（一四〇二）	5月6日	満兼、上野国内闕所地を幸王丸（持氏）料所とするも、上杉憲定へ返付	上杉家文書
		同月20日	上杉氏憲、陸奥伊達政宗討伐に発向	大庭文書、相承院文書ほか
10歳	応永一四年（一四〇七）	8月29日	公方御所、炎上	鎌倉大日記
11歳	応永一五年（一四〇八）	5月	義満、没	
		8月27日	新造御所、立柱・上棟	鎌倉大日記
12歳	応永一六年（一四〇九）	7月22日	満兼、没、32歳	高橋義彦氏所蔵文書ほか
		同日	千葉満胤、新田貞方を捕らえ七里浜にて誅殺	鎌倉大日記
			上杉朝宗、満兼没にともない上総長柄山胎蔵寺に隠居	鎌倉大日記
13歳	応永一七年（一四一〇）	9月	幸王丸（持氏）、鎌倉公方となる	鎌倉大日記、喜連川判鑑ほか
		6月29日	評定始、幸王丸（持氏）、童体により御出なし	鎌倉大日記、喜連川判鑑ほか
		8月15日	叔父満隆謀叛の風聞あり、幸王丸（持氏）、上杉憲定亭に移る	鎌倉大日記、喜連川判鑑ほか
		9月3日	幸王丸（持氏）、公方御所に還御	鎌倉大日記、喜連川判鑑ほか
			この頃、上杉憲定、関東管領を辞し、同禅秀（氏憲）、同職に就任	
		12月23日	持氏、元服、13歳、左馬頭任官か（一次史料所見なし）	鎌倉大日記、喜連川判鑑ほか
14歳	応永一八年（一四一一）	2月20日	上杉禅秀、評定始	鎌倉大日記、喜連川判鑑

15歳	**応永一九年（一四一二）**	
3月5日	持氏、御判始（発給文書初見は同月17日）、これ以前、左兵衛督任官	鎌倉大日記、鶴岡八幡宮文書ほか
12月18日	上杉憲定、没、同憲基、相続	鎌倉大日記、喜連川判鑑ほか
同月27日	満隆、鎌倉新御堂御所へ移徙	鎌倉大日記、喜連川判鑑
16歳	**応永二〇年（一四一三）**	
	陸奥伊達松犬丸（持宗）・懸田定勝、鎌倉府に叛す	喜連川判鑑
4月18日	畠山国詮、伊達・懸田討伐に発向	喜連川判鑑
10月21日	持氏、陸奥結城白河満朝に伊達・懸田討伐を命令	結城文書
12月29日	持氏、再度結城白河満朝に伊達・懸田討伐を命令	結城古文書写
17歳	**応永二一年（一四一四）**	
5月25日	持氏、円覚寺造営要脚として鎌倉中酒壺銭二十疋を一年分寄付	円覚寺文書
8月21日	持氏、恩賞御沙汰始	喜連川判鑑
同月25日	上杉朝宗、上総長柄山にて没	鎌倉大日記、喜連川判鑑ほか
12月28日	鎌倉建長寺炎上	鎌倉大日記、喜連川判鑑
18歳	**応永二二年（一四一五）**	
3月5日	持氏、評定意見始	鎌倉大日記、喜連川判鑑
同月29日	持氏、長沼義秀へ畠山国詮に合力して陸奥太郎丸城を攻めることを命令	皆川文書
4月25日	上杉禅秀、持氏による家人越幡六郎の所領没収に憤り、籠居	鎌倉大日記、喜連川判鑑ほか
5月2日	上杉禅秀、関東管領辞職	鎌倉大日記、喜連川判鑑ほか
同月18日	上杉憲基、関東管領就任	鎌倉大日記、喜連川判鑑ほか
7月20日	持氏・上杉禅秀の対立により、諸軍勢が鎌倉に参集し、騒動	鎌倉大日記、喜連川判鑑ほか
8月9日	上杉禅秀、再び出仕	喜連川判鑑
12月20日	持氏、快季を比企谷新釈迦堂供僧に補任	妙本寺文書
19歳	**応永二三年（一四一六）**	
4月	伊豆大島、噴火	鎌倉大日記
10月2日	上杉禅秀・満隆、弟持仲を擁し、持氏を急襲（上杉禅秀の乱勃発）	烟田文書、看聞日記ほか
同月3日	持氏、鎌倉佐介の上杉憲基亭へ逃れる	烟田文書
同月4日	佐介周辺で、持氏方と禅秀方対峙	看聞日記
同月5日	持氏、長沼義秀へ下野国長沼荘内の上杉禅秀跡等を充て行う	皆川文書
同月6日	持氏・上杉憲基、鎌倉前浜合戦等で敗れて、鎌倉を没落	烟田文書、鎌倉大日記ほか
同月7日	持氏、相模箱根を経て駿河大森へ	鎌倉大草紙、鎌倉大日記ほか

年齢	年	月日	事項	出典
		同月13日	幕府、上杉禅秀の乱勃発の注進を受け、対応を評議	看聞日記
		同月28日	駿河在国の持氏から幕府へ、支援要請届く	看聞日記
		同月29日	幕府、持氏支援を決定	看聞日記
		11月21日	持仲・上杉憲方（禅秀息）、武蔵へ出陣	鎌倉大日記、喜連川判鑑
		12月11日	将軍義持、持氏へ御旗を与える	看聞日記
		同月23日	持氏、某所（駿河か）を進発	皆川文書
			持氏方、相模河村城に結集	烟田文書
		同月25日	持氏方二階堂氏ら、武蔵入間川にて持仲・上杉憲方を破る	豊島宮城文書
		同月29日	持氏、佐竹白石義悟に馳参を命令	白石家古書
			相模川合戦、持氏、禅秀方を破るか	異本塔寺長帳
			持氏、相模懐嶋に着陣	烟田文書
20歳	応永二四年（一四一七）	正月2日	上杉憲基、上野方面より武蔵庁鼻和に着陣	別符文書
		同月5日	禅秀方、相模飯田原・武蔵瀬谷原にて持氏方を破る	烟田文書、豊島宮城文書ほか
		同月6日	上杉憲基、武蔵入間川に着陣	別符文書
		同月9日	満隆・禅秀、武蔵瀬谷原にて持氏方に敗れ、鎌倉へ撤退	烟田文書、鎌倉大日記
		同日	上杉憲基、武蔵関戸に着陣	別符文書
		同月10日	満隆・禅秀ら、鎌倉雪下で自害	烟田文書、石川氏文書ほか
		同月11日	上杉憲基、鎌倉に入る	別符文書、鎌倉大日記
		同月13日	持氏、鶴岡社神主に凶徒退治祈禱を命令	鶴岡神主家伝文書
		同月17日	持氏、鎌倉に還御、浄智寺に入る	鎌倉大日記、鎌倉大草紙
		2月6日	武田信満、持氏方に攻められ、甲斐木賊山で自害	鎌倉大草紙
		同月16日	持氏、鹿嶋社大禰宜中臣憲親に天下安全祈禱を命令	賜蘆文庫文書二十七
		同月	持氏、禅秀討伐につき某所に医王像前灯光料を寄進	後鑑所収相州文書
		3月5日	鎌倉府使節、合力の謝礼として上洛	看聞日記
		同月8日	持氏、長沼義秀に陸奥白河辺の岩松満純討伐を命令	皆川文書
		同月24日	持氏、梶原美作入道宿所へ移る	鎌倉大日記、鎌倉大草紙

	4月28日	持氏、新造の大蔵御所へ移徙	鎌倉大日記、喜連川判鑑ほか
	同日	上杉憲基、関東管領を辞し、伊豆三島に籠居	喜連川判鑑
		持氏、改判（初見は閏5月2日）	喜連川判鑑、鶴岡八幡宮文書
	5月27日	下野守護結城基光、下野西御荘にて上杉禅秀家人を捕縛	松平基則氏所蔵文書
	同月29日	舞木宮内丞、岩松満純を生け捕り、鎌倉に上る	鎌倉大日記、喜連川判鑑
	閏5月12日	持氏、安保宗繁に岩松満純討伐を賞する	安保文書
	同月13日	岩松満純、龍口にて誅殺される	鎌倉大日記、喜連川判鑑
	同月24日	上杉憲基、鎌倉に帰参	鎌倉大日記、喜連川判鑑
	同月25日	持氏、上杉憲基に上野・伊豆闕所分を安堵	上杉家文書
	6月晦日	上杉憲基、関東管領還任	鎌倉大日記、鎌倉大草紙
	8月7日	幕府、上総守護に下野宇都宮持綱を推挙	満済准后日記
	同月22日	持氏、上杉憲基に被官知行分を安堵	上杉家文書
	10月	持氏、宇都宮持綱の上総守護補任を拒否	満済准后日記
	11月27日	持氏、熊野堂造営要脚上総国段銭を箱根社修理に充てる	金沢文庫文書
	12月26日	持氏、武州南一揆に政所方公事を五ヶ年免除	武州文書十多磨郡宮本氏所蔵文書
21歳 応永二五年（一四一八）	正月4日	上杉憲基、没	鎌倉大日記
	4月29日	持氏、岩松氏残党討伐に上杉持定を派遣し、武州南一揆に発向を命令	武州文書十多磨郡宮本氏所蔵文書
	5月6日	持氏、円覚寺領上総国畔蒜荘亀山郷に禁制を発給	円覚寺文書
	同月9日	一色左近大夫将監、持氏の命により上総本一揆討伐に発向	楓軒文書纂六十五諸家文書、喜連川判鑑
	同月10日	持氏、長沼義秀に桃井宣義・小栗満重討伐を命令	皆川文書
	同月28日	一色左近大夫将監、上総本一揆討伐より鎌倉に帰還	鎌倉大日記、喜連川判鑑
	6月13日	持氏方宍戸弥五郎ら、常陸小栗城を攻める	諸家所蔵文書
	7月12日	持氏、結城基光に旧禅秀被官混布嶋下総入道の成敗を命令	皆川文書
	同月21日	持氏、長沼義秀に陸奥国南山荘・下野国長沼荘の諸公事を免除	皆川文書
	同月29日	持氏、結城基光に混布嶋下総入道の成敗を再度命令	皆川文書
	8月10日	持氏、鶴岡社神供運送船の津料・関料免除を関々地頭に命令	鶴岡八幡宮文書

年齢	年	月日	事項	典拠
		9月15日	持氏、宇都宮持綱の上総守護補任を了承	満済准后日記
		10月12日	持氏、幕府が提示した上杉憲基跡中分、常陸守護山入与義補任の件について難色を示す	満済准后日記
		同月29日	持氏、結城基光に混布嶋下総入道の成敗を再々度命令	皆川文書
		12月11日	持氏、鹿嶋社護国院に長日祈禱を命令	護国院文書
22歳	応永二六年（一四一九）	正月	持氏、光勝寺再興勧進帳に署判	相州文書愛甲郡光勝寺文書
		同月8日	上杉憲実、関東管領就任	喜連川判鑑
		同月19日	木戸内匠助、持氏の命により上総本一揆討伐に発向	鎌倉大日記、喜連川判鑑
		3月3日	持氏方、上総坂本城を攻める	烟田文書
		5月6日	上総本一揆榛谷重氏、降服し、由比浜にて誅殺される	喜連川判鑑
		7月17日	持氏、長楽寺に天下安全祈禱を命令	長楽寺文書
		同月19日	持氏、鶴岡社に天下安全祈禱を命令	鶴岡八幡宮文書
		同月24日	持氏、武州南一揆へ禅秀与党蜂起に備えて警固を命じる	三島神社所蔵文書
		8月15日	持氏、武州南一揆へ恩田美作守・肥前守の上杉憲国・禅秀与同の糾明を命令	武州文書十多磨郡宮本氏所蔵文書
		同月17日	持氏、武州南一揆へ恩田美作守・肥前守討伐を命令	武州文書十多磨郡宮本氏所蔵文書
		同月23日	持氏、鶴岡社相承院に天下安全祈禱を命令	相承院文書
		同月24日	持氏、武州南一揆に府中巡番警固を命令	武州文書十多磨郡宮本氏所蔵文書
		9月20日	持氏、錦江省文を長楽寺住持に補任	仏日庵文書
		12月15日	持氏、上総守護宇都宮持綱へ進士重行領上総国加津社三佐古村東西の沙汰付を命令	京都大学文学部所蔵文書
23歳	応永二七年（一四二〇）	正月26日	持氏方佐野帯刀左衛門尉、下野家中で某と合戦	喜連川家御書案留書、常陸遺文二
		7月20日	持氏、下野小山満泰へ禅秀遺児等残党の討伐を命令	松平基則氏所蔵文書
		12月9日	持氏、長沼義秀へ下野国長沼荘の守護不入権を安堵	皆川文書
		同月21日	持氏、浄光明寺領上総国北山辺郡堺郷・鹿見塚・湯井郷等の諸公事免除・守護不入権を安堵	浄光明寺文書
		同月	持氏、従三位叙位	公卿補任、喜連川判鑑

24歳	応永二八年（一四二一）	正月7日	下総大慈恩寺炎上	大慈恩寺文書
		同月26日	持氏、三位昇進の謝使として木戸氏範を幕府へ派遣	花営三代記、喜連川判鑑
		4月28日	義持、持氏へ甲斐守護武田信元・常陸守護山入与義の補任を命令	昔御内書符案
		6月25日	持氏、常陸佐竹氏内紛調停に二階堂盛秀・宍戸持朝を派遣	喜連川家御書案留書
		9月	吉見伊予守、持氏の命により甲斐武田信長討伐へ発向	鎌倉大日記、喜連川判鑑
		10月9日	持氏方佐野帯刀左衛門尉、上野佐貫荘にて桃井宣義らと合戦	喜連川家御書案留書
		11月12日	円覚寺炎上	喜連川家御書案留書、鎌倉大日記ほか
25歳	応永二九年（一四二二）	2月15日	持氏、正続院へ金襴法衣・紺地金泥法華経を寄進	円覚寺文書
		3月5日	義持、持氏へ甲斐守護武田信元の補任を命令	後鑑所収見聞軍抄
		6月13日	持氏、常陸小栗満重討伐へ上杉定頼を派遣し、小山満泰へ出陣を命令	松平基則氏所蔵文書
		閏10月7日	持氏、武蔵清河寺を祈願所とする	清河寺文書
		同月13日	持氏、上杉憲直に攻めさせ、山入与義を鎌倉比企谷法華堂にて自害させる	鎌倉大日記、喜連川判鑑
26歳	応永三〇年（一四二三）	正月19日	持氏方小山満泰、常陸小栗城を攻める	松平基則氏所蔵文書
		2月15日	持氏方上杉定頼ら、常陸坂戸で某と合戦	諸家所蔵文書
		4月28日	持氏、金沢大宝院に天下安全祈禱を命令	新編武蔵国風土記稿七十五
		5月26日	持氏、基氏菩提のため金剛三昧院に諷誦文を捧げる	金剛三昧院文書
		同月28日	持氏、小栗満重・宇都宮持綱討伐のため武蔵府中へ出陣	満済准后日記、鎌倉大日記ほか
		6月5日	幕府、宇都宮持綱に関東成敗に従わぬよう命じ、山入祐義を常陸守護に、武田信重を甲斐守護に補任	満済准后日記
		同月17日	持氏、稲荷社へ凶徒退治祈禱を命令	鶴岡八幡宮文書
		同月25日	持氏、大蔵稲荷社に禁制を発給	鶴岡神主家伝文書
		同月25日	持氏、瀬崎勝福寺に凶徒退治祈禱を命令	喜連川文書
		同月	持氏、下総古河へ着陣	鳥名木文書、烟田文書
		7月1日	持氏、常陸小栗へ進発	鳥名木文書
		同月4日	宇都宮使者永訴、幕府に持氏の武蔵在陣を注進	満済准后日記
		同月	幕府、関東進発を評議	看聞日記

		8月2日	持氏、常陸小栗城を攻略、小栗満重滅亡	皆川文書、鎌倉大日記ほか
		同日	持氏方、常陸真壁城を攻略、真壁秀幹滅亡	烟田文書
		同月3日	持氏、鹿嶋社護国院に凶徒退治祈禱を命令	護国院文書
		同日	幕府、春日社・興福寺・東大寺に持氏退治の祈禱を命令	看聞日記
		同月8日	幕府、関東征伐の御旗を作成	看聞日記
		同日	持氏方、桃井宣義・佐々木基清を討ち取る	鎌倉大草紙
		同月9日	宇都宮持綱、下野塩谷にて自害	
		同月16日	持氏、下総結城より武蔵府中に帰陣	鎌倉大日記、鎌倉大草紙
		同月18日	幕府、持氏調伏祈禱を諸寺に命令	兼宣公記
		同月20日	幕府、京都扶持衆壊滅により東海諸将を下国させる	看聞日記
		9月30日	持氏、結城白河氏朝へ陸奥国依上保を料所として預け置く	白川文書
		11月16日	持氏、越後の内紛に乗じ、長沼義秀に上杉憲実代官合力のため越後上田荘への出陣を命令	皆川文書
		同日	上杉憲秋、関東征伐のため幕府へ笠符銘を所望	看聞日記
		12月23日	持氏、下野小山持政へ父満泰跡を安堵	松平基則氏所蔵文書
27歳	応永三一年（一四二四）	正月25日	鎌倉浄妙寺炎上	鎌倉大日記、喜連川判鑑
		2月5日	持氏、幕府へ告文・誓文を提出し、両府和睦へ	満済准后日記、花営三代記ほか
		3月8日	持氏、卵塔昭堂造営のため建長寺正統庵領の諸公事を免除	神田孝平氏旧蔵文書
		4月11日	持氏、結城白河氏朝へ陸奥国依上保を充て行う	白川文書
		同月26日	持氏、白河小峰朝親へ常陸国小佐都郡内・町田郷を充て行う	白河集古苑所蔵白河結城文書
		同月27日	持氏、武蔵別符幸忠へ玉井駿河入道父子討伐を命令	別符文書
		9月8日	両府和睦成立	鎌倉大日記、喜連川判鑑ほか
		10月10日	持氏、鹿嶋社へ常陸国真壁郡白井郷を寄進	賜蘆文庫文書二十七
		同月14日	持氏、武蔵府中より鎌倉へ還御	満済准后日記、鎌倉大日記
		11月20日	満貞、陸奥稲村より鎌倉へ帰還	鎌倉大日記、喜連川判鑑ほか
28歳	応永三二年（一四二五）	2月24日	鎌倉極楽寺炎上	鎌倉大日記、喜連川判鑑

	同月27日	将軍義量、没	
	閏6月11日	幕府、持氏の訴えにより山入祐義・武田信重の処遇を評議	満済准后日記
	同月17日	京都にて持氏叛逆の風聞あり	看聞日記
	7月5日	幕府、佐竹・山入和睦命令を下すにあたり、持氏方里見家兼の常陸発向を問題視	満済准后日記
	8月14日	公方御所炎上	看聞日記
	同月16日	上杉憲直、持氏の命により甲斐武田氏討伐に発向	鎌倉大日記、喜連川判鑑
	11月30日	持氏、義持へ猶子として上洛を望む	看聞日記
29歳 応永三三年（一四二六）	正月16日	持氏、再び改判（初見は7月26日）	鎌倉大日記、喜連川判鑑、長楽寺文書
	2月14日	藤沢遊行寺炎上	鎌倉大日記、喜連川判鑑
	6月26日	一色持家、持氏の命により甲斐武田信長討伐に発向	鎌倉大日記、喜連川判鑑、江戸文書
	7月26日	持氏、長楽寺に凶徒退治祈禱を命令	長楽寺文書
	8月25日	武田信長、降服し、鎌倉府に出仕	鎌倉大日記、喜連川判鑑ほか
	12月9日	持氏、良助を右大将家法華堂供僧に補任	法華堂文書
31歳 正長元年（一四二八）	正月18日	義持、没	
	5月22日	持氏、二階堂盛秀知行分の臨時課役を免除	喜連川家御書案留書
	5月25日	持氏、上洛を企てるも、上杉憲実の策と諫言により取りやめる	建内記
	8月3日	伊勢北畠満雅の手引きにより、持氏上洛必定の風聞、京都にあり	満済准后日記
	10月2日	京都大名中にも持氏内通の輩ありとの風聞あり	薩戒記
	同月	持氏、越後守護代長尾邦景・同国国人へ御教書を発給し、幕府からの離叛を指嗾	満済准后日記
	同月16日	後小松上皇、持氏へ将軍宣下院宣を発給の風聞、京都にあり	満済准后日記
32歳 正長二年（一四二九）（永享元年）	正月30日	鎌倉浄妙寺炎上	鎌倉大日記、喜連川判鑑
	2月11日	鎌倉永安寺・大楽寺炎上	鎌倉大日記、喜連川判鑑
	3月	義宣（義教）、将軍宣下	
	5月26日	持氏、陸奥宇多荘合戦へ里見家兼を派遣し、陸奥石川持光へ出陣を命令	石川文書
	6月	持氏、下野那須口へ一色直兼を、常陸佐竹へ上杉定頼を派遣	石川文書

年齢	年	月日	事項	出典
		7月24日	篠川公方満直、持氏の結城白河氏討伐を幕府に注進	満済准后日記
		同月11日	持氏方小野崎氏ら、常陸羽黒・佐竹小里にて某と合戦	阿保文書、秋田藩家蔵文書七
		8月	結城白河氏朝、那須氏支援のため黒羽城に籠城し、持氏方と戦う	満済准后日記
		9月2日	満直、幕府に関東政務御内書および結城・千葉・小山氏ら宛御内書の発給を要求	満済准后日記
		9月3日	持氏、いまだ義教将軍宣下の賀使を派遣せず	満済准后日記
		11月3日	持氏、武蔵国豊島郡岩淵関所を稲荷社造営料に寄進	鶴岡神主大伴氏蔵文書
		12月	持氏、鎌倉にて常陸大掾満幹を誅殺	常陸誌料ほか
33歳	正長三年（一四三〇）（永享二年）	9月4日	満直、関東使節と義教との対面に反対	満済准后日記
34歳	正長四年（一四三一）（永享三年）	3月6日	持氏、上杉憲実に建長寺仏殿造営を命令	神田孝平氏旧蔵文書
		同月	関東使節二階堂盛秀、上洛	看聞日記
		同月20日	義教、関東使節二階堂盛秀との対面について諸大名に諮る	満済准后日記
		同月23日	義教、関東使節との対面と持氏に罰状提出を命じるかについて諸大名に諮る	満済准后日記
		4月11日	義教、持氏に提出を命じる罰状の内容に、那須・山入・白河討伐停止、宇都宮藤鶴丸の復権、満直の処遇保障を指定	満済准后日記
		7月17日	諸大名、義教へ関東使節との対面を説得	満済准后日記
		同月19日	関東使節二階堂盛秀、義教に対面、両府和睦	満済准后日記、看聞日記
35歳	永享四年（一四三二）	3月20日	持氏、永享年号使用初見（小野崎越前三郎宛感状）	阿保文書
		4月28日	持氏、大山寺造営へ憲実・武田信長・千葉胤直・一色持家・直兼・某理兼・町野満康・梶原憲景と馬を奉加	相州文書所収大住郡大山寺八大坊文書
		8月晦日	上杉憲実、幕府へ義教富士遊覧にともなう関東の緊張状態を注進	満済准后日記
		9月10日	義教、富士遊覧に出立	満済准后日記、看聞日記ほか
		同月18日	義教、駿河国府着、関東雑説あり	満済准后日記、師郷記
		同月20日	義教、駿河清見寺に渡御、駿河国府に還御	満済准后日記、師郷記
		同月21日	義教、駿河を出立	師郷記
		同月28日	義教、富士遊覧より帰洛	満済准后日記、師郷記

年齢	年	月日	事項	出典
36歳	永享五年（一四三三）	3月1日	武田信長、鎌倉を逐電、村山某、甲斐へ発向	鎌倉大日記、喜連川判鑑
		同月18日	関東使節上洛、去年の義教富士遊覧に馬・金を進上	看聞日記
		4月23日	駿河庵原氏、今川家督争いへの持氏介入を幕府に注進するも、義教・満済に容れられず	満済准后日記
		6月6日	持氏・上杉憲実、武田信長駿河辺没落により幕府へ討伐命令を要請	満済准后日記
		閏7月27日	駿河今川家督争いにより、京・鎌倉雑説立つか	満済准后日記
		9月16日	大地震あり	看聞日記、鎌倉大日記
37歳	永享六年（一四三四）	2月16日	持氏、幕府へ関東五山補任の御教書を請う	満済准后日記
		3月18日	持氏、鶴岡社に血書願文を捧げる	鶴岡八幡宮文書
		7月4日	比叡山、持氏と同心との風聞、京都にあり	満済准后日記
		8月18日	比叡山、持氏に上洛を勧めるとの風聞、京都にあり	看聞日記
		10月28日	駿河より幕府へ持氏野心現形の注進あり	満済准后日記
		11月2日	幕府、持氏野心現形につき武田信重の甲斐下国等を評議	満済准后日記
		同月4日	持氏上洛企図の風聞、京都にあり	看聞日記
		同月12日	持氏方小野崎越前三郎、常陸烏渡呂宇城を攻める	阿保文書
		12月	駿河狩野・三浦氏ら、持氏に内通か	満済准后日記
38歳	永享七年（一四三五）	正月20日	三河国人宛持氏内書六通、幕府へ露顕	満済准后日記
		同月26日	幕府、持氏野心現形につき信濃守護小笠原政康へ種々を命令	満済准后日記
		7月	持氏、鹿嶋社造営のため棟別銭、有徳銭の徴収を命令	鹿嶋神宮文書
		8月9日	有徳銭徴収のため、常陸国富有人注文作成される	続常陸遺文四、鹿嶋神宮文書
		9月22日	幕府、持氏の山入祐義討伐発向に際し、小笠原政康へ芦田氏討伐の延期と山入への合力を命令	小笠原文書
		同月24日	持氏方小野崎越前三郎、常陸和田城で某と合戦	阿保文書
		10月	持氏、山入祐義討伐へ	板橋文書
39歳	永享八年（一四三六）		持氏、信濃内紛に際し、村上氏加勢のため桃井憲義を信濃へ派遣	鎌倉大日記、喜連川判鑑
40歳	永享九年（一四三七）	4月	持氏、上杉憲直に信濃出陣を命じるも、上杉憲実討伐のためとの風聞あり	鎌倉持氏記、鎌倉大日記

41歳 永享一〇年（一四三八）	6月	上杉憲実被官ら、鎌倉に参集し騒動	鎌倉持氏記、鎌倉大日記ほか
	同月15日	上杉憲直・憲家父子、相模藤沢へ籠居	鎌倉持氏記、鎌倉大日記ほか
	7月27日	一色直兼、相模三浦へ蟄居	鎌倉持氏記、鎌倉大日記ほか
	8月13日	持氏、上杉憲実を宥めて、関東管領に復職させるも、憲実は武蔵守護代宛施行は行わず	鎌倉持氏記、鎌倉大日記ほか
	同月24日	大覚寺義昭、持氏へ内通の風聞あり	薩戒記
	10月17日	持氏方佐竹白石持義、常陸烏渡呂宇城を攻める	榊原家所蔵文書
	6月	持氏、憲実の諫止を排して賢王丸（義久）を元服させ、一色直兼・憲直を復帰させる	鎌倉持氏記、鎌倉大日記
	8月	上杉憲実、上野へ下向	
	同月13日	幕府、陸奥伊達持宗へ持氏討伐を命じる	足利将軍御内書幷奉書留
	同月15日	持氏、上杉憲実討伐のため、武蔵府中高安寺に着陣	古証文二、鎌倉持氏記
	同日	一色直兼・持家、上野神流川へ着陣	古証文二、鎌倉持氏記
	同月	持氏方大森伊豆守、相模河村城を攻略	三村文書
	9月5日	義教、自身の持氏討伐進発を近習らに命令	看聞日記
	同月6日	持氏、真言院に凶徒対治祈禱を命じる	覚園寺文書
	同月10日	持氏方大森憲頼・箱根別当、箱根水呑にて幕府方遠江横地・勝間田勢を破る	鎌倉持氏記
	同月	持氏方那須資重、下野小山祇園城を攻略	那須家古文書
	同月12日	世尊寺行豊、持氏討伐の錦御旗を書く	看聞日記
	同月14日	義教、水無瀬社に持氏討伐の願文を捧げる	水無瀬宮文書
	同月19日	この頃、持氏治罰綸旨（8月28日付）・錦御旗、出される	公名公記
	同月21日	義教、持氏討伐進発を計画	師郷記
	同月27日	上杉憲直、相模小田原・風祭で幕府軍に敗れる	足利将軍御内書幷奉書留、鎌倉持氏記
	同月28日	持氏、相模海老名に移る	古証文二、鎌倉持氏記、喜連川判鑑
	10月2日	持氏方木戸持季、相模八幡林に着陣	鎌倉持氏記
	同月3日	三浦時高、持氏方を離叛して三浦に退去	鎌倉持氏記

年	月日	事項	出典
	同日	義久、鎌倉に還御	鎌倉持氏記
	同月4日	一色直兼・持家、海老名陣に引き返す	古証文二、鎌倉持氏記
	同月5日	越後上杉房朝、上杉憲実合力のため、越後へ下国	師郷記
	同月17日	三浦時高、鎌倉を攻め、大蔵・犬懸に放火	鎌倉持氏記、喜連川判鑑
	11月1日	義教、結城白河直朝へ持氏討伐への参陣を命じる	白川文書
	同日	三浦時高ら、大蔵の公方御所に攻め寄せる	鎌倉持氏記、喜連川判鑑
	同月2日	持氏、海老名より鎌倉を目指す途次、相模葛原にて長尾忠政に遭遇し、讒人の処分を約して降服	鎌倉持氏記
	同月4日	持氏、金沢称名寺に移る	鎌倉持氏記
	同月5日	持氏、落飾か	鎌倉持氏記
	同月7日	長尾忠政、金沢に一色直兼・憲直らを攻め、自害させる	鎌倉持氏記
	同月11日	持氏、永安寺に移る	鎌倉持氏記
	12月5日	幕府、上杉憲実へ幽閉中の持氏の誅伐を督促する	足利将軍御内書并奉書留
	同月8日	上杉憲実、出家した持氏・義久の助命を義教に嘆願	看聞日記
	同日	上杉憲直父子・一色直兼らの首、京着、実検ののち六条河原にかけられる	師郷記、看聞日記
	同月15日	上杉憲実、再び持氏・義久の助命を義教に嘆願	看聞日記
42歳 永享一一年（一四三九）	正月23日	鶴岡別当尊仲、誅殺される	師郷記
	閏正月24日	義教、小笠原政康へ憲実への持氏誅伐の督促を伝える	小笠原文書
	同日	義教、赤松中務少輔へ持氏誅伐遅延の際の京勢による沙汰を命令	赤松文書
	同月25日	柏心周操、憲実へ持氏処分督促のため関東下向	師郷記
	2月10日	持氏・満貞、上杉持朝・千葉胤直に攻められ、永安寺にて自害	師郷記、東寺執行日記ほか
	同月28日	義久、報国寺にて自害、10歳	師郷記、鎌倉持氏記ほか
	6月28日	上杉憲実、永安寺にて自害を図るも、未遂	師郷記、鎌倉大日記ほか

【執筆者一覧】

駒見敬祐　一九八七年生。現在、明治大学大学院博士後期課程。
石橋一展　一九八一年生。現在、野田市立七光台小学校教諭。
杉山一弥　一九七三年生。現在、國學院大學文学部兼任講師、東京学芸大学非常勤講師。
植田真平　一九八五年生。現在、宮内庁書陵部図書課図書調査室研究員。
清水　亮　一九七四年生。現在、埼玉大学教育学部准教授。
木下　聡　一九七六年生。現在、東京大学大学院人文社会系研究科助教。
黒田基樹　別掲。
谷口雄太　一九八四年生。現在、日本学術振興会特別研究員。

【編著者略歴】

黒田基樹（くろだ・もとき）

1965年生まれ。

早稲田大学教育学部卒。駒沢大学大学院博士後期課程満期退学。博士（日本史学、駒沢大学）。

現在、駿河台大学教授。

著書に、『図説 太田道灌』（戎光祥出版）・『戦国大名北条氏の領国支配』（岩田書院）・『戦国大名と外様国衆』（文献出版）、『中近世移行期の大名権力と村落』（校倉書房）・『戦国北条氏五代』（戎光祥出版）・『小田原合戦と北条氏』（吉川弘文館）・『長尾景春』（編著、戎光祥出版）・『武田信長』（編著、戎光祥出版）・『扇谷上杉氏』（編著、戎光祥出版）・『伊勢宗瑞』（編著、戎光祥出版）・『関東管領上杉氏』（編著、戎光祥出版）・『足利基氏とその時代』（編著、戎光祥出版）・『山内上杉氏』（編著、戎光祥出版）・『北条氏綱』（編著、戎光祥出版）ほか、多数。

装丁：川本　要

関東足利氏の歴史　第四巻
足利持氏《あしかがもちうじ》とその時代《じだい》
二〇一六年九月一日　初版初刷発行

編著者　黒田基樹
発行者　伊藤光祥
発行所　戎光祥出版株式会社
東京都千代田区麹町一－七
相互半蔵門ビル八階
電　話　〇三－五二七五－三三六一㈹
ＦＡＸ　〇三－五二七五－三三六五
制作　株式会社イズシエ・コーポレーション
印刷・製本　モリモト印刷株式会社

ISBN978-4-86403-213-1